L'AFRIQUE

ÉQUATORIALE

PARIS. TYPOGRAPHIE DE E. PLON ET Cie, RUE GARANCIÈRE, 8.

Un roi du Nouveau-Calabar.

Dessiné par M. Breton d'après une photographie prise par Joaque[1].

[1] M. Joaque est un noir qui réside habituellement au Gabon.

L'AFRIQUE ÉQUATORIALE

GABONAIS

PAHOUINS — GALLOIS

PAR

LE MARQUIS DE COMPIÈGNE

OUVRAGE ENRICHI D'UNE CARTE SPÉCIALE
ET DE GRAVURES SUR BOIS DESSINÉES PAR L. BRETON
D'APRÈS DES PHOTOGRAPHIES ET DES CROQUIS DE L'AUTEUR

PARIS
E. PLON ET Cie, IMPRIMEURS-ÉDITEURS
RUE GARANCIÈRE, 10

1875

A Monsieur Henri FARÉ

ANCIEN SECRÉTAIRE GÉNÉRAL DU GOUVERNEMENT DE L'ALGÉRIE

ANCIEN CONSEILLER D'ÉTAT EN SERVICE EXTRAORDINAIRE

DIRECTEUR GÉNÉRAL DES FORÊTS

Ce livre est dédié

Comme témoignage de respect, de reconnaissance et de dévouement.

PRÉFACE

Le voyage dont je vais donner le récit a duré près de deux ans (1872-1874).

Il a été entrepris dans des conditions difficiles, puisque nous avons dû, mon compagnon Al. Marche et moi, nous créer, par un travail acharné comme naturalistes, les moyens de subvenir aux dépenses considérables qu'il nécessitait.

Il n'a pas réussi au gré de nos espérances, puisqu'au moment où, après dix-neuf mois de luttes incessantes contre la maladie, la misère et les dangers de toute sorte, nous nous croyions près d'arriver au but de nos efforts, au moment où nous touchions presque à des découvertes d'une grande importance, nous avons été attaqués par les cannibales qui nous ont tué une partie de notre escorte et nous ont rejetés brusquement en arrière.

Cependant il n'a pas laissé de donner des résultats sérieux : il suffira pour s'en convaincre de jeter un coup d'œil sur la carte de l'Afrique équatoriale, publiée par le docteur Péterman dans ses célèbres *Mitheilungen;* on y verra que notre itinéraire, reproduit avec une parfaite bonne foi du reste par le géographe allemand, se prolonge dans l'intérieur des terres bien au delà de celui des voyageurs anglais ou allemands; et, pourtant en même temps que notre modeste entreprise, trois expéditions [1] avaient été organisées avec des frais énormes, par l'Angleterre et par l'Allemagne : celles de MM. Grandy, Bastian et Güssfelds, qui, partis presque en même temps que nous, échouèrent complétement pour des causes qu'il serait trop long d'énumérer ici. Au point de vue de l'histoire naturelle, nos travaux n'ont pas été sans importance, puisque nous avons pu expédier à notre correspondant, M. A. Bouvier, cent cinquante mammifères, dont cinq grands gorilles, des chimpanzés, koolokamba, etc., et plus de douze cents oiseaux appartenant pour la plupart à des espèces rares et peu connues.

[1] En Allemagne, la Société géographique pour l'exploration de l'Afrique équatoriale ayant fait appel au public pour subvenir aux frais de l'expédition de MM. Bastian et Güssfelds, les six premières listes de souscription produisirent plus de trois cent mille francs.

Le livre que j'offre au public est en quelque sorte la transcription littérale des notes que j'ai écrites jour par jour sur mon calepin de voyage ; le style s'en ressentira parfois, mais je compte sur toute l'indulgence du lecteur en raison de l'extrême sincérité du récit ; ce récit va du reste être contrôlé par l'expédition française qui reprend très-prochainement l'œuvre commencée par nous dans l'Afrique équatoriale.

Dans la première partie de ce voyage, n'ayant fait sur la côte que des escales rapides et obligés cependant de parler des divers points visités par nous, comme introduction à l'étude des pays qui seront l'objet principal de ce livre, j'ai largement puisé dans les écrits de l'homme qui connaît le mieux l'Afrique occidentale et qui sait le mieux la dépeindre, je veux parler de M. l'amiral de Langle [1].

Pour le Gabon proprement dit, j'ai trouvé des renseignements très-intéressants dans une remarquable étude de M. Griffon du Bellay, publiée dans le *Tour du monde*, et dans les voyages de M. Duchaillu, dont j'aurai souvent à reparler. A

[1] Voir dans le *Tour du Monde* ses croisières à la côte occidentale d'Afrique.

partir de la résidence du roi Soleil, me trouvant en pays absolument nouveau, je n'ai naturellement rien emprunté à personne.

Je me suis formellement interdit toute gravure fantaisiste telle qu'on en trouve trop souvent dans les livres de beaucoup de voyageurs. Toutes celles que j'ai données ici sont faites soit sur des photographies, soit sur des croquis d'après nature.

Le lecteur aura une idée des privations et des souffrances endurées par nous dans cette expédition lorsqu'il saura que pendant plus de dix-huit mois, sous un des plus mauvais climats du monde, nous sommes restés sans boire autre chose que de l'eau, sans manger de pain, de légumes, ou de viande autre que celle du gibier tué par nous, de quelques poules, et de quelques boîtes de conserves; que durant ce temps nous avons eu en moyenne trois jours par semaine la fièvre du pays, qui est précédée par des vomissements violents, et absorbé 750 grammes de quinine; que pendant les six derniers mois nous avons dû marcher nu-pieds, et que dans les semaines qui ont suivi notre défaite par les cannibales, nous n'avons jamais pu, mon compagnon et moi, fermer l'œil ensemble, l'insubordination de nos hommes nécessitant une surveillance constante ; que jamais nous ne sommes venus à la côte sans que le docteur nous ait d'urgence envoyés à l'hôpital, que lors de notre retour final j'avais les jambes percées d'une quantité de trous dans chacun desquels on eût pu mettre le doigt, et j'étais dans un état tel qu'il me fallut, malgré mon désir ardent de regagner la France, rester six semaines à l'hôpital avant de reprendre la mer.

Pour terminer cette courte préface, je crois bien faire en mettant sous les yeux du lecteur quelques lignes du rapport de l'illustre géographe M. Malte-Brun, sur les prix décernés par la Société de géographie, qui a bien voulu accorder à mon compagnon et excellent ami Al. Marche et à moi une médaille d'argent : « ... Nous leur savons gré d'être, fatigués » et presque toujours malades, restés deux ans sans » aucun but d'intérêt commercial, dans un pays tel » que l'Afrique équatoriale, étudiant toutes les tribus » qui habitent le Gabon ou les bords de l'Ogooué, » d'avoir exploré à fond le N'Gounié, les lacs Z'Onan- » gué, Azingo, si mal connus jusqu'ici, les rivières » Akalois, Akoio, les lacs Oguémouen et Obanga tout » à fait ignorés, d'avoir planté le pavillon français » au delà des chutes du Samba, dans le pays des

» Ivéia, où jamais blanc n'avait mis les pieds ; enfin » et surtout de toujours s'être conduits dans ces » tribus sauvages de manière à laisser des souvenirs » d'humanité, de dignité et de bonne foi qui contri- » bueront sans doute à bien faire recevoir le voya- » geur, et surtout le voyageur français, qui viendra » derrière eux. »

L'AFRIQUE
ÉQUATORIALE

CHAPITRE PREMIER

DE BORDEAUX A SIERRA-LEONE.

But de notre voyage. — Intérêt qu'il présente au point de vue de la géographie, de l'ethnographie et de l'histoire naturelle. — Comment nous trouvons moyen de subvenir aux dépenses qu'il nécessite. — Nous allons au Sénégal pour tuer des merles. — A bord de la *Gironde*. — Les émigrants basques. — Pauvre Théodore ! — Le commandant Philibert Canard et son spahi Bou-Bou. — Arrivée à Gorée. — Nouvelles désastreuses de Gambie. — Dakar, Ruffisque, nos premières chasses. — Aperçu historique sur le Sénégal. — Le damel Lat-Dior. — Coup d'œil sur nos possessions françaises et leur avenir. — Départ pour la Mellacorée. — L'*Archimède*. — Le poste de Benty. — Un commandant civil très-militaire. — L'hospitalité à Benty. — Départ pour Sierra-Leone.

Sur la côte occidentale d'Afrique, sous l'équateur, au milieu de forêts impénétrables de palétuviers et à travers des marais inaccessibles, vient se jeter dans la mer, par trois branches différentes, le grand fleuve Ogooué. Son embouchure forme un delta de cent milles de largeur. Il y a seize ans, ce vaste cours d'eau était à peine soupçonné. M. Duchaillu, dans son *Afrique équatoriale*, en révéla le premier l'existence ; mais il ne put en parler que par ouï-dire; c'est que les Oroungou et les Cama, tribus belliqueuses, veillaient à son entrée, comme le dragon à la porte du jardin des Hespérides. Jaloux de servir seuls d'intermédiaires aux peuplades inconnues de nous qui habitaient les rives du fleuve, pour la vente du caoutchouc, de l'ivoire et surtout des esclaves, ils en interdisaient strictement l'accès à tous les blancs. En 1867, un intrépide officier de marine, M. Serval, conçut le projet de tourner la difficulté en atteignant l'Ogooué par terre, deux cents milles plus haut que son embouchure. Dans ce but, il remonta l'estuaire du Gabon et atteignit la rivière Remboë; arrivé à la hauteur voulue, il laissa là sa pirogue et s'enfonça dans les forêts, marchant toujours vers l'est. Quatre jours après, il découvrait l'Ogooué. Il fut bientôt suivi dans cette voie par M. Walker, négociant et grand explorateur anglais, puis par M. Genoyer, lieutenant de vaisseau. M. Walker, guidé par des Bakalais, atteignit le fleuve à Adanlinanlango, pays de N'Combé, le roi Soleil. Le premier coup d'œil lui révéla tous les avantages qu'on pourrait tirer de cet endroit magnifiquement situé, au point de vue commercial, et il repartit, décidé à y établir une factorerie. Il fut cependant devancé par M. Schültz, représentant d'une maison allemande très-importante. A force de cadeaux et de promesses, celui-ci décida les Cama et les Oroungou à tuer la poule aux œufs d'or, en laissant le blanc remonter le fleuve et aller traiter directement avec les Gallois, Inenga, Ivilis et autres peuples riverains. Presque en même temps, M. Aymès, lieutenant de vaisseau, commandant *le Pionnier,* pénétrait, avec ce petit vapeur de guerre, dans l'Ogooué, qu'il explorait jusqu'à son confluent avec le N'Gounié, c'est-à-dire trois ou quatre milles plus loin qu'Adanlinanlango. Il franchissait même en pirogue la Pointe-Fétiche, lieu sacré que les noirs croyaient ne jamais devoir être profané par le passage d'un blanc. Dès ce moment, l'Ogooué était ouvert au commerce et à la science. Le commerce s'en empara d'abord et prit bientôt des développements extrêmement considérables. De son côté, le monde géographique s'était ému devant cette découverte : une si grande nappe d'eau devait prendre sa source dans des lacs intérieurs très-importants; les noirs eux-mêmes le disaient : des esclaves, venus de bien loin, bien loin, avaient vu la mer orientale couverte de bateaux; que pouvaient-ils désigner par cette mer orientale, sinon les grands lacs découverts par Livingstone, Baker, Speeke, etc.? De bons esprits soutenaient que le Congo et l'Ogooué devaient prendre leurs sources dans les mêmes montagnes. D'ailleurs, à la suite des voyages de Stanley et du docteur Schweinfürth, l'opinion commençait à prévaloir dans le monde savant que le grand fleuve dont Livingstone avait découvert les sources et qu'il avait signalé comme étant le Nil, était en réalité non pas le Nil, mais un vaste cours d'eau se dirigeant vers l'ouest et venant se jeter dans l'Atlantique, vraisemblablement l'Ogooué ou le Congo [1].

En tous cas, on s'accordait à voir dans l'Ogooué la meilleure voie ouverte à l'exploration pour pénétrer par là au centre de l'Afrique. C'est dans ces circonstances que nous résolûmes, mon ami Marche et moi, de tâcher de résoudre ces grands problèmes, et d'explorer le fleuve inconnu jusqu'au point où un obstacle invincible nous rejetterait en arrière. Tout nous attirait vers ces contrées lointaines. Géographes et explorateurs, nous allions avoir devant nous un champ de découvertes sur lequel se concentrait l'intérêt du monde savant; naturalistes et chasseurs, les lauriers de Duchaillu nous empêchaient de dormir, nous partions pour la région du gorille, du koolokamba... et de l'inconnu. Quoi de plus intéressant à étudier, pour l'observateur, que les mœurs des tribus si variées qui habitent l'Afrique équatoriale, et surtout la marche en avant et l'envahissement progressif des Pahouins cannibales, dont les masses serrées, chassées de l'intérieur par une force incon-

[1] Les résultats récemment donnés par l'exploration du lieutenant Camérons tendent à justifier cette hypothèse.

nue, enveloppent en ce moment nos possessions françaises du Gabon d'un réseau immense. Puis c'était la question de l'esclavage, dont nous pourrions nous rendre compte « *de visu* », car l'Afrique équatoriale est aussi un pays d'esclaves, une terre de servitude, l'un des derniers repaires de la traite des nègres sur la côte occidentale ; c'était l'avenir de notre colonie du Gabon, si discutée encore à l'heure qu'il est, et surtout celui de nos excellentes missions catholiques, qui font là-bas tant de généreux efforts ; peut-être pourrions-nous découvrir quelque terre plus saine, quelque peuplade mieux disposée, et contribuer ainsi au succès de cette grande cause. Tout, je le répète, concourait donc à nous donner un ardent désir d'étudier l'Ogooué et le Gabon dont il dépend ; seulement, il ne suffit pas de vouloir, il faut pouvoir. Une semblable expédition demande de l'argent, beaucoup d'argent ; or nous n'en avions que fort peu. En Angleterre, en Allemagne, le mal n'est pas grand : il suffit d'en demander. Les frères Grandy en ont demandé pour leur expédition du Congo, et un seul homme, M. Paraphin Young, leur a donné cinquante mille francs. En Allemagne, la Société pour l'exploration (géographique) de l'Afrique équatoriale a fait appel au public pour pouvoir organiser une expédition qui a été confiée à MM. Bastian et Güssfelds : les six premières listes de souscription ont produit plus de trois cent mille francs : chose remarquable, à côté des dons princiers de l'empereur et des plus grands personnages, on voyait figurer la très-modeste offrande d'une quantité d'ouvriers, ce qui prouve à quel point ces questions de découvertes géographiques sont populaires en Allemagne : malheureusement en France elles ne provoquent pas grand enthousiasme; d'ailleurs, encore inconnus du public comme voyageurs, nous ne pouvions pas nous adresser à lui ; il nous fallait donc trouver un autre procédé. Ce procédé, nous l'avions déjà employé ; Marche, dans ses divers voyages à Malacca, en Cochinchine, en Sénégambie, etc. ; moi, en Floride, dans l'Amérique centrale, aux Antilles, au Vénézuéla et ailleurs. Il est bien simple, consistant à payer les frais de notre voyage avec nos collections d'histoire naturelle. Tous deux aimant avec passion la zoologie, habitués à manier un fusil et à préparer les pièces que nous tuions, nous sommes bientôt arrivés, chacun de notre côté, à utiliser, au point de vue financier, ce que nous ne faisions d'abord que comme collectionneurs ou comme sportsmen. La tâche nous a du reste été facilitée par M. Bouvier[1], voyageur distingué lui-même, et aujourd'hui le premier naturaliste de Paris, qui a mis à notre

[1] M. Bouvier avait lui-même formé le projet de pénétrer par le Gabon dans l'intérieur de l'Afrique.

disposition un crédit illimité et nous a fait des conditions qui n'étaient pas celles d'un commerçant, mais d'un ami.

Je donne tous ces détails, parce qu'il importe que le lecteur qui va nous suivre dans une très-longue expédition sache bien dans quelles conditions nous sommes partis, puisque ces conditions influeront forcément sur notre manière de procéder dans la suite de ce récit. A tort ou à raison, d'ailleurs, nous nous faisons honneur de nous être créé par notre travail personnel les ressources considérables que nécessite un pareil voyage.

Il entrait dans notre plan de campagne de prendre le paquebot qui conduit au Sénégal, de nous arrêter là cinq semaines, de gagner ensuite par un petit vapeur de l'État la Mellacorée, d'où les occasions sont presque journalières pour Sierra-Leone, et enfin, à Sierra-Leone, de nous embarquer à bord du vapeur anglais qui va au Gabon. Le Sénégal nous faisait faire un petit détour, et nous y perdions un peu plus d'un mois; mais il fallait y aller, et cela pour tuer des merles. Au premier abord, il paraîtra peut-être paradoxal d'aller au Sénégal pour tuer des merles. Cependant rien n'était plus naturel pour nous, on va le voir : les merles du Sénégal [1] sont des merles métalliques. Les

[1] Lamprocolius splendidus.

merles métalliques sont ornés d'un plumage brillant extrêmement recherché pour les chapeaux de nos élégantes, et se payent onze et douze francs la pièce, souvent plus cher. Ils sont très-nombreux et assez faciles à chasser. Une petite moisson de merles nous rapportait donc une somme assez ronde d'argent, le nerf de la guerre et des voyages. Et voilà pourquoi nous sommes allés au Sénégal pour tuer des merles.

J'ai quitté Bordeaux le 5 novembre 1872, à bord du paquebot *la Gironde*, qui va au Brésil, à Montevideo et à Buenos-Ayres, en touchant au Sénégal. Je devais rejoindre à Dakar mon ami Marche, parti quinze jours avant moi. Il y avait foule à bord. L'avant était encombré d'émigrants basques de tout âge et de tout sexe, partant pour aller coloniser à la Plata. Il y en avait plusieurs centaines; le soir, ils chantaient en chœur les airs de leur pays. Leurs chants, qui se prolongeaient quelquefois bien avant dans la nuit, étaient vraiment touchants à entendre. Mélangées avec ces braves gens qui allaient gagner leur pain à la sueur de leur front, erraient bon nombre de filles du demi-monde qui traînaient sur le pont leurs robes sales et fripées; celles-ci allaient chercher fortune à Rio, et « dans quatre ans, me disait un vieil officier du bord, j'en verrais revenir les trois quarts en première classe, faisant plus d'embarras que des duchesses. »

Aux premières, la société n'était pas moins variée et intéressante à étudier : il y avait d'abord une famille basque composée de six personnes : le père, la mère et quatre enfants déjà adolescents. La mère était ma voisine à table, elle m'avait pris en affection, m'appelait son brave monsieur, et me contait souvent son histoire. Vingt ans auparavant, ils avaient quitté le pays, emportant une centaine de francs et quelques ustensiles pour tout capital. S'avançant peu à peu dans l'intérieur, ils avaient atteint Rosaria, une petite ville située à deux cents lieues de la côte. Là ils avaient cultivé la terre, puis tenu un hôtel, monté un magasin, enfin la fortune était venue. Ils étaient repartis pour le pays, pleins de joie, d'orgueil et d'espérance. Mais, hélas ! il n'y a pas de roses sans épines : dans leur village, ils étaient devenus des étrangers ; trop grand monde pour les paysans, ils n'étaient pas reçus par la société. On les jalousait, on leur faisait toute sorte de petites misères. Tandis qu'à Rosaria tout le monde les entourait et les aimait, au Béarn, ils vivaient isolés avec tous leurs écus ; et puis il faisait froid dans la montagne, on n'y voyait pas les oiseaux-mouches, les grands arbres couverts de fleurs. On n'y mangeait pas d'avocats, de mangos, de nispéras. Bref, cinq ou six mois après leur arrivée, ils reprenaient le paquebot pour Rosaria, où ils voulaient, disaient-ils, vivre et mourir. A côté de cette famille, il y avait trois bons frères de la Doctrine chrétienne ; l'un d'eux était un noir du Congo arraché à l'esclavage ; il avait fait preuve de tant d'intelligence qu'on l'avait envoyé faire ses études au séminaire de Paris, et il s'en retournait maintenant pour enseigner les autres. Ce brave frère, horriblement malade en mer, s'obstinait à rester à table et faisait tordre tout le monde de rire par ses grimaces et ses contorsions. Puis c'était la tourbe des Brésiliens et des Portugais, mangeant salement et étalant de gros brillants sur leurs chemises à jabot ; un jeune banquier marseillais partait pour aller faire le tour du monde ; un viveur décavé, pour essayer de se refaire à Buenos-Ayres : il citait à tout propos Lassouche et Gil-Pérez et pleurait le boulevard. Beaucoup de négociants français, établis au Sénégal et en Gambie, revenaient à leurs affaires, après avoir passé en France la mauvaise saison de là-bas. C'étaient presque tous des jeunes gens intelligents, au caractère franc et ouvert, luttant gaiement contre les difficultés de la vie, et offrant la plus cordiale hospitalité aux voyageurs qui leur faisaient le plaisir de s'arrêter chez eux. Comme on le pense bien, cette troupe n'engendrait pas la mélancolie, mais elle était rendue encore plus gaie par les excentricités du loustic de la bande, le nommé Théodore. Théodore, il y a quatre ans, était « piou-piou » dans l'infanterie de marine, toujours riant et faisant rire les autres, chantant la chansonnette comique, jouant à tous des farces impossibles et portant gaiement le sac. Aujourd'hui, Théodore est négociant et a épousé une femme possédant cinquante mille écus. Pauvre Théodore! il aurait bien fait de méditer la fable du Savetier et du Financier. Il s'est attaché, par ces liens dorés, à une de ces demi-négresses qu'on appelle, au Sénégal, des Siniares; sa femme se grise horriblement, le bat comme plâtre, lui coupe constamment les vivres et lui rend la vie infernale. Aussi, il paraît qu'au Sénégal le malheureux a perdu les chansons et le somme; mais il a pu s'échapper, faire une excursion en France, et en ce moment il jouit de son reste; peut-être aussi, près de retrouver son épouse, fait-il comme les poltrons qui chantent en allant chez le dentiste. Toujours est-il que je n'ai jamais vu un pasquin si drôle.

Dans cet ensemble de passagers de toutes nations, de tous caractères et de toutes positions, ressort une individualité bien saillante et bien remarquable, celle du commandant Philibert Canard, dit la terreur des Wolofs, gouverneur de l'arrondissement de Gorée, et sans doute le futur gouverneur du Sénégal. Son képi de spahi est aussi connu dans ce pays que l'était, il y a quelques années, celui du général Faidherbe. Le commandant Canard a fait sa position lui-même; appelé comme soldat aux spahis, il a vingt-huit ans de service, et, comme il le dit, « pas une heure d'infanterie à se reprocher ». Sa grande taille et l'originalité de son caractère, non moins que sa bravoure intrépide et sa parfaite connaissance du pays, l'ont rendu presque légendaire au Sénégal. En ce moment, il était radieux, car il rapportait la croix à son spahi Bou-Bou. Il y avait bien longtemps qu'il la demandait pour lui. On me permettra de raconter ici comment le spahi Bou-Bou avait mérité sa croix; de pareils traits font toujours plaisir à lire. C'était dans une mauvaise journée, dont le souvenir ne sera pas de longtemps effacé au Sénégal. Le pauvre colonel du génie A..., qui avait si imprudemment engagé sa petite colonne, était déjà tué; les spahis avaient chargé trois fois pour déloger Ladior, le roi du Cayor, qui s'était embusqué avec tous ses hommes dans un village barricadé et crénelé, et trois fois la charge était venue se briser contre cet obstacle infranchissable. Le commandant avait fait des prodiges de valeur. Quand son troisième cheval fut tué, il échappa, Dieu sait comment! Blessé et épuisé de fatigue, après avoir erré quelque temps dans la plaine, il s'était assis au pied d'un baobab, tout près de l'ennemi. En cet instant, passe au galop son ordonnance Bou-Bou. Apercevoir son chef et mettre pied à terre fut pour lui l'affaire d'un instant. « Prends mon cheval, dit-il au commandant. — Non, répondit celui-ci, ce serait prendre ta vie. — C'est bien décidé?

— Parfaitement décidé. » Bou-Bou lâche alors la bride de son cheval qu'il tenait à la main et administre un vigoureux coup de pied à l'animal, qui, affolé, part à fond de train ; puis, se baissant vers son chef : « Maintenant, lui dit-il, appuie-toi sur moi et partons, je connais le chemin. » Ils n'avaient pas fait cinq cents mètres, qu'ils découvrent, cette fois, perché sur un baobab, un troisième compagnon ; c'était le neveu du général Faidherbe, lieutenant aux spahis, qui, lui aussi, avait eu plusieurs chevaux tués sous lui et qui, ne sachant où aller, s'était arrêté là. Le jeune Faidherbe, dont l'escadron avait été attaqué à l'improviste le matin, avait chargé sans..., on peut bien le dire, puisque nous ne sommes pas Anglais, sans pantalon. Le manque de cet objet, réputé indispensable, ne l'avait pas du reste empêché de gagner brillamment sa croix de la Légion d'honneur. Les trois soldats qui avaient si bien fait leur devoir, après des souffrances et des dangers inouïs, revinrent au camp, et le commandant Canard promit à Bou-Bou qu'il serait décoré, et il l'a été malgré les difficultés que faisait le ministère pour donner la croix à un simple spahi nègre. Le commandant Canard se trouvait en ce moment sur le paquebot revenant de France, où il était allé pour mettre ses enfants à la Flèche ; il ramenait avec lui madame Canard, femme fort aimable, qui m'a fait, à Gorée, le meilleur accueil.

Cependant, à mesure que nous approchions de la terre, bien des figures, gaies jusque-là, s'assombrissaient. C'est que le bruit avait couru que l'épidémie était au Sénégal et en Gambie, et beaucoup étaient inquiets. En ce qui concernait la Gambie, les nouvelles avaient plus de consistance. Nous avions, entre autres négociants de ce pays, M. B..., le représentant d'une grande maison française, la maison Maurel et Pron ; il avait donné à Marche, dans un précédent voyage, une hospitalité telle que l'on n'en reçoit qu'à la côte d'Afrique. En ce moment, ce pauvre B... éprouvait une véritable anxiété sur le sort des cinq employés qu'il avait laissés à Bathurst.

Le 16 novembre, par un temps magnifique, nous jetions l'ancre entre Gorée et Dakar. Le bateau de la santé fut naturellement le premier à arriver le long du bord : « Comment se porte-t-on ici ? criaient de tous côtés les passagers du Sénégal. — Tout va bien, fut-il répondu. — Et en Gambie ? demanda quelqu'un. — Il y a l'épidémie. » Le pauvre B... pâlit. Quelques instants après, Marche, accostant avec un autre bateau, sautait à bord : — « Quelles nouvelles ? lui demanda B... — Mon pauvre ami, dit Marche, du courage ! J'aime mieux tout vous dire : la maison est fermée. — Mais mes employés ! s'écria B..., ils ne sont pas tous morts ? » Marche secoua tristement la tête. Le pauvre B... n'en demanda pas davantage. De ces cinq hommes qu'il avait laissés pleins de vie et de santé, trois mois auparavant, pas un ne restait; il cacha sa figure dans ses mains et se mit à pleurer comme un enfant. Je me détournai en toute hâte de ce triste spectacle, pour aller dire adieu au commandant Canard, qui, radieux de revoir le Sénégal, me montrait Gorée et ses maisons blanches bâties sur les rochers de l'île, le palais du gouvernement et son petit jardin implanté à grand'peine sur les pierres arides; puis en face, à deux milles de là, sur la terre ferme, Dakar, avec ses plaines de sable sur lesquelles le beau jardin de Hann offre un contraste rafraîchissant. Une foule de petits bateaux montés par des noirs invitaient les passagers à se rendre à terre : en quelques minutes nous étions à Gorée. Cette ville, l'un de nos plus anciens établissements coloniaux, prise et reprise plusieurs fois par les Anglais, et définitivement acquise à la France en 1814, est depuis longtemps florissante. Le commerce qui s'y fait a aujourd'hui une importance annuelle de plus de douze millions. Les noirs, gais, bien faits, travailleurs, nous sont très-dévoués. Ils passent pour être d'excellents maçons et des marins fort habiles. Isolée du contact des Maures et des Arabes, Gorée a écouté la voix des missionnaires et est aujourd'hui presque entièrement chrétienne. Depuis l'extension immense du commerce des arachides, depuis surtout que les paquebots du Brésil touchent à Dakar, l'importance de Gorée est devenue presque égale à celle de Saint-Louis, dont une barre dangereuse gêne l'accès. Aussi de nombreux commerçants riches et tous Français ont-ils bâti de très-belles maisons sur cette île. Mais aujourd'hui que les affaires vont encore sans cesse en augmentant, aujourd'hui qu'une sécurité entière règne au moins sur la côte, Gorée ne suffit plus ; on se sent à l'étroit dans cette petite île, où l'épidémie, quand elle passe dans les rues peu larges et peu aérées, fait d'horribles ravages. D'ailleurs on veut être sur les lieux, pour acheter les convois d'arachides qu'apportent jusqu'au bord de la mer les chameaux du Cayor et même du Foutah. C'est sur Dakar, petit village de pêcheurs, construit à deux milles de Gorée, et un peu sur Ruffisque, à huit milles plus loin, également sur le bord de la mer, que s'est portée l'émigration des négociants. Aujourd'hui Dakar est une petite ville bien française et d'un bel avenir. Les disciplinaires qui, par parenthèse, sont bien plus heureux au Sénégal qu'en Algérie, ont construit à son entrée un beau jardin botanique, et un autre plus important encore à sept milles de là, dans un endroit appelé Hann. Ces deux oasis sont vraiment *précieux* dans ce pays de sables brûlants et de plaines desséchées. On comprend que c'est à Dakar que nous avons établi notre quartier général. On y trouve aujourd'hui deux hôtels : l'ancien, fort prétentieux et fort cher, est tenu par une ex-belle et détestable du reste ; l'autre, simple, mais excellent et fort bon marché, appartient à un brave ancien sous-officier de spahis, appelé Gayrard, qui y fait d'excellentes affaires, sans écorcher les voyageurs. Inutile de dire que nous avons choisi celui-là. A peine arrivés, nous nous mîmes avec une ardeur sans égale à nos chasses de naturaliste : tout nous était bon. Tantôt avec nos cannes-fusil nous abattions sur les arbustes couverts de fleurs, de Dakar, ces gracieux petits souimanga, les colibris de l'Afrique ; tantôt nous prenions pour victimes ces vilains et impudents petits vautours [1] connus au Sénégal sous le nom peut-être un peu trop expressif de charognards, et dont les troupes serrées, perchées silencieusement sur les arbres du cimetière, lui donnent un aspect si lugubre. Une heure avant le jour, les ménagères sénégalaises nous donnaient le signal du lever, nous étions réveillés par le bruit cadencé de leurs pilons qui broyaient le millet destiné à faire le couscouss de la journée. Une demi-heure après nous étions en chasse. Tout près de Dakar même, il n'y a presque rien à faire, car la ville est entourée de vastes plaines de sable dépourvues de toute végétation comme de tout gibier ; aussi nous partions souvent dès la veille pour aller coucher dans la ra-

[1] Gypohierax angolensis (Rüpp.)

vissante oasis de Hann, où le sous-officier qui commandait les disciplinaires nous donnait l'hospitalité : dès l'aurore nous poursuivions au milieu des palmiers une foule de petits oiseaux de toute couleur et de toute variété : souvent nous faisions partir une belle espèce de francolin[1] qui nous fournissait un déjeuner succulent. Dans l'un des marigaux qui avoisinent Hann, se trouvait à cette époque, presque constamment au même endroit, un grand singe hurleur que j'ai bien souvent cherché à tirer en vain. Les habitants du pays me disaient que c'était un esprit et qu'il m'arriverait malheur si je continuais à le chasser : le fait est qu'un jour, m'étant acharné à sa poursuite, je m'embourbai dans un marais qu'il fallait traverser pour arriver jusqu'à lui ; je faillis y rester : pour comble de honte, l'affreux animal, comme s'il s'était aperçu du danger que je courais, se mit à faire retentir l'air d'aboiements joyeux, et à célébrer ainsi son triomphe. Inutile de dire que la vénération des naturels pour cette vilaine macaque s'est encore accrue depuis cet événement miraculeux. Nous fîmes à Hann d'assez jolies récoltes ; seulement nous n'y trouvions que très-rarement cet oiseau brillant, ce merle métallique qui nous avait fait faire dans notre voyage un détour de deux à trois cents lieues ; c'est à Ruffisque

[1] Francolinus Lathami (Hartl.)

qu'il nous fallait aller pour le rencontrer en grande abondance. Le déplacement n'était du reste ni long ni pénible, car Ruffisque est dans le Baol, à quelques milles de Dakar. C'est un point commercial d'une assez grande importance; les produits du Cayor, les arachides surtout, y affluent en quantité considérable, et lorsque la paix sera solidement établie, Ruffisque est appelée à prendre le premier rang parmi les villes du Sénégal. En 1872, Marche, lors de son premier voyage au Sénégal, avait fait connaissance de M. B. Joffres, jeune et riche négociant établi depuis quelques années déjà à Ruffisque. M. Joffres insista beaucoup pour que nous vinssions nous installer chez lui; nous nous décidâmes à accepter l'hospitalité qu'il nous offrait, et bien nous en prit, car nous fûmes reçus avec une cordialité qui nous alla droit au cœur. Les quelques jours passés à Ruffisque sont de tout notre voyage ceux dont j'ai gardé le meilleur souvenir. Au petit jour nous partions pour la chasse; déjà les jeunes filles, de grandes calebasses sur la tête, se rendaient en foule à l'aiguade pour y puiser l'eau nécessaire aux besoins de la journée; ces Sénégalaises à la taille svelte et élancée, au nez droit, aux cheveux roulés en tresses longues et fines, ne ressemblent pas plus aux négresses des Antilles qu'une femme esquimau à une Européenne; elles se drapaient gracieusement dans des pièces d'étoffes aux couleurs variées et nous saluaient au passage d'un gai bonjour. La nature commençait à se réveiller ; c'était d'abord le gazouillement de cette quantité de petits oiseaux rouges, bleus, jaunes, pour lequel le Sénégal est renommé, les bengali, les nonnes, les mange-mil, les veuves aux longs brins [1], puis l'on entendait le cri aigu du calao, le youyou lui répondait de sa voix discordante, et enfin les merles métalliques prenaient part au concert et leur ramage bruyant dominait bientôt dans les lougans (champs de millet). Leurs chants retentissaient à nos oreilles comme le clairon des batailles, et nous nous élancions de suite vers l'endroit d'où le bruit partait. Il y en a à Ruffisque trois espèces.

Le plus grand de tous est le merle à longue queue [2], qui est à peu près de la grosseur d'une pie; le merle brillant [3] est le plus beau de tous; au soleil son plumage est vraiment resplendissant; il va généralement par bandes de dix-huit ou vingt, babillant et criant sans cesse. Comme les étourneaux, dont ils ont beaucoup les habitudes, les merles métalliques sont méfiants et difficiles à approcher, mais comme eux aussi la gourmandise les perd; notre bonne étoile nous conduisit près d'une sorte de figuier sur lequel des bandes nombreuses de merles métalliques venaient chaque matin prendre leur

[1] Vidua principalis (Linn.) — [2] Juida ænea (Less.) — [3] Lamprocolius splendidus (Hartl.)

Femme sénégalaise. Jeune fille allant à l'aiguade.

Dessiné par M. Breton sur un croquis pris d'après nature par M. E. Sherer.

repas ; nous arrangeâmes immédiatement auprès de cet arbre un petit affût d'où nous les mitraillâmes sans pitié ; ils aimaient tant la figue qu'ils revenaient toujours, et souvent nous en tuions quinze ou seize dans la matinée. En revenant vers notre logis et notre déjeuner, il n'était pas rare pour nous de rencontrer quelques-uns de ces rolliers (*rollus abyssinicus*) dont les ailes de deux bleus différents figurent également avec succès sur les chapeaux de nos élégantes : silencieusement perchés sur quelque branche morte, ils passaient des heures immobiles à la même place ; en général, en nous glissant dans les champs de millet, nous arrivions à les surprendre au milieu de leurs méditations solitaires, et à les sacrifier aux passions de la mode. Quelquefois aussi nous immolions, cette fois à un point de vue culinaire, un gentil petit mammifère, moitié écureuil, moitié rat, qu'on appelle le rat palmiste [1]. Nous rentrions à dix heures au moment où le soleil du Sénégal darde ses rayons les plus ardents ; nous trouvions notre couvert mis, une table bien servie, des hôtes charmants, toujours gais, toujours prêts à aller au-devant de tous nos désirs ; après la sieste nous pouvions reprendre notre chasse ou faire une promenade à cheval, et le soir, tout en devisant de la mère patrie, nous préparions tranquillement les

[1] Sciurus palmarum (Gmel.)

pièces tuées par nous dans la journée. Cette existence charmante a duré plusieurs semaines; je l'ai dit, c'est le meilleur temps de notre voyage ; mais rien n'est ennuyeux à raconter comme la vie de gens heureux; de plus, nos chasses n'offriraient pas grand intérêt pour le lecteur. Nos plus beaux coups de fusil étaient quelque singe ou quelque francolin. Ce n'est pas que le grand gibier manque au Sénégal : c'est au contraire un des premiers pays de chasse du monde. On y trouve en grande abondance l'éléphant, le lion, la panthère, la hyène, le loup doré, l'antilope, etc. ; la rareté de l'eau permet même de faire à l'affût, auprès des mares ou sur les rives du fleuve dans lequel ces grands animaux viennent s'abreuver, des coups de fusil magnifiques; mais pour cela il faut s'avancer très-loin dans l'intérieur, ce qu'il n'entrait pas dans notre plan de faire au Sénégal. Le lecteur nous permettra donc de glisser sur les détails d'une existence très-uniforme, quoique fort agréable, et de les remplacer par une étude très-rapide et très-sommaire sur notre belle colonie du Sénégal, trop peu connue, et qui offre pourtant un brillant avenir.

Et d'abord, un coup d'œil rétrospectif sur son histoire : le Sénégal est la plus ancienne colonie qu'ait possédée la France ; des navigateurs dieppois y établirent des comptoirs en 1364. En 1626, il se créa une compagnie normande qui construisit le fort d'Arguin. En 1677, ces hardis aventuriers enlevèrent de force aux Hollandais l'île de Gorée, Rufisque, Portudal et Joal. Ces conquêtes furent confirmées par le traité de Nimègue, et en 1760 s'établit la Compagnie du Sénégal. De 1694 à 1724, l'un des gouverneurs, André Brue, trop peu connu en France, bien que sa vie y ait été récemment publiée, s'illustra par toute sorte d'exploits militaires et par une excellente administration. En 1758, les revers succèdent à la prospérité : les Anglais s'emparent de Gorée et d'une partie du Sénégal, mais ils ne gardent pas longtemps cette conquête, qui leur est reprise en 1763. Le roi envoyait alors au Sénégal des gouverneurs appartenant généralement à la meilleure société. Parmi eux on cite le fameux chevalier de Boufflers, dont la correspondance, récemment publiée, a eu un si grand et si légitime succès; puis le duc de Lauzun, qui, en 1769, surprend la nuit Saint-Louis, s'en empare et agrandit ensuite toutes nos possessions; mais, en 1800, les Anglais reprennent Gorée ; la trop célèbre *Méduse* portait à son bord les fonctionnaires et les troupes qui allaient reconquérir sur eux le Sénégal. En 1814, le Sénégal nous fut définitivement rendu, et depuis ce moment nos possessions dans ce pays se sont sans cesse étendues. En 1848, nous avons aboli l'esclavage, de nom au moins, et supprimé les conseils coloniaux ; en 1860, soumis la basse Caza-

2.

mance. Vers cette époque, MM. Vincent, Mage et Brazouëc accomplissaient dans l'intérieur leurs très-remarquables explorations : il ne peut entrer dans un cadre aussi restreint d'énumérer les expéditions innombrables que nous ont forcés de faire contre eux nos très-remuants voisins. Combien de souffrances et de privations, de dévouements obscurs, de brillants faits d'armes ont passé inaperçus sur cette terre si éloignée de la mère patrie! Parmi ceux qui nous ont suscité sans relâche des ennemis et des guerres, il convient de citer le trop fameux Toucouleur, Oumar el-Hadji, plus connu au Sénégal sous le nom d'Alagui. Revenu de son pèlerinage à la Mecque, jouissant de la réputation d'un grand prophète et d'un grand saint, il se fit passer pour le marabout qui devait délivrer la Sénégambie du joug des chrétiens. Faisant appel au mysticisme et au fanatisme musulman, recueillant les mécontents de tous pays, il excitait les autres aux armes et priait sur la montagne pendant que les guerriers se battaient; il échappa ainsi plusieurs fois à la captivité ou à la mort. Il s'est cependant lassé d'être sans cesse vaincu par les Français, a signé en 1860 un traité avec eux, et, remontant dans l'intérieur, est allé fonder dans le haut Sénégal un empire qu'il gouverne en maître absolu et tyrannique [1]. Les par-

[1] Depuis, il a été tué à la bataille d'Hamdon Allah.

tisans d'El Hadji Oumar vaincus, c'est vers le Cayor qu'il nous a fallu tourner nos efforts. Ce pays, celui du Sénégal, le plus riche en arachides, est habité par la race belliqueuse des Wolofs. C'est devant le Cayor qu'est venue se briser la terrible invasion partie du Fouta sénégalais, sous les ordres d'Abd el-Kader, invasion qui dévastait tout sur son passage. Les Wolofs, qui ont cependant tout intérêt à être étroitement alliés à notre gouvernement, sont sans cesse en hostilité avec nous. En 1861, après avoir reçu les plus rudes leçons, ils signaient un traité qui consacrait la cession à la France de divers points extrêmement importants; on pouvait espérer que la paix et la tranquillité allaient régner dans ce pays : il en eût peut-être été ainsi, sans l'avénement de Lat-Dior. Lat-Dior est un homme encore jeune; il connaît parfaitement la langue française, et dès son enfance a été initié à nos mœurs et à nos coutumes, car il a grandi au milieu de nous, élevé à Saint-Louis, dans cette école des otages qui, par une fatalité incompréhensible, semble être une pépinière d'ennemis de la France. Pourquoi, on ne peut le deviner. Lat-Dior apporta sur le trône une haine implacable contre les chrétiens. Secondé par une sorte de milice prétorienne appelée Tiédos, il nous a fait une guerre perfide, violant les traités et attirant souvent nos troupes dans des embuscades. Durant notre malheureuse guerre de France, il a abusé de l'attitude pacifique que nous observions là-bas pour mener ses Tiédos jusqu'aux portes de Ruffisque, à quelques kilomètres de Dakar. Dieu merci ! aujourd'hui, nous avons montré à Lat-Dior qu'on ne se joue pas impunément de nous, et on peut espérer que rien ne viendra plus troubler les relations commerciales que nous entretenons avec le Cayor[1].

Après ce rapide aperçu historique, disons quelques mots de la situation actuelle du Sénégal : nos possessions comprennent aujourd'hui le bassin du fleuve de ce nom qui a 1,600 kilomètres de cours, depuis les montagnes de Fouta-Djalou jusqu'à son embouchure, et de nombreux forts et comptoirs,

[1] Depuis le moment où j'écrivais ces lignes se sont produits des événements qui ont radicalement modifié notre politique au Cayor. Les voici tels qu'ils sont annoncés par M. Fonsin en mars 1875, dans son cours de géographie commerciale à la faculté de Bordeaux, reproduit par le journal *l'Explorateur :* « La paix avait été conclue en 1869 avec Lat-Dior par le colonel Valière, gouverneur de la colonie. Mais Lat-Dior ne se tint pas longtemps en repos, et, après avoir pressuré et pillé le Cayor, son propre pays, il se tourna contre le Baol. Le teigne ou roi de Baol vint invoquer notre protection. Elle lui fut refusée : en même temps, Lat-Dior, devenu notre créature dans le Cayor, n'en était que plus détesté de ses sujets. Ceux-ci se révoltèrent contre lui et appelèrent à leur aide un marabout puissant nommé Hamadou-Sékou, almani du Fouta, qui avait récemment conquis le Djolof. Lat-Dior, battu par le teigne du Baol, le fut aussi par Hamadou-Sékou et chassé par le peuple de Cayor. Abandonné par ses propres soldats, il vint se réfugier dans la banlieue de Saint-Louis, implorant asile, secours, intervention. Telle était la situation lorsque le dernier bateau (23 avril

situés sur la côte depuis cette embouchure jusqu'à l'équateur. On sait que la capitale de notre colonie est Saint-Louis : à mon grand regret il m'a été impossible de visiter cette ville; elle s'est considérablement accrue et embellie depuis quelques années; malheureusement, sa barre, que les vapeurs ne peuvent pas passer tous les jours et que les voiliers ne franchissent qu'avec une extrême difficulté, gêne beaucoup l'accès de la ville et entrave son commerce d'une façon fâcheuse. Au point de vue de l'administration, le Sénégal est divisé en deux arrondissements : celui de Saint-Louis, plus spécialement sous les ordres du colonel Valière, gouverneur actuel de la colonie; et celui de Gorée, à la tête duquel est

1875) nous a apporté la nouvelle que le gouverneur Valière s'était décidé à intervenir en faveur de Lat-Dior. Une colonne française, forte de cinq cents hommes, aurait pénétré au cœur du Cayor. Le 11 février, elle aurait rencontré les troupes de Hamadou-Sékou, au sud de Mérinaghen à Coki, capitale du pays. Elle aurait remporté un sanglant avantage. Hamadou-Sékou aurait été tué, tandis que quatre cent cinquante ennemis jonchaient la plaine. Mais, parmi les nôtres, près de cent hommes seraient morts ou blessés. » (Cours professé le 2 mars 1875.) Nous ne nous permettrons certes pas de critiquer, sans connaître à fond l'état des choses, la politique suivie par le gouverneur du Sénégal, qui n'a pas pu se décider sans raisons très-graves à agir ainsi qu'il l'a fait. Seulement, nous sommes obligés de constater que notre intervention armée dans cette affaire a soulevé parmi les colons d'universelles réclamations, et qu'à première vue il paraît bien dur de verser le sang de nos soldats pour un homme tel que Lat-Dior, qui nous a trop souvent donné la mesure de sa mauvaise foi et de son ingratitude envers nous.

placé le commandant Canard, dont j'ai déjà parlé. Les indigènes appartiennent à deux races bien distinctes : les races blanches, qui habitent principalement sur la rive droite (ce sont les races arabes et berbères), et les races noires. Ces dernières, de beaucoup plus nombreuses, sont divisées elles-mêmes en plusieurs grandes familles dont les principales sont : 1° la famille maure : les Trarzas ou Abencezarzas, que l'on prétend descendre des Abencerrages, forment la principale tribu des Maures sénégalais, qui comprend aussi les Peuls, Touls, Foullas et Fellatas : ils sont d'une bravoure remarquable; leurs armes sont un poignard, un sabre, un fusil à deux coups qu'ils ne tirent habituellement qu'à bout portant. Leur nourriture principale est le couscouss fait avec du millet; leur grand régal est un mouton cuit tout entier dans un grand trou fait en terre et rempli de braise ardente. Ils possèdent de grands troupeaux de bœufs, de chameaux et de moutons; leur seule industrie est la récolte de la gomme et l'échange de ce produit contre la pièce de Guinée (étoffe bleue). Les hommes sont grands et bien faits, mais d'une saleté révoltante; ils exhalent une odeur nauséabonde. Les femmes sont généralement assez jolies, mais presque toutes défigurées, à nos yeux d'Européens, par cet excessif embonpoint si recherché des Orientaux; 2° la famille des Malinké ou Mandingues, fervents disciples de l'islamisme, qui habitent principalement la Cazamance; 3° la famille des Wolofs, qui comprend les habitants du Cayor, du Valo et du Djiolof. Ils reconnaissent chez eux quatre castes : les nobles, les tugs ou forgerons, les oudaï ou tanneurs, et les mouls ou pêcheurs. C'est une belle race, active et énergique; la plupart de ses membres professent le fétichisme; 4° celle des Toucouleurs ou habitants du Fouta sénégalais. Ce sont, plus encore que les Mandingues, d'ardents sectateurs du Prophète, et ils ont le triste privilége de fournir presque tous ces marabouts dont les prédications ont si souvent soulevé le Sénégal; 5° enfin diverses autres races non moins importantes, telles que les Laobès ou Labas, peuple errant qui forme une race à part, et les Griots, singulière tribu de bouffons et de chanteurs ambulants : bien que méprisés et un peu traités comme des parias par les indigènes du pays, ils sont défrayés de tout par le peuple, que leurs chants et leurs contorsions amusent, et par les chefs, dont ils célèbrent les exploits. Chacun de ces peuples a naturellement sa religion, ses mœurs, son industrie. Pour la religion, il est malheureusement trop vrai que l'élément musulman a déteint plus ou moins sur tous ces peuples, qui, sans renoncer aux pratiques absurdes et souvent cruelles du fétichisme, ont adopté une partie des prescriptions les plus fanatiques du Coran. L'œuvre des missionnaires trouve là un obstacle terrible, et ce n'est guère que dans les grandes villes comme Saint-Louis qu'à force de persévérance et de dévouement ils peuvent obtenir de bons résultats. J'ai dit que chaque peuple, pour ainsi dire, avait son industrie. Par exemple les Maures, et surtout les Peuls, sont d'excellents pasteurs; ils élèvent de grands troupeaux de bœufs et de moutons du pays appelés *dogués*, et ils fabriquent un beurre de brebis excellent. Les indigènes des environs de Dakar et de Ruffisque et les Wolofs sont de bons agriculteurs; ils prodiguent les soins les plus intelligents à leurs lougans ou champs de mil; avec ce mil ils font un couscouss très-renommé, qui est la principale nourriture du pays. De Bakel on apporte la poudre d'or et les plumes d'autruche. Les habitants du haut Sénégal étaient autrefois presque exclusivement consacrés à la traite de la gomme; mais, depuis vingt ans environ, les Sénégalais de toutes les races, les Maures exceptés, se sont adonnés sur une vaste échelle à la culture d'un produit qui a changé entièrement la face du commerce, et qui ouvre à notre colonie le plus brillant avenir : je veux parler des arachides. L'arachide ou pistache de terre, dont la fane fait un excellent fourrage, est une graine oléagineuse de laquelle on tire des huiles de toutes qualités, depuis l'huile imitation d'huile d'olive jusqu'à l'huile à brûler. Elle produit au bout de quatre mois, et l'on peut cultiver arachide sur arachide sans jamais épuiser le sol. Pour se faire une idée de l'immense importance qu'a prise ce produit, il suffit de savoir qu'en l'année 1863 l'exportation en montait à vingt millions de kilogr., et que, depuis cette époque, cette exportation va sans cesse en augmentant[1]. Seulement, il est vrai de dire que les négociants se plaignent : ils se sont fait une concurrence acharnée, ils ont voulu acheter à toute force, si bien qu'on est obligé aujourd'hui de payer aux indigènes des prix qui ne sont pas assez rémunérateurs pour notre commerce ; mais on se rattrape sur la quantité.

Les fusils, la poudre, les pièces de guinée, le tabac, le corail et la sangara ou eau-de-vie de traite, sont les principaux objets qui servent à acheter les arachides. Ce commerce ne fait pas seulement la richesse matérielle du pays. En mettant les populations les plus lointaines et les plus farouches en contact constant avec les blancs ou avec les traitants noirs instruits et civilisés de Gorée et de Saint-Louis, il adoucit les mœurs de ces sauvages, les habitue à nous et les rendra sans doute accessibles aux bienfaits de la civilisation. Déjà notre colonie a subi une heureuse transformation. Ainsi, au point de vue matériel, les chefs ont cessé d'exiger sur

[1] Elle a dépassé trente millions de kilogrammes dans ces dernières années.

tout le cours du fleuve les tributs iniques qu'ils imposaient aux négociants, et surtout à leurs traitants. Au point de vue moral, constatons l'abolition presque complète de la polygamie à Saint-Louis et dans les environs. Autrefois les mariages dits « à la mode du pays », coutume essentiellement immorale, par laquelle les blancs épousaient les femmes indigènes, et surtout les Siniares, qui sont généralement riches, pour le temps de leur séjour au Sénégal seulement, étaient extrêmement fréquents, même parmi les fonctionnaires d'un rang élevé : ces unions, que la faiblesse des autorités avait en quelque sorte sanctionnées, ont disparu complétement, succombant à la fois devant les efforts du clergé et les prédications des marabouts. Les femmes sénégalaises sont bien loin d'avoir l'immoralité que nous aurons ensuite à constater chez les femmes de tous les autres peuples noirs de la côte d'Afrique; une fois mariées, elles sont remarquablement fidèles à leurs époux. Les jeunes indigènes de Saint-Louis, Dakar, Ruffisque, etc., sont susceptibles de remplir très-intelligemment des emplois soit dans le commerce, soit dans les bureaux du gouvernement local, qui prend parmi eux une grande partie de ses fonctionnaires. L'abolition de l'esclavage n'a pu empêcher le pays d'être divisé en deux classes bien distinctes : les hommes libres et les captifs; mais parmi ces derniers se trouvent des fils de chefs et même de rois, bien supérieurs comme naissance à leurs maîtres. Il en résulte que les captifs ne sont ni méprisés ni durement traités. Au reste, ils jouissent d'un privilége qu'ils n'ont dans aucun autre pays de l'Afrique. Le captif qui a à se plaindre gravement de son maître a le droit de le quitter et d'aller s'en choisir un autre. Pour cela, il va vers celui qui lui convient, lui mord le bout de l'oreille et se déclare sa propriété. Dès lors il lui appartient. On comprend que, dans ces conditions, les esclaves bien traités par ceux qui les possèdent s'attachent à eux et forment en quelque sorte partie de leur famille.

Je sortirais du plan que je me suis tracé si je m'étendais davantage sur le Sénégal. Ce que j'ai dit suffira peut-être pour intéresser le lecteur à ce beau pays, faire naître en lui le désir de le mieux connaître et lui donner une idée de l'avenir de cette colonie française dont si peu de monde semble s'occuper. Peut-être me reprochera-t-on d'avoir vu les choses un peu en beau; de ne pas parler, par exemple, de l'insalubrité du climat, et aussi de m'exagérer les qualités des noirs. En ce qui concerne le climat, il est certainement infiniment meilleur que celui de toute la côte occidentale, depuis la Gambie jusqu'au Congo exclusivement. La température est supportable, souvent même agréable pendant huit mois de l'année; il est vrai que pendant la mauvaise saison, la chaleur est extrême, mais en moyenne elle est encore bien moins élevée que celle qu'il fait en Syrie et sur la mer Rouge. Si l'épidémie passe quelquefois au Sénégal et y commet de tristes ravages, il ne règne pas constamment, comme sur les autres points de la côte, cette malaria qui non-seulement détruit la santé de l'homme, mais l'énerve, lui ôte son activité, ses facultés, et le rend incapable de tout travail suivi. Quant aux noirs sénégalais, je connais leurs défauts, mais j'ai été souvent séduit, je l'avoue, par leur intelligence et leur énergie. Braves, très-susceptibles d'attachement et même de dévouement[1], ils forment un contraste extraordinaire avec l'apathie, la lâcheté, l'abrutissement et l'ingratitude de toutes les tribus que je devais rencontrer dans notre voyage sous l'Équateur. Et puis, au Sénégal, on reçoit partout un accueil si franc, si vraiment hospitalier, qu'on ne peut s'en éloigner qu'à regret.

Aussi, lorsque le 16 novembre *l'Archimède* levait l'ancre, nous emportant à son bord, c'est le cœur un peu gros que nous quittions ce pays pour nous diriger vers des régions inconnues dont on venait de nous faire les descriptions les plus sinistres ; car, au Sénégal, il n'y avait pas d'horreurs qu'on ne nous eût dites du Gabon, pas de malheurs qu'on ne nous

[1] M. l'amiral de Langle cite des laptots ou noirs sénégalais à notre service des traits de dévouement vraiment héroïques.

eût prédits pour notre expédition. *L'Archimède* est un petit aviso de l'État, orné de quatre petits canons; il fait le service de nos possessions sur la côte, et en ce moment était chargé d'aller ravitailler quelques postes français, spécialement celui de Benty, à l'entrée de la rivière Mellacorée, en destination duquel nous étions embarqués. *L'Archimède* avait alors pour commandant un excellent officier, le lieutenant de vaisseau Robert, adoré de tous ses hommes. Son second était une ancienne connaissance à moi, M. Daniel, alors encore enseigne. Ces messieurs nous traitèrent si bien, tant d'entrain régnait à bord et le temps passait si vite, que quand quatre jours après nous vîmes les palétuviers qui forment l'entrée de la Mellacorée, nous ne pouvions nous croire arrivés. La Mellacorée est à environ soixante-dix milles au nord de Sierra-Leone. C'est une grande et belle rivière, qui reçoit en outre les produits des rivières Faricareah, Mourebaia, Sangareka, qui communiquent avec elle par différentes criques. « Les habitants appartiennent généralement « aux Sousou et aux Timanis. Des rivalités de race, « des prétentions à la domination exclusive de ce « riche et fertile territoire y avaient amené un ré- « gime de terreur dont le meurtre de plusieurs « chefs a été la conséquence; aussi, à la suite de ces « guerres intestines, les naturels se sont donnés à la « France, qui y chargeait annuellement une cen-

« taine de bâtiments d'arachide et d'huile de « palme. » (Amiral de Langle, *Croisières à la côte d'Afrique* publiées dans le *Tour du monde.*) Nous avons établi, presque à l'embouchure de la Mellacorée, près d'un grand village appelé Benty, un poste qui ne diffère guère de ceux que nous avons à Seydioux, à Boquet, etc. Il consiste en une grande tour blanche, assez semblable à un vaste pigeonnier, dans laquelle ont été crénelées une quantité de meurtrières. Cette tour est bâtie sur une plate-forme, devant laquelle s'étalent majestueusement deux canons, la terreur des nègres. Elle n'a été faite, du reste, que pour l'éventualité d'un siége : à quelques pas de là, une grande maison de bois, assez confortable, abrite M. Seignac, le commandant du poste, et sa jeune femme. Benty est confié, comme deux ou trois autres postes du Sénégal, à un civil, mais jamais officier n'a fait plus militairement les choses et mieux. Il commande lui-même toutes les manœuvres de ses tirailleurs sénégalais, et fait énergiquement respecter le drapeau français. Chaque fois qu'une goëlette ou tout autre petit bâtiment passe devant notre établissement sans exécuter les prescriptions d'usage, un coup de canon chargé à poudre rappelle les délinquants à l'observation des règlements et une embarcation va immédiatement leur demander trois francs, prix d'un coup de canon à poudre. Pendant la guerre franco-prussienne, le bruit de nos humiliations avait pénétré jusque dans ces pays éloignés, et les étrangers se montraient assez insolents vis-à-vis de nous. M. Seignac avait remarqué entre autres une goëlette anglaise qui ne se donnait jamais la peine de hisser son pavillon en passant devant Benty; il l'avertit d'un premier coup de canon chargé à poudre, puis d'un second : pas de pavillon. « On n'insultera pas ainsi la France! » s'écria le commandant furieux, et une minute après un boulet passait en sifflant à travers les cordages.

Trois pavillons anglais se déployèrent avec la rapidité de l'éclair. M. Seignac vint lui-même à bord. « Mais que voulez-vous donc de nous? » crièrent à la fois le patron et l'équipage terrifiés. « Deux choses, répondit-il tranquillement. La première, c'est que vous hissiez votre pavillon en passant devant un fort sur lequel flotte le drapeau français. Ceci est déjà fait. La seconde, c'est que vous me remettiez six francs pour deux coups de canon à poudre et six pour un coup de canon avec boulet. Ceci reste à faire. » Les douze francs furent immédiatement payés. Un mois après, l'escadre anglaise arrivait à Benty pour demander réparation de l'insulte faite à des concitoyens; mais quand une enquête consciencieuse eut été exécutée, le commodore, qui était un galant homme, se contenta de serrer la main à M. de Seignac, et lui dit que tout s'était passé en règle. On ne saurait croire combien cet incident a frappé les noirs et augmenté chez eux le respect du nom français. M. et madame Seignac nous ont reçus avec joie. C'est qu'ils étaient restés cinq ou six mois sans communication avec le monde civilisé, et depuis cinq ans qu'ils occupent ce poste, il en est toujours ainsi; vers la fin de décembre, *l'Archimède* ou un autre petit bateau de guerre arrive, apportant le courrier, la paye des hommes et des provisions; il passe deux ou trois jours à Benty, puis repart pour ne revenir qu'au milieu de mai, et pendant tout ce temps-là il faut vivre sans jamais voir d'autres visages que ceux des vingt-six Sénégalais qui forment la garnison ou des nègres qui habitent les bords marécageux de la rivière. Mais le jeune ménage combat gaiement les difficultés d'une pareille vie, cultive des fleurs rares, élève une jolie basse-cour, fait des collections de toute sorte, s'occupe de peinture, de musique; le temps passe vite, et l'on oublie ainsi l'isolement et l'exil. Le poste est toujours tenu avec une propreté et une recherche exquises; il est vrai de dire que le roi du pays envoie deux fois par semaine toutes ses femmes faire un balayage et un lavage général dans la maison. L'*Archimède* est reparti trois jours après son arrivée; pour nous, nous avons passé huit jours dans l'excellente famille Seignac. Les occasions pour Sierra-Leone étaient beaucoup moins fréquentes qu'on ne nous l'avait dit au Sénégal, mais enfin nous sommes arrivés à prendre place à bord d'un infâme petit bateau dans lequel étaient déjà empilés une douzaine de nègres et sept ou huit négresses. Durant les quarante heures que nous avons mises à parcourir quelque vingt-trois lieues qui nous séparaient du lieu de notre destination, nous avons pu faire connaissance avec tous les agréments que comporte la navigation dans les embarcations des noirs, agréments avec lesquels nous eûmes depuis de nombreux loisirs pour nous familiariser : Le patron toujours ivre, l'eau bue tout entière dans les trois ou quatre premières heures après le départ, l'ancre jetée à tout propos et sans raisons aucunes, les gémissements interminables des femmes, les plaisanteries et les jeux peu innocents de l'équipage, tout cela agit sur les nerfs le moins impressionnables. Ce qu'il y a de plus exaspérant pour nos tempéraments européens, c'est la parfaite indifférence que professent les noirs pour la perte du temps; ils se trouvent tout aussi bien à bord que chez eux et ne voient pas du tout ce qui peut tant nous presser. Heureusement (le bonheur est une chose relative), heureusement, dis-je, dans la circonstance présente, notre équipage était, comme nous, du reste, torturé par la soif et par la faim. Sans cela, nous aurions mis trois ou quatre jours à arriver.

CHAPITRE II

ESCALES A LA CÔTE D'AFRIQUE.

Sierra-Leone. — A la recherche d'un déjeuner. — Nous trouvons le vivre et le couvert. — Une ville en décadence. — Comme quoi M. Seignac prit un nègre pour un tigre et faillit être pendu pour cette méprise. — Des nègres très-impudents et des prédicateurs très-fanatiques. — Quelques renseignements sur la mort de Jules Gérard. — Nous disons adieu à Sierra-Leone et prenons passage à bord de l'*Africa*. — Rencontre de deux coexplorateurs, MM. Grandy. — Monrovia, capitale de l'Éden des noirs. — Une méprise des philanthropes. — Quelques lignes sur notre établissement de Grand-Bassam. — Des esclaves dégoûtés de la vie. — Notre ami Péters a mangé un de ses captifs. — Cape-Coast et le pays des Achantis. — Aventures d'un voyageur français. — Bonny-Djudju ville et Djdudju bois. — Riches et mourant de faim. — Les vaisseaux-magasins. — Vieux-Calabar. — Le dernier des négriers. — Fernando-Po. — Arrivée au Gabon. — La Cordelière. — Un climat meurtrier. — A l'hôpital.

Le 22 décembre, à neuf heures du matin, par une chaleur torride, l'estomac horriblement creux, nous gravissions péniblement les rues de Sierra-Leone : nos pieds enfonçaient dans un sable brûlant, et nous errions mélancoliquement à la recherche d'un déjeuner. Les deux personnes pour lesquelles nous avions des lettres de recommandation se trouvaient absentes de la ville, et les mulâtres de leur maison nous avaient reçus à la mulâtre, c'est-à-dire fort grossièrement. Les marchandes de fruits et de légumes, seules dehors sous un pareil soleil, se mettaient à rire lorsque nous demandions s'il y avait un hôtel et nous désignaient un endroit situé à l'autre bout de la ville. En suivant leurs indications, nous arrivâmes à un bouge infect, au sommet duquel se prélassait une pancarte bleue avec le mot « Hôtel » gravé en grandes lettres rouges. On apercevait, attablés à l'intérieur, une douzaine de noirs jouant aux dés, buvant du gin et jurant dans toutes les langues. C'est l'unique hôtel que possède Sierra-Leone; il n'est pas étonnant qu'on nous l'ait indiqué en riant; aussi on comprend que nous ayons tourné les talons au plus vite. Déjà, la veille, nous nous étions passés de dîner; résolus à déjeuner, *per fas et nefas*, nous frappons à la première porte d'apparence convenable que nous rencontrons. Une mulâtresse vient nous ouvrir. « Madame, lui dis-je en anglais, nous sommes des gentlemen; nous sommes affamés et nous avons de l'argent; veuillez nous faire cuire un repas quelconque. » La bonne dame fut d'abord un peu interloquée; mais comme une mulâtresse ne refuse jamais l'occasion de faire un petit profit, celle-là envoya de suite sa servante au marché, et, une heure après, nous nous asseyions devant un déjeuner si accentué, que Marche, qui a horreur du piment, en eut les larmes aux yeux pendant toute la journée. Le repas terminé et payé fort cher, nous nous sommes fait montrer la mission catholique, et nous avons couru visiter les bons missionnaires, pour lesquels nous avions des lettres du Révérend Père Shwindenham, directeur de la maison mère à Paris. Les Pères sont logés dans une sorte de caserne beaucoup trop grande pour eux et pour les quelques enfants qu'ils obtiennent à grand'peine. Alentour est un maigre jardin, et l'on s'efforce péniblement d'obtenir quelques légumes de cette terre ingrate. Inutile de dire que nous fûmes reçus à bras ouverts. Le bon Père supérieur, à qui nous racontions nos embarras du matin, se mit à sourire. « Soyez tranquilles, nous dit-il, ici on ne laisse pas les gens coucher devant la porte. » Et, quelques minutes après, il nous conduisait chez M. Maurel, un des premiers négociants français de la ville. « Monsieur Maurel, lui dit-il en entrant, voici deux voyageurs français qui me sont recommandés par notre supérieur général; ils viennent demeurer chez vous. » Et comme nous balbutions quelques excuses : « Je vous en prie, messieurs, répondit M. Maurel, c'est l'usage du pays. Je vais vous montrer vos chambres. On déjeune à dix heures, on dîne à six heures et demie; le reste du temps, liberté entière. » Ayant le gîte et le couvert assurés d'une manière aussi agréables, nous nous mîmes en devoir, avec l'ardeur de deux voyageurs fraîchement débarqués, de visiter la ville. Sierra-Leone est la capitale des possessions anglaises dans l'Afrique occidentale; c'est d'elle que dépendent Cape-Coast, qui allait devenir célèbre par la guerre des Achantis, Cape-Castle, Lagos et d'autres points moins importants. C'est une ville vraiment pittoresque, baignée par une baie superbe; elle s'étale sur des collines, derrière lesquelles domine une belle montagne boisée, connue sous le nom de Montagne Heidel. Au premier plan sont bâties des maisons de fort bonne apparence, celles des négociants blancs, puis celles des noirs aisés. De là on passe, presque sans transition, à des quantités innombrables de misérables huttes ressemblant en tout point à des ruches à miel, dans lesquelles grouille la population la plus misérable et la plus infecte. Sur une de ces collines cependant s'élève un vrai palais, celui du gouverneur général, et sur une autre de très-belles casernes (en anglais *barracks*) destinées à ce fameux West Indian regiment, décimé par la maladie que Winwood Reade appelle *Cognac disease* (traduisez par ivrognerie). La population de Sierra-Leone a généralement été estimée à quarante-cinq mille habitants. Mais ce chiffre me paraît fort exagéré. A tout le moins, on n'a pu l'atteindre sans y inclure tous les suburbes et les amas de cases qui se trouvent dans un rayon souvent éloigné de la ville. Autrefois,

Récolte des arachides à Sierra Leone.

Dessiné par M. Breton, d'après une photographie.

la société de Sierra-Leone était pleine d'entrain et de gaieté. Narguant l'insalubrité du climat, on y donnait constamment des bals, de grands repas copieusement arrosés; il y avait de beaux équipages, même des courses de chevaux. Aujourd'hui, il ne reste plus vestige de ces splendeurs; l'épidémie a cruellement sévi, le commerce va moins bien; des cancans, des brouilles interminables ont singulièrement refroidi les relations sociales; une épizootie a tué tous les chevaux; en un mot, Sierra-Leone n'est plus que l'ombre d'elle-même. On y boit encore beaucoup, il est vrai, mais à l'anglaise, en tête-à-tête avec sa bouteille. Le gouvernement britannique, sous prétexte de se concilier les noirs, leur a donné une liberté, une licence absolue de tout dire et de tout faire; aussi ils sont d'une insolence que rien ne peut égaler et se regardent comme parfaitement supérieurs aux blancs. Afin que l'égalité des races fût bien complète, on les avait autorisés à exercer les fonctions de jurés; ils étaient en majorité, et naturellement donnaient toujours tort aux blancs contre leurs confrères noirs. Ce privilége exorbitant faillit coûter la vie à M. Seignac. M. Seignac, n'étant pas encore commandant du poste de Benty, se trouvait à Sierra-Leone chez le docteur Diggs, son beau-père; il était à dîner lorsqu'on vint précipitamment l'avertir qu'on venait de voir un tigre rôder dans son jardin; il saute sur un fusil, se coule doucement à travers les arbres, aperçoit l'animal féroce et lui envoie deux coups de feu. Le tigre disparaît; il n'était pas prudent de le poursuivre dans l'obscurité; mais, au petit jour, M. Seignac, sûr d'avoir bien tiré, vient relever son coup de la veille. Il y avait en effet, à l'endroit voulu, de larges traces de sang; il les suit avec précaution, et, cent mètres plus loin, trouve le cadavre, non pas du tigre, mais d'un nègre couvert d'une toile jaune mouchetée de noir; cette brute avait trouvé très-joli de contrefaire le tigre, croyant inspirer la terreur et voler ainsi impunément les dindons, les canards et les poules; il avait reçu deux balles dans le côté et gisait baigné dans son sang. Cette méprise bien naturelle amena M. Seignac en cour d'assises. Après de longs débats, il fut acquitté à la majorité d'une voix; cette voix contre lui, et il était pendu! Heureusement cette affaire et d'autres du même genre firent interdire aux nègres de siéger comme jurés.

Mais, à part cela, ils n'en sont pas moins insupportables; leur triomphe est de vous exaspérer par toutes sortes de petites vexations, et, lorsqu'à bout de patience vous leur adressez quelque parole trop énergique, de vous assigner devant le magistrat; on n'en est jamais quitte à moins d'une livre sterling ou deux d'amende. Une autre plaie de Sierra-Leone, c'est l'invasion de ministres protestants, nègres pour la plupart, appartenant à toutes sortes de sectes religieuses, élevant partout des églises et prêchant sans cesse. Les baptistes sont les pires de toutes; cette secte a, un jour par semaine, un meeting dans lequel les prédicateurs sont des femmes, des négresses naturellement; c'est pitoyable. Pour apprécier à leur juste valeur les beaux résultats qu'obtiennent ces prétendus réformateurs, il suffit de jeter un coup d'œil sur les statistiques de la ville, on y verra que les naissances illégitimes y sont de 90 p. 100. Somme toute, Sierra-Leone n'est pas un des endroits qui donnent une grande idée de la puissance colonisatrice des Anglais. Rendons cependant justice à celui qui était alors gouverneur de ce pays et de ceux qui en dépendent, M. Hope Hennessy, ancien membre du Parlement et catholique fervent; il a fait tous ses efforts pour changer cet état de choses et rendre à Sierra-Leone son ancienne prospérité. Je n'ai, du reste, aucune raison pour me plaindre personnellement de Sierra-Leone; nous y avons passé quelques jours fort agréables, chassant, collectionnant et pêchant. Le matin, levés au jour, nous allions faire une petite excursion sur la montagne Heider, au sommet de laquelle on jouit d'un coup d'œil magnifique. La vue embrasse la mer de trois côtés différents, le port, la ville et toute la campagne qui l'environne. Nous revenions déjeuner, préparer nos pièces, causer avec les bons missionnaires, puis nous repartions pour aller dans un endroit plus rapproché à la chasse des coquillages, des insectes et de ces jolis soui-mangas, les oiseaux-mouches de l'Afrique. Notre hôte était un homme charmant, très-instruit, très-ferré sur ses classiques, d'un esprit vif et mordant; il nous faisait passer d'excellentes soirées. Le 27 décembre arriva le paquebot anglais, et il fallut nous embarquer pour le Gabon. M. Maurel nous accompagna à bord et prit congé de nous comme un vieil ami. Hélas! en le voyant si jeune, si robuste de santé et d'esprit, nous ne nous doutions guère que la mort devait l'enlever trois semaines après. C'est qu'il n'y a pas de plus terrible climat que celui de ces pays! Le successeur de M. Pope-Hennessy, arrivé plein de force et de vie pour prendre le gouvernement de la colonie, est mort quinze jours après à Cape-Coast, qu'il allait visiter.

A Sierra-Leone, nous avons recueilli de la bouche de la dernière personne dont il a été l'hôte, M. Harris, quelques détails sur la fin de notre compatriote Jules Gérard. C'est dans le Sherbro, pays marécageux et malsain où habite M. Harris, que le tueur de lions a trouvé la mort. De nombreuses souscriptions des Anglais du pays lui avaient permis de monter une expédition géographique qu'il n'a pu que commencer, car ses hommes l'ont noyé au moment où il traversait la rivière de Sherbro.

Ce que m'a dit M. Harris ne permet pas de douter qu'il ait été victime d'un crime et non d'un accident, comme on l'avait dit dans les journaux. Peut-être aussi s'est-il un peu attiré cette catastrophe par son imprudence : le pauvre Gérard menait un peu ses noirs comme on a trop souvent mené les Arabes, c'est-à-dire à coups de bâton. De plus, il montrait à tout venant ses nombreuses caisses pleines de marchandises, ses armes brillantes si admirablement travaillées ; il n'en fallait pas tant pour exciter la vengeance et la convoitise des hommes à la merci desquels il se trouvait.

Comme je l'ai dit, le 27 décembre nous nous sommes embarqués comme passagers sur le vapeur anglais ; c'était l'*Africa*, du « West Africa Royal Mail Company ». A bord se trouvaient deux amis à nous, les Grandy, frères jumeaux et officiers de la marine anglaise, partis comme nous pour explorer un fleuve inconnu de l'Afrique occidentale. Seulement c'était le Congo qu'ils avaient choisi comme but de leur voyage. De plus leur expédition était montée sur un pied autrement considérable que la nôtre ; ils avaient vingt-deux Kroumans engagés à Sierra-Leone et armés de carabines Snyders, des chasseurs d'éléphants musulmans, cent dix-huit caisses de bagages et une foule d'armes de toute espèce. A Saint-Paul de Loanda ils devaient encore louer cent dix porteurs. « Tout cet appareil, écrivions-nous à cette époque à la Société de géographie, n'excite pas notre envie; un semblable déploiement de forces serait sûr d'inspirer la crainte, la méfiance et même l'hostilité chez les tribus auxquelles nous allons avoir affaire et nous nuirait au lieu de nous servir.» Ces conjectures se sont trouvées vraies, même pour les frères Grandy. Le roi du Congo les a pris pour des guerriers qui venaient conquérir son empire, leur a barré le passage et a fait échouer leur entreprise d'une manière bien triste. Mais en ce moment, comme heureusement pour les mortels il ne leur est pas permis de lire dans l'avenir, les deux explorateurs étaient pleins de gaieté et de confiance dans le succès.

Peu de temps après notre départ, nous mouillions en vue de Monrovia, capitale de l'État de Libéria; malheureusement nous ne pûmes pas y descendre à terre : messieurs les habitants de cette glorieuse république n'aiment pas à voir les blancs se promener en curieux chez eux. Libéria est, comme on le sait, une création des philanthropes des États-Unis. Ils y ont transporté une foule d'esclaves affranchis auxquels on a donné toute sorte de ressources. Ces noirs ont un président, des fonctionnaires, des maîtres d'école, des ministres de la religion, tous de leur couleur. Les blancs ne doivent pas y posséder. Les Yankees, qui ne vont pas y voir, citent ce pays avec enthousiasme, comme une sorte d'Éden créé par les hommes de couleur. La vérité est qu'il règne à Libéria le plus parfait gâchis, que le gouvernement ne paye aucune de ses dettes, exemple que s'empressent de suivre les particuliers, que les désordres et la violence y sont journaliers, et qu'il est vivement à désirer que quelque nation européenne intervienne dans des affaires qui tourneront sans doute aussi mal que possible. Et qu'on ne m'accuse pas de diré ceci par haine des nègres ; je ne ne suis pas négrophobe, j'ai déjà fait l'éloge des Sénégalais, et je suis l'un des très-rares Européens qui croient à l'avenir d'Haïti ; seulement je décris toujours les choses sans parti pris et telles que je les trouve sur mon chemin. C'est à Libéria que la Compagnie anglaise fait les engagements des Kroumans ou habitants de la côte de Krou. Ils arrivent de leur pays par troupes de quinze ou vingt, commandées chacune par un head-man ou chef qui parle anglais. Tous sont tatoués d'une bande bleue partant du haut du front et descendant verticalement jusqu'au milieu du nez (c'est le signe distinctif de leur race et de celle des Grébos, leurs voisins) ; au temps de la traite des esclaves, qui se faisait dans ce pays sur une vaste échelle, ce tatouage les faisait reconnaître comme appartenant à une race libre et dont les membres ne pouvaient en aucun cas être vendus ; ils portent aux bras et aux jambes des bracelets d'ivoire et au cou des colliers faits avec des boutons de nacre. Ce sont de très-beaux hommes, aux muscles admirablement développés. Ils viennent s'engager pour un temps qui varie de deux à six ans, et à l'expiration duquel on doit les rapatrier. Dans les colonies anglaises et françaises, le gouvernement en enrôle un grand nombre que l'on emploie surtout aux travaux des routes et à la manœuvre des embarcations; on en fait aussi d'excellents chauffeurs, ce qui est précieux dans ces pays brûlants. Toutes les grandes maisons de commerce ont, à l'instar du gouvernement, une ou plusieurs troupes de Kroumans qui sont chargés de tous les travaux pénibles. Ils sont très-dociles, apprennent les langues avec une facilité inouïe et travaillent énormément, pourvu qu'on les nourrisse bien et qu'on les laisse chanter tandis qu'ils travaillent. Le salaire qu'on leur donne est minime. Aussi les noirs des autres pays, qui leur voient faire tant de besogne pour une si faible rémunération, les traitent d'esclaves et ont pour eux le plus profond mépris. Les Kroumans sont de bons marins et nagent comme des poissons. Sans ces excellents travailleurs, il serait impossible d'arriver à quoi que ce soit dans tous les pays où, comme au Gabon, les indigènes regardent comme tout à fait au-dessous d'eux de mettre la main à un labeur quelconque. Les qualités des Kroumans les rendraient précieux aux explorateurs; mais malheureusement, dès qu'il s'agit de s'avancer dans l'intérieur des terres, ils deviennent d'une poltronnerie inouïe et, à la première alarme, se sauvent sans que rien puisse les arrêter. MM. Grandy en ont fait une triste expérience avec les leurs, choisis cependant parmi les plus aguerris. Ce qu'il y a de plus remarquable chez les Kroumans, c'est le contraste absolu que présente leur vie dans leur pays avec celle qu'ils mènent à l'étranger.

Les Kroumans qui travaillent loin de leur patrie sont, comme je l'ai dit, extrêmement pacifiques, laborieux et doux. Chez eux, ils vivent dans un état de guerre perpétuel. Les Kavali et les Biribi (c'est le nom des deux grandes tribus qui se partagent la côte de Krou) soutiennent les uns contre les autres une lutte acharnée et perpétuelle. A l'étranger, les Kroumans sont soumis à leurs maîtres au point de supporter presque sans plaintes les plus mauvais traitements; ils apprennent notre langue, se familiarisent entièrement à nos mœurs et semblent conquis par la civilisation. Ils donnent souvent aux blancs des preuves d'un vrai dévouement. A peine revenus dans leur pays, ils paraissent prendre à tâche d'oublier ce qu'ils ont appris, et malheur au blanc qui s'aventure chez eux! ils sont féroces pour lui. Chose singulière, il est presque sans exemple qu'un Krouman, quelque bien traité qu'il soit, quelque heureux qu'il paraisse dans nos colonies, ne les quitte pas au bout de quelques années. Lorsqu'une bande de Kroumans arrive au pays, tous ceux qui la composent rapportent la petite fortune qu'ils ont gagnée durant leur absence : elle consiste en perles, en étoffes, en poudre, en corail et en boutons de nacre. Chacun fait un petit tas de ce qui lui appartient, le dépose sur le sable et s'assoit à côté : c'est la dot de sa future épouse encore inconnue. Les jeunes filles arrivent alors, passent une inspection générale, et, quand elles ont tout vu, choisissent le tas qui leur convient le mieux. L'heureux propriétaire devient alors leur mari. La Compagnie anglaise exploite, du reste, beaucoup les pauvres Kroumans, qui lui sont cependant précieux : elle leur fait payer leur passage, pendant lequel ils n'ont que du riz à manger et travaillent sans relâche; de plus, elle les repasse volontiers, moyennant une forte prime, aux négociants de la côte, chez lesquels il sont ainsi engagés bon gré, mal gré. C'est ainsi que j'ai vu M. Walker, au Gabon, payer onze cents francs pour un lot de seize Kroumans, et il ne les a eus à si bon marché que parce que leur santé était avariée. Le gouvernement local du Gabon, qui traite bien les Kroumans engagés pour son compte, ne s'occupe plus assez d'eux quand ils sont au moment d'être rapatriés. C'est ainsi que, l'année dernière, tous les Biribis renvoyés par le bateau anglais après avoir fini leur temps à notre service ont été débarqués chez leurs ennemis, les Cavalis, qui les ont volés et roués de coups. Les pauvres gens sont arrivés chez eux nus et meurtris. De pareils faits sont très-malheureux, parce que les Kroumans, ainsi maltraités injustement, dégoûtent leurs compatriotes de s'expatrier; et, comme je l'ai dit, le concours des Kroumans est d'une importance vitale sur la plus grande partie de la côte occidentale d'Afrique. Mais je termine cette digression, un peu longue; j'aurai d'ailleurs souvent occasion de reparler des Kroumans dans le cours de ce voyage.

Nous ne restâmes que quelques heures devant Monrovia; notre première escale après cette ville fut en vue de Cape-Palmas, où les Anglais ont un fort et quelques soldats; il y a devant la ville une barre dangereuse et difficile à franchir, et les navires se tiennent très-loin de terre; il nous fut donc impossible de débarquer, moins heureux en cela que les frères Grandy, à qui le gouverneur anglais envoya son petit vapeur pour leur permettre de lui rendre visite. Au reste, nous n'y perdîmes pas grand'chose, car la chaleur était torride, et la ville, bâtie au pied de grandes collines de sable, ne perd pas un rayon du soleil. Quelque temps après avoir quitté Cape-Palmas, nous passâmes presque en vue de Grand-Bassam, mais, à notre grand regret, le vapeur ne s'y arrêtait pas. Nous avions jusqu'en 1870, à Grand-Bassam, un comptoir dépendant de notre colonie du Gabon.

Ce point avait été choisi par l'amiral de Langle pour y introduire d'une part un centre de commerce légitime, de l'autre un lieu de ravitaillement pour les croisières qui pourchassaient les négriers; il conclut un traité avec les chefs du pays et y créa un poste français dont le commandement était généralement confié à un lieutenant de vaisseau; les indigènes étaient belliqueux, turbulents et agressifs, et, en 1853, l'amiral Baudin dut leur donner une rude leçon; il éleva le fort de Dabon pour protéger nos possessions; l'amiral de Langle acheva de réduire les populations hostiles et les obligea à demander l'aman. En 1870, le pavillon français flottait en toute liberté d'un bout à l'autre, lorsqu'en 1871, par mesure économique, on retira la petite garnison que nous y avons entretenue si longtemps, et on abandonna l'établissement à lui-même.

M. l'amiral de Langle, dans ses « Croisières à la côte d'Afrique », publiées par le *Tour du Monde*, donné de ce pays vraiment extraordinaire de Grand-Bassam une description on ne peut plus intéressante; tout en y renvoyant le lecteur, nous ne pouvons résister au plaisir d'en citer quelques passages :

« L'esclavage est perpétuel au Grand-Bassam. Le *tædium vitæ* s'empare quelquefois de ces malheureux. Ils déclarent alors qu'ils sont las de la vie. Les Jacks, accédant à leurs vœux, leur donnent une bouteille de rhum qui les grise, et l'exécuteur des hautes œuvres leur fait sauter la cervelle d'un coup de bâton derrière la nuque. Leur corps est abandonné sans sépulture aux oiseaux du ciel et aux bêtes de la forêt. A la Grand-Bouba, les choses ne se passent pas aussi simplement : le maître de l'esclave le conduit au chef du village dont il dépend. Ce chef, après avoir fait toutes les remontrances possibles à l'esclave, prend jour pour procéder à son jugement. Les anciens forment l'aréopage; le patient est au milieu du cercle; il est rare qu'il change d'idée; il met son point d'honneur à braver une société au dernier échelon de laquelle le sort l'a placé, et répond affirmativement à toutes les questions qui lui sont posées. Tous les arguments épuisés, le chef le fait lier à un arbre, et l'assemblée entière se rue sur lui avec la férocité de bêtes fauves : il est déchiqueté en un instant. Chacun des acteurs de cette tragédie paye une redevance au maître de l'esclave, qui est ainsi totalement indemnisé et peut acheter un serviteur moins mélancolique.

» Les sacrifices humains sont offerts à l'époque de la fête des ignames, qui tombe généralement le jour de la lune d'octobre. Il y a d'autres sacrifices accidentels. A Babou, baie du Bourbourya, un de mes officiers tomba au milieu d'une de ces saturnales; les guerriers s'étaient barbouillé la figure et le corps de raies rouges et noires; les coups de fusil petillaient de toutes parts; on en tirait entre les jambes de l'homme qui devait être sacrifié, autour de sa tête et au-dessus; c'était une orgie effrénée de poudre. La victime était attachée à un arbre. L'interrogatoire et le jugement sont solennels; la mort doit être donnée d'un seul coup par le chef. *La chair, déchirée en lambeaux, est mangée séance tenante.* C'est l'holocauste offert pour racheter les péchés de la nation et se rendre les dieux propices.

» Les maris ont droit de vie et de mort sur leurs femmes; ils en font souvent abus. Je vis un chef rasé; c'est en général un signe de deuil. Je lui demandai pourquoi il s'était fait couper les cheveux; il me répondit avec une tranquillité parfaite, en continuant à tresser un panier de pêche : « J'ai » tué ma femme. » J'en reculai de trois pas; il n'avait nullement conscience de son crime; il me dit en manière d'acquit : « Elle a fait périr mon fils par » maléfices. » C'était faux : ce fils, appartenant à une autre femme, avait été soigné par la victime avec la tendresse d'une mère; je le lui dis, il le nia. « Après tout, où est le mal? me dit-il en plaidant » les circonstances atténuantes; elle était vieille, elle » ne pouvait plus avoir d'enfant. » Il était d'un positivisme révoltant. Je m'éloignai. Il continua à tresser tranquillement le casier qui devait nourrir sa nouvelle famille. Après cela, que pourrait-on ajouter pour édifier le lecteur sur les mœurs des habitants de Grand-Bassam? Bornons-nous seulement à dire que leur meilleur chef, notre fidèle allié Piter, avait dans son dossier cette affreuse note : *Condamné à dix onces d'amende pour avoir mangé un esclave.*

M. l'amiral de Langle semble regretter l'évacuation de Grand-Bassam par la France. Il est certain que ce pays est d'une extrême fertilité et que le commerce, surtout le commerce de l'huile de palme, aurait pu trouver dans ce pays des débouchés immenses et par suite y acquérir une très-grande importance; mais le climat y est si meurtrier et a fait parmi nos officiers et nos hommes détachés là-bas de si terribles ravages, que l'abandon de ce poste nous laisse, je dois le dire, assez insensible. Il est, du reste, encore sous la protection de notre patrie et est visité deux fois chaque année par M. le contre-amiral commandant la division de l'Atlantique Sud, qui relâche à Grand-Bassam en se rendant du Gabon au Sénégal.

Le 1er janvier, nous étions devant Cape-Coast; Cape-Coast est, comme on le sait, la capitale des possessions anglaises à la côte d'Or. Au moment où nous y passâmes, la plus grande agitation y régnait. Les Achantis ne dissimulaient plus leur hostilité contre les Anglais, qu'ils déclaraient hautement vouloir chasser de la côte; peu de temps auparavant, ils avaient attaqué les tribus alliées du gouvernement britannique; en ce moment, ils se levaient en masse et menaçaient de venir assiéger Cape-Coast. La guerre était dès lors imminente; on sait qu'elle a éclaté quelques semaines après et les résultats qu'elle a donnés; le général Wolseley, après avoir battu à plusieurs reprises les Achantis et soutenu une guerre dans laquelle le climat tua à l'armée anglaise plus de monde que l'ennemi, pénétra avec sa petite armée jusqu'à Comassie et réduisit en cendres cette capitale d'un peuple jadis si redouté! Dans Comassie était prisonnier depuis cinq ans un de nos plus hardis compatriotes, M. J. Bonnat; jeune encore, il avait fait partie d'une expédition au Calabar qui échoua misérablement après une longue série de tribulations et de déboires. Sans se laisser décourager par dix-huit mois d'une adversité persistante sous ce climat épuisant, M. Bonnat refusa de quitter l'Afrique comme ceux de ses camarades qui avaient échappé à la mort et qui s'empressaient de se rembarquer pour la France.

Il gagna la côte des Esclaves et, portant avec lui sa fortune, qui consistait en quelques marchandises, il s'enfonça résolûment dans l'intérieur des terres, où il fonda un comptoir sur un sol que le pied des blancs n'avait jamais encore foulé. Un instant il crut que ses efforts allaient être récompensés; son petit établissement prospéra avec une extrême rapidité; il réalisa bientôt des bénéfices que lui-même n'avait pas osé espérer. Hélas! ces rêves de bonheur eurent un brusque réveil. Un jour les Achantis envahirent le pays qu'il occupait, pillèrent et brûlèrent la factorerie qui renfermait toutes ses ressources, et l'emmenèrent prisonnier au milieu des sauvages. Sa captivité était cruelle d'abord; il eut à vivre presque exclusivement d'une sorte d'escargot desséché qui forme la base de la nourriture dans ces pays; mais cette captivité fut bientôt adoucie par sa grandeur d'âme qui en imposa à ses maîtres et par ses travaux ingénieux qui les frappèrent d'admiration. Quand, à l'époque de la fameuse guerre des Achantis, les Anglais le délivrèrent, il n'était déjà plus un esclave, mais, renouvelant les fonctions de Joseph chez les Pharaons, il était devenu un conseiller dont le roi écoutait les avis avec déférence et dont la parole arrêta bien souvent des actes de barbarie ou de sauvages hécatombes humaines. Arraché aux mains des Achantis après cinq ans de captivité, il crut de son devoir, avant de regagner sa patrie, de se mettre à la disposition de l'armée anglaise, à laquelle il devait la liberté. Il rendit ainsi à la cause de la civilisation des services éminents qui lui ont valu l'estime et la reconnaissance des hommes d'élite qui dirigeaient cette campagne. Enfin, la guerre terminée, il est revenu parmi nous après huit années d'absence, et quelles années! Il est revenu aussi energique, aussi ardent, aussi désireux d'explorer l'Afrique. En ce moment, il est sur le point de repartir pour ce pays des

Achantis sur l'avenir duquel il a fondé de grandes et légitimes espérances. Je tiens de lui, sur le pays des Achantis, quelques détails intéressants que le lecteur me saura, je crois, gré de reproduire. Le pays des Achantis est situé entre le 1er et le 4e degrés de longitude ouest du méridien de Greenwich et le 5e et le 7e degrés de latitude nord. Il est borné au sud par le protectorat anglais, à l'ouest par le royaume de Deamane, qui lui est tributaire, au nord-ouest par la tribu des Foulas, au nord-est et à l'est par une immense prairie que traverse le fleuve Volta, venant des monts Coung. La population, en y comprenant celle de tous les peuples qui sont ses tributaires, y est évaluée à quatre millions. La plus grande partie de ce pays est aurifère, mais c'est surtout dans l'ouest qu'il est le plus abondant. Si la côte est horriblement malsaine, M. Bonnat fait en revanche le plus grand éloge du climat comassien, de la capitale du pays et des environs, où la chaleur est tempérée par une brise perpétuelle. Les Achantis se distinguent entièrement des autres sauvages qui se trouvent sur la côte d'Afrique, auxquels ils sont infiniment supérieurs. Ils n'ont jamais accepté la circoncision et n'ont aucun tatouage ni marque extérieure sur le corps. Ils croient à un seul et unique Dieu qu'ils appellent de divers noms correspondant tout à fait à nos appellations chrétiennes; ils savent que c'est lui qui a fait toutes choses, qu'il est éternel et tout-puissant; seulement, ils pensent qu'il ne s'occupe de nous que par l'intermédiaire d'esprits ou génies, et que, parmi ces intermédiaires, il y en a de mauvais et de bons. Ils croient à l'immortalité de l'âme, mais ils se figurent que lorsqu'elle quitte ce monde, elle emporte avec elle le nom, le rang et les besoins du corps qu'elle laisse ici-bas, ce qui a donné lieu à ces horribles hécatombes de victimes humaines qui ont rendu les Achantis si tristement célèbres dans l'histoire.

Les Achantis auraient pour origine, d'après M. Bonnat, quelques tribus chrétiennes qui, vers le milieu du seizième siècle, au moment de la grande persécution de l'Église africaine par l'islamisme, aimèrent mieux émigrer que d'apostasier; mais dans la suite des temps, en s'alliant ou se mélangeant avec d'autres peuples, ils perdirent graduellement leur foi et retournèrent à l'idolâtrie. Ce sont des hommes intelligents et intrépides; leur roi exerce sur eux un pouvoir absolu et tyrannique. En 1824, les Achantis étaient à l'apogée de leur puissance; ils avaient étendu leur domination sur toute la côte d'Or. Ils ne craignirent pas d'attaquer les forces anglaises commandées par sir Charles Mac Arthen, qui, abandonné lâchement par ses alliés nègres, se brûla la cervelle pour ne pas tomber entre les mains de l'ennemi; le succès grisa les vainqueurs, qui poussèrent l'audace jusqu'à envahir les possessions anglaises d'Akra. Cette fois ils éprouvèrent une sanglante défaite à la bataille de Doodah, à la suite de laquelle une foule de tribus vassales de l'Achanti reconnurent la suzeraineté de l'Angleterre. Ce revers exaspéra les Achantis, qui désormais n'eurent plus qu'une préoccupation, le désir de la vengeance. Ils furent contenus cependant par la sagesse de leur roi Quakou Dah, qui fit respecter bon gré mal gré la paix et signa même un traité d'alliance avec l'Angleterre. Il ne put empêcher cependant un de ses plus puissants sujets, le prince Ossou Coko, de faire sur le territoire anglais une incursion dévastatrice à la suite de laquelle la route de la côte fut complétement fermée. Le commerce de l'Achanti tomba complétement. Il en résulta la misère pour ce peuple autrefois si florissant, et, lorsque le vieux roi Quakou Dah mourut, on fit jurer à son successeur de chasser les Anglais de la côte. Le nouveau roi se mit de suite en campagne et fit une première expédition, celle dans laquelle M. Bonnat fut fait prisonnier et envoyé à Comassie. Repoussé grâce à la valeur d'un certain Dompré, Achanti de naissance, mais transfuge et allié fidèle des Anglais, le roi ne se tint pas pour battu. Au commencement de l'année 1873, il envahit le protectorat anglais, mit tout à feu et à sang et vint promener son armée triomphante jusque sous les murs des forts de la côte. — La guerre des Achantis a été l'objet de beaucoup de critiques; on voit cependant qu'elle était non-seulement justifiée, mais encore nécessaire. Mais j'en reviens à notre passage à Cape-Coast. Ce doit être une ville terriblement malsaine, si j'en juge par les visages hâves et défaits de tous les blancs que nous vîmes là. La guerre qui allait éclater était naturellement le sujet de toutes les conversations; les colons ne doutaient pas du triomphe définitif de l'Angleterre, mais aucun d'eux ne se dissimulait que si des troupes n'arrivaient pas au plus vite de la mère patrie, le premier choc serait terrible et qu'on ne pouvait sans une grande anxiété en prévoir l'issue. La chute d'une partie des remparts de la forteresse, qui venaient de s'écrouler à la suite d'une sorte de tremblement de terre, n'était pas de nature à rassurer les timides. Au milieu des préoccupations de toute sorte qui les agitaient, plusieurs personnes songèrent, tant ce triste événement était encore présent à la mémoire de tous, à nous parler du suicide déjà ancien de lady Mac Lelan. Cette femme distinguée, dont les vers sont encore si appréciés en Angleterre, avait pour mari lord Mac Lelan, gouverneur de la colonie. Elle a cherché dans la mort la fin de cette douleur incurable qui la rongeait, qu'elle a si poétiquement chantée, et dont les causes sont encore aujourd'hui inconnues.

Le 4 janvier, nous faisions une escale de quelques heures en vue de Ouidah (Dahomey). Bien que cette ville appartienne au roi du Dahomey, on l'eût dite française, à voir la quantité de nos drapeaux qui flottaient au sommet des maisons. C'est que le commerce français a pris dans ce pays une grande importance. Ainsi une maison de Marseille, l'ancienne maison Régis, qui s'appelle, je crois, aujourd'hui Lanier, Domas et Lartigues, exerce au Dahomey une influence considérable. Le roi, qui en reçoit sans cesse des cadeaux, l'a prise dans la plus grande affection. C'est extrêmement heureux pour nos missions de ces contrées, qui ressentent le contre-coup de cette faveur, et le moment serait aussi favorable pour le voyageur qui voudrait explorer ces contrées sauvages. Le 7 janvier 1874, nous sommes arrivés à Bonny. La rivière est extrêmement large, bordée, comme presque toutes les rivières de l'Afrique occidentale, de palétuviers pendant quarante ou cinquante milles. La pointe de Rough-Corner, cependant située à l'entrée sur la rive gauche, présente une végétation dont l'élévation et la puissance sont réellement admirables. C'est, dit-on, le repaire de nombreux éléphants. C'est à une distance d'environ six milles de l'embouchure du fleuve que se trouve la ville sacrée des naturels, Djudju-Town, ainsi que l'établissement européen qui lui fait face de l'autre côté de l'eau. Au premier coup d'œil jeté sur Bonny en entrant dans le fleuve, on croit voir, à quelques milles de distance, un port qui sert d'abri à une quantité considérable de grands bâtiments; mais bientôt, en approchant, on reconnaît que sur chacun de ces grands bâtiments s'élève une sorte de maison surmontée d'un toit pointu. C'est que, à de très-peu nombreuses exceptions près, la ville est construite entièrement sur la rivière. A terre, il n'y a guère d'autre habitation que la Mission-Noire, dont le supérieur est le fils de l'évêque Cranner. Ce noir, pris jadis sur un négrier où il allait être vendu comme esclave, est aujourd'hui évêque anglican de Sierra-Leone pour la population de couleur.

Notre paquebot était attendu avec impatience. En un instant la ville flottante fut pavoisée, et de tous côtés se détachèrent des baleinières anglaises dont les rameurs, portant chacun des livrées différentes, selon l'*hulk* (ponton) auquel ils appartenaient, étaient vêtus d'un madras et coiffés d'une sorte de bonnet phrygien aux couleurs éclatantes. Ensuite arrivèrent les pirogues du pays, remarquables par leur grandeur et le nombre de leurs pagayeurs. Elles sont généralement montées par vingt-huit ou trente individus de tout âge, depuis l'enfant de sept à huit ans jusqu'à l'homme fait. Ils s'alignent, armés de leurs pagaies en forme de lance, deux par deux et par rang de taille, de sorte que, tandis que l'avant est manœuvré par les tout petits, à l'arrière travaillent les hommes les plus grands. Les enfants ont la tête rasée de si près qu'elle semble entièrement épilée, ce qui leur donne l'aspect de vilains petits singes. Tout cela, du reste, manœuvre avec une extrême vitesse et un ensemble admirable. A peine avions-nous jeté l'ancre, que nous partîmes, le lieutenant Grandy, Marche et moi, dans un canot mis à notre disposition par le capitaine du vapeur pour aller faire une partie de chasse et d'exploration dans la rivière. M. Grandy avait pris avec lui ses Kroumans, chacun d'eux avait sa pagaie, et tous nous poussèrent en avant avec autant de vigueur que de bruit. Les Kroumans, je l'ai dit, ne peuvent pas travailler sans chanter; mais quand ils chantent, les travaux les plus pénibles ne sont qu'un jeu pour eux. L'un d'eux prononce quelques paroles invariablement accueillies par de grands éclats de rire, et la troupe chante en chœur un refrain qui va toujours s'animant à mesure que la besogne devient plus dure. En une heure, nous atteignîmes la ville et le bois Djudju (prononcez Djoudjou). Djudju signifie, comme on le sait, fétiche, objet consacré. Il se prend, du reste, dans diverses acceptions : ainsi, faire djudju, c'est se livrer, après la mort d'un chef, à des cérémonies dont j'aurai occasion de reparler; on fait aussi djudju en étendant une corde devant la maison pour ne pas laisser entrer la petite vérole, etc., etc. Tantôt le djudju est une puissance indéfinie, une force supérieure, mais inconnue, quelque *Deus ignotus* auquel on élève des chapelles et des monuments de toute sorte, comme c'est le cas dans la ville et le bois de Djudju; tantôt c'est un objet quelconque, généralement un animal, qui est djudju, c'est-à-dire sacré. Ainsi le serpent python est djudju dans la rivière de Brass; le gouvernement anglais, par son traité avec le roi du pays, traité sur lequel j'aurai occasion de revenir, s'est engagé à faire payer une amende de 20 livres sterling (500 francs) à tout blanc qui tuerait un boa. Quand il y en a un près d'une factorerie, on envoie prévenir les noirs, qui remboursent les dégâts faits par le serpent en poules, chèvres, etc., etc., et le rapportent près de leurs cases dans un grand sac fait *ad hoc*[1]. Il est à remarquer, en passant, que ce serpent ne fait jamais de mal aux hommes. L'éléphant n'est pas djudju, mais il est consacré au djudju, auquel ses dents appartiennent; c'est pourquoi il ne se fait pas de commerce d'ivoire à Bonny. L'iguane était djudju à Bonny; mais c'était un djudju fort désagréable, mangeant tous les poulets et se fourrant partout où il ne devait pas être. Feu le dernier roi résolut de frapper un grand coup : un beau jour, il fit exterminer tous les iguanes,

[1] Ces faits m'ont été confirmés, comme tous ceux que j'avance sans en avoir été témoin personnellement, par M. Ch. Livingstone, alors consul de Fernando-Po, et par le capitaine Hopkins, aujourd'hui consul de Saint-Paul.

puis, effrayé lui-même de son audace et craignant d'avoir à porter seul la responsabilité si quelque malheur arrivait, il fit recueillir et verser dans le puits où tout le village buvait, le sang de plusieurs iguanes; de la sorte, chacun but, avec le sang de l'animal, une part de responsabilité.

Mais j'en reviens à Djudju-ville et à Djudju-bois. Djudju-ville ne mérite pas qu'on s'y arrête : c'est un amas de cases. Les habitants vinrent en foule au-devant de nous avec une curiosité qui n'avait rien de malveillant. Les hommes étaient, pour la plupart, tatoués d'une étoile bleue sur la figure ; ils avaient à la main de grands fusils à pierre ou des lances. Près de là, on voyait sous un hangar une immense pirogue de guerre pouvant contenir deux ou trois cents hommes ; on y voyait aussi trois gros canons rouillés, provenant Dieu sait d'où. Les femmes ne vinrent pas à notre rencontre ; elles semblaient même se tenir cachées, et ce n'est que dans la suite que nous pûmes les apercevoir. Elles se distinguent par un tatouage extrêmement singulier qui s'étend depuis la nuque jusqu'au bas des reins, et est produit par des excroissances assez semblables à des boutons disposés en forme de petits carrés. J'en vis une qui évidemment n'appartenait pas au pays : sa figure et son corps étaient de couleur citron, sa poitrine et son dos tatoués de petits fers à cheval rouges, et sa tête entièrement épilée. C'était hideux.

Après quelques pourparlers inutiles pour trouver un guide, vu les demandes ridicules des naturels, nous nous engageâmes dans le bois de Djudju. C'est une terre élevée, couverte d'une végétation prodigieuse, et dont les arbres immenses ne laissent aucun accès aux rayons du soleil : le vrai *lucus*, ou bois sacré, des anciens. Il serait, du reste, impénétrable, s'il n'était traversé et retraversé de tous côtés par une foule de sentiers très-frayés qui conduisent chacun à un djudju. Ces djudju sont pour la plupart des offrandes élevées à la divinité après la mort de quelque naturel. L'égalité ne règne chez les sauvages ni pendant la vie ni après la mort : les pauvres n'ont pour tout monument qu'un peu de poterie cassée, et mal abritée par quelques huttes grossièrement construites en bambous. Ceux des personnages considérables sont beaucoup plus compliqués : il suffira d'en décrire deux des principaux pour en donner une idée. L'un, construit sous un assez grand hangar, contenait trois ou quatre dents d'éléphant, dont l'une, ciselée avec une extrême finesse ; une panthère grossièrement sculptée en bois ; une immense quantité de crânes d'hommes, esclaves ou prisonniers, décapités, ou ennemis tués pendant l'action ; puis des crânes d'animaux de toute sorte, beaucoup de poteries brisées, des armes, des pagaies, etc. Le second monument, qui paraissait beaucoup plus révéré encore, était une petite maison dans laquelle un gardien se tenait sans cesse dans l'attitude du plus profond respect. Là, outre un amas énorme de têtes de captifs, défenses et débris d'éléphants, cornes d'antilopes gigantesques, etc., il y avait trois petits saints en bois peint, volés sans doute sur quelque galion portugais ou espagnol, qui semblaient se partager l'adoration des fidèles avec une énorme tête de Turc, également en bois peint, qui avait sans doute vogué sur la proue de quelque négrier. Au premier abord, nous nous étions figuré, M. Grandy et moi, que ces djudju étaient les tombeaux des chefs : c'était une erreur ; le corps des chefs est enterré avec des précautions extraordinaires pour dérober la connaissance du lieu de sépulture. Généralement, il est caché au fond d'une rivière. On nous a affirmé que souvent on égorgeait les esclaves qui avaient été chargés de l'ensevelissement, ainsi que faisaient jadis les Gaulois et d'autres peuples de l'antiquité. Quoi qu'il en soit, il est certain que quand un homme meurt, tout son argent, ou plutôt tout son airain (car la monnaie consiste en demi-bracelets d'airain faits à Birmingham, et qui valent vingt-cinq centimes au poids), tout son airain donc, toute sa poterie, en un mot, toutes ses richesses, sont enfouies sous sa case. De sorte que souvent un misérable nègre mourant de faim vous dira, en vous demandant l'aumône : « Je suis riche : si je voulais ;

j'ai sous mes pieds de quoi acheter beaucoup de femmes, de chèvres et d'esclaves. » Et c'est vrai, mais il n'osera jamais y toucher ; ce n'est que dans les circonstances les plus critiques, en cas de guerre malheureuse, et alors que toutes les autres ressources sont épuisées, que le roi commande de déterrer tous les trésors ainsi enfouis. C'est ce qui est arrivé il y a six ans.

Je ne fatiguerai pas le lecteur des détails d'une chasse longue et pénible dans les palétuviers, chasse dont un singe fut le plus gros résultat ; d'une nuit passée dans une barque au milieu d'une myriade de moustiques ; de perroquets abattus au vol, à la stupéfaction générale des naturels. Je terminerai seulement ces notes concernant Bonny en disant quelques mots d'un déjeuner auquel le capitaine Hopkins, mon collègue à la Société de géographie de Londres, alors représentant d'une grande maison de commerce, et aujourd'hui consul anglais à Saint-Paul de Loanda, nous a invités à bord de son ponton ; car cette ville flottante, qui se reproduit sur le même système au Nouveau et au Vieux-Calabar, ainsi qu'aux Camérons, est réellement intéressante à voir de près. J'aurai de plus, à l'occasion de cette visite à bord, à dire quelques mots sur le commerce de ce pays, qui prend chaque jour une importance plus grande.

Les pontons, en anglais *hulks*, amenés à grands

frais sur ces rivières éloignées, sont, pour les plus importants d'entre eux au moins, d'anciens navires de guerre [il y a là, entre autres, *l'Isis*, frégate célèbre dans la marine anglaise par la révolte dite du Nord (Northern), dans laquelle un officier a été pendu à l'un de ses mâts], ou bien encore ce sont d'anciens paquebots construits pour le transport des émigrants ; tel est *l'Australian*, à bord duquel nous étions invités. La première impression produite par cette ville de bateaux est pénible ; on plaint les pauvres diables qui sont obligés de vivre là ; aussi la surprise que l'on éprouve en montant à bord n'en est-elle que plus agréable. Sur l'arrière a été construite une jolie petite maison à laquelle rien ne manque, ni un salon meublé avec luxe, ni les chambres à coucher, cabinets de toilette, etc. ; le tout extrêmement élégant et orné de fort jolies peintures. Une cloison sépare entièrement cette partie du reste du bâtiment. En descendant quelques marches, on arrive sur le milieu du bateau, où est entassée une quantité considérable de barriques d'huile de palme, de mille kilogrammes chacune, dont chacune se paye cinq cents francs dans le pays même, et vaut en Europe mille à douze cents francs ; à l'avant est une grande machine à vapeur destinée à clarifier l'huile que les naturels apportent en pâte rougeâtre assez semblable à du savon gras. « Le palmier à huile (*elaïs guinensis*), dit l'amiral de Langle, forme des forêts inépuisables depuis Sierra-Leone jusqu'à Angola : il porte un fruit menu qui se réunit en grappes autour d'un pédoncule central pour former un régime qui pèse quelquefois cinquante kilogrammes. La pulpe de cette noix fournit l'huile de palme ; le noyau contient une amande qui fournit la stéarine pure. » Cette huile, dans ces pays, comme les arachides plus au nord, est l'âme et l'avenir de tout le commerce de la côte occidentale d'Afrique. M. l'amiral de Langle décrit aussi la fabrication de l'huile de palme : « Le régime est prestement dépouillé de ses fruits qui varient de la grosseur d'un œuf d'oie à celle d'un œuf de pigeon. C'est le parenchyme qui contient l'huile, précieux objet d'un commerce très-étendu. Dès que ce produit a traversé les mers, l'Europe en tire la saponine qu'on transforme en savon, et le parafine qui sert à éclairer nos salons. Le fruit est jeté dans un bassin de cuivre ou dans une grande chaudière de fonte de fer ; là il subit une légère cuisson, c'est après cette ébullition que les noirs le passent au pilon. Quand ce décantage est fait, il est soumis à la presse ; il est alors contenu dans des sacs faits d'étoffe très-forte à travers lesquels l'huile s'échappe, tandis que les noyaux et les matières ligneuses y restent prisonnières ; l'huile est reçue dans de grandes calebasses ou dans des jarres que les négociants recueillent à la cueillette ; il faut la clarifier encore une fois avant de l'expédier en Europe. Plus de trois cents navires trouvent aujourd'hui (grâce à ce produit) leur chargement de retour à la côte d'Afrique, qui est parcourue en tout sens par trois lignes de paquebots portant pavillon français, anglais et portugais. » En descendant un étage, dans notre bateau-maison, on arrive au magasin ; là se trouvent entassés en masse le rhum ou alougou de traite qui, éprouvé avec le pèse-alcool, nous a donné une force bien supérieure à celle de la plus forte de nos eaux-de-vie ; le gin anglais, autre poison dont il s'exporte une quantité colossale (le paquebot, dans son dernier voyage, et il y en a quatre par mois, en apportait dix-sept mille caisses sur la côte) ; il coûte dix sous la bouteille. Là aussi on retrouve les petits bracelets d'airain qui, comme nous l'avons dit, forment la monnaie du pays ; d'énormes chapelets de corail qui, à Londres même, valent trois cents francs la pièce ; les étoffes de soie et imitation de soie ; l'étoffe bleue connue sous le nom de guinée ; enfin les longs fusils à pierre qui valent, à Liége, sept francs cinquante, et à Birmingham, dix francs. Il est remarquable que les naturels de tous ces pays, comme du reste de presque toute la côte occidentale, ne veulent pas d'imitation. A première vue, ils reconnaissent les imitations de soie et n'en donnent qu'un prix, proportion gardée, extrêmement inférieur. C'est une erreur aussi de croire qu'il leur faut des couleurs éclatantes. Ici, comme au Sénégal, ils ne veulent que des couleurs sombres, le bleu de Guinée surtout ; bien différents, en cela, des nègres des Antilles et de l'Amérique du Sud, passionnés pour le clinquant, la bijouterie fausse et les couleurs tranchées. Il y avait aussi, à bord, d'énormes barils de tabac et de poudre de traite, *bien entendue*, c'est-à-dire à quinfuple dose de charbon ; il y a tout avantage, la poudre ne coûte presque rien, les noirs sont obligés d'en mettre beaucoup plus dans leurs fusils, et si l'on a affaire à eux, ils sont moins dangereux. Enfin, toute la cale du ponton est chargée de sel ; on sait, qu'en Afrique, le sel est un objet de commerce infiniment précieux et qui, dans certains points de l'intérieur, se vend exactement au poids de l'or. Il est inutile de dire que nous fîmes à bord un excellent déjeuner ; je donne tous ces détails parce que l'on se fait généralement une idée très-fausse de la vie dans cette partie de l'Afrique, vie dans laquelle les Anglais surtout ne se privent d'aucun confort. Ils ont raison du reste, car l'hygiène l'exige et les bénéfices qu'ils réalisent le leur permettent ; ces bénéfices seraient bien plus beaux encore sans l'impossibilité absolue dans laquelle ils se trouvent de se passer d'intermédiaire. Tous les rois de ces pays sont des transiteurs ou commissionnaires par les mains desquels les produits de l'intérieur doivent forcément arriver aux Européens. Ce système est une véritable plaie pour le commerce ; en revanche, il fait la fortune des rois courtiers. Celui dont nous donnons ici la photographie est plusieurs fois millionnaire ; son avarice augmente du reste en raison de sa fortune, et plus il s'enrichit, plus il vit misérablement.

Quand nous revînmes à bord de *l'Africa*, pour partir, nous eûmes la bonne fortune d'avoir pour compagnon de voyage, outre le capitaine Hopkins, déjà nommé, M. Charles Livingstone, frère bien connu du célèbre docteur, son compagnon dans ses premières découvertes, et, au moment de notre voyage, consul de Bonny, Calabar et Fernando-Pô. M. Charles Livingstone, dont rien ne pouvait alors faire prévoir la fin si triste et si prochaine, se mit à notre disposition pour nous guider durant le temps que nous devions passer au Vieux-Calabar, et nous donner sur ce pays et les autres qui l'environnent une foule de renseignements intéressants.

Il ne faut pas deux jours pour arriver de Bonny au Vieux-Calabar. Le Vieux-Calabar, fleuve que l'on jugerait plus étendu par l'importance extrême qu'il a à son embouchure, ne va cependant que jusqu'à cent quarante milles dans l'intérieur. Un M. Walker, membre de la Société géographique de Londres, qui n'est pas celui dont j'aurai à parler au Gabon, a fait la carte d'une partie du cours de ce fleuve. Mais le capitaine Hopkins l'a seul remonté jusqu'à sa source. Il paraît constant que le Vieux Calabar communique avec le Niger, dont les produits affluent ici. Jusqu'à présent, il a été impossible d'affirmer avec certitude quelle est la rivière par laquelle cette communication existe; à quelques milles de l'embouchure, à côté de Garrot-Island, se trouve une très-grande rivière, Cross-River; ce cours d'eau, qui a été exploré avec un petit steamer par l'ancien consul de Fernando-Pô, serait, selon beaucoup de personnes, notamment selon M. Hopkins, le vrai cours du Calabar, et la voie de communication avec le Niger. Malheureusement, à l'endroit où s'est arrêtée l'exploration du consul anglais dans Cross-River, se trouvent des rapides qui ne peuvent être franchis qu'avec des pirogues toutes spéciales. L'établissement anglais, dans le Vieux-Calabar, se trouve à quarante-cinq milles de l'embouchure du fleuve; je n'en parlerai pas, car il ressemble énormément à celui de Bonny, tant par ses pontons que par l'excellent accueil qu'on y reçoit; il n'y a guère, à terre, que des missionnaires appartenant à une mission presbytérienne; encore sont-ils assez loin dans l'intérieur. Nous avons fait sur la terre ferme, avec MM. Grandy et Hopkins, une assez longue excursion, pendant laquelle nous eûmes la bonne fortune de trouver les habitants en train de « make devil », faire le diable à l'occasion de la mort d'un grand chef; mais chacun d'eux semblait avoir une manière différente de célébrer le rite funéraire ; peut-être aussi en était-on, quand nous sommes entrés, à différentes phases de la cérémonie. Dans la plupart des endroits, cependant, les hommes étaient enfermés chez eux, et les femmes, exclusivement maîtresses de la place, célébraient leurs mystères. Nous traversâmes, en particulier, un village dans lequel soixante-dix environ d'entre elles, depuis les enfants de six à sept ans jusqu'aux plus vieilles, se livraient à une orgie dont la bestialité aurait certainement fait honte aux bacchantes antiques. Notre passage, loin de les gêner, sembla redoubler leur fureur, et elles nous poursuivirent bien au delà de leurs cases. Du reste, il est impossible, dans ce pays, de faire un pas sans trouver partout des traces de grossière superstition : partout des cabanes élevées au djudju, des cordes tendues pour arrêter la petite vérole. Le djudju construit en l'honneur du chef qui venait de mourir, présentait réellement un aspect curieux. C'était une sorte d'autel abrité par des bambous, sur lequel on avait déposé des traversins rouges, des armes et des instruments de musique brisés, un superbe chapeau à haute forme avec cocarde et galon d'or, des chaises, tables, etc. Du reste, toutes ces superstitions n'ont pas toujours été aussi innocentes. Dans les traités conclus avec l'Angleterre, simples traités d'alliance en principe, on a stipulé et obtenu, du moins ostensiblement, d'abord l'abolition des sacrifices humains, puis celle de l'exposition et du meurtre des frères jumeaux, enfin le meurtre des esclaves sur la tombe de leurs maîtres. Aujourd'hui même, l'on est arrivé à obtenir entièrement la suppression, non pas de l'esclavage (qui règne et régnera toujours sous un nom ou sous un autre depuis le Sénégal jusqu'au Cap), mais de la traite des esclaves sur les rivières Bonny, Brass, nouveau et ancien Calabar. Le gouvernement payait, sur chacune de ces rivières, aux principaux rois, une annuité de deux mille dollars espagnols, comme indemnité, à la condition de ne plus faire ce commerce pendant un temps déterminé. Or il arrive que partout où le traité est expiré, les courtiers d'esclaves, qui se sont faits courtiers d'huile de palme et gagnent beaucoup plus à ce métier-là, ont entièrement renoncé à vendre de la chair humaine. Le dernier négrier est venu dans le Vieux-Calabar, il y a trois ans; il portait un chargement de rhum et fit proposer au roi de l'échanger contre des esclaves; marché conclu. Le roi demandait seulement que tout se passât dans le plus grand mystère, par crainte des Anglais.

On débarque le rhum pendant que le roi rassemble ou fait semblant de rassembler ses captifs; tout à coup, pendant la nuit, le monarque arrive, en proie à une vive émotion : « Reprenez vite vos barriques, dit-il au négrier, impossible de réunir mes captifs, et voici un croiseur anglais qui approche. » Le négrier rembarque en toute hâte et gagne le large; mais, une fois en pleine mer, il eut le loisir de constater que tout son rhum avait été remplacé par de l'eau. Les négriers cessèrent d'apparaître. J'en reviens à notre excursion du Vieux-Calabar pour signaler notre découverte d'une pagode qui a la forme d'une de nos églises, avec un immense banc de pierre circulaire pour les croyants. Elle est située à deux milles de la mission presbytérienne; une grille de fer en défend l'accès aux profanes, mais permet cependant de voir l'intérieur, qui n'a, du reste, de remarquable que des colonnes sur lesquelles sont peintes de sortes d'hiéroglyphes représentant, pour la plupart, des lézards ou iguanes ailés avec des têtes de fantaisie. Plus loin, lorsque nous fûmes arrivés auprès d'un de ces ruisseaux très-limpides qui abondent dans ce pays, nous trouvâmes de petites nasses en osier dans lesquelles étaient pris quelques menus poissons de formes différentes; en notre qualité de naturalistes, nous voulûmes nous en emparer. J'avisai, pour ma part, un petit poisson assez semblable à une loche avec de longues barbes; mal m'en prit, car je reçus, en le touchant, une décharge électrique dont j'eus le bras engourdi pendant deux ou trois jours. Il paraît qu'il y a là trois ou quatre espèces de ces poissons électriques, beaucoup plus grosses, et dont le contact ne m'aurait pas laissé quitte à si bon marché. En somme, je quittai ce pays très-satisfait, me promettant d'y revenir un jour ou l'autre. Il est vrai que l'excellent accueil que l'on reçoit sur la côte d'Afrique fait voir les choses en beau, surtout quand on revient de l'Amérique centrale, où l'on vous fait payer un verre d'eau. Il est vrai, surtout, que j'ignorais alors combien était malsain ce funeste climat qui, ces deux dernières années notamment, a fait tant de victimes. Parmi celles-ci, je dois payer un tribut de regrets à M. Charles Livingstone, mort deux ou trois mois avant son frère, au moment où il quittait pour toujours la côte d'Afrique et allait s'établir en Angleterre ; au capitaine Croft, homme de bien, adoré de tous ceux qui le connaissaient et mort, comme M. Livingstone, d'une sorte de fièvre jaune qui ravage ce pays ; enfin, à un jeune docteur allemand, naturaliste comme nous, qui a succombé aux Camérons de la *malaria* des marais du Calabar, dans lesquels il avait chassé trop longtemps.

Du Vieux-Calabar il faut trente heures pour arriver à Fernando-Pô. Je n'ai que quelques mots à dire de cette île. L'aspect extérieur en a été souvent décrit; d'ailleurs, un séjour de trente-six heures et une excursion faite à quatre ou cinq lieues dans l'intérieur ne permettent pas d'en parler avec assez de compétence. Consignons seulement quelques remarques en passant. Cette île superbe est aujourd'hui en pleine décadence. La flotte espagnole a fait place à une simple canonnière ; les consulats de la plupart des nations, la douane, etc., n'existent plus ; les missionnaires établis depuis longtemps dans l'île, les seuls qui avaient su apprivoiser les Boubies, et dont les Anglais protestants eux-mêmes appréciaient les travaux apostoliques et scientifiques, ont été chassés par les Espagnols comme jésuites. Il ne reste donc plus qu'un curé espagnol, deux missionnaires protestants et une douzaine de blancs qui ont trouvé à Fernando-Pô une sorte d'entrepôt commercial où les droits n'existent pas. Les jardins, les plantations de café, de cacao et d'ananas, jadis si florissantes, sont aujourd'hui en friche. Cet abandon général tient à des raisons assez complexes. Le gouvernement espagnol s'est pris, il y a quelques années, d'un grand engouement pour Fernando-Pô, à la suite de la fortune considérable qu'y avait faite un aventurier. Cet homme, alors que l'île avait été abandonnée depuis longtemps, obtint d'en prendre possession au nom de l'Espagne. Il agit en dictateur, préleva des droits sur les vaisseaux, et gagna beaucoup d'argent. Expulsé à la suite d'une contestation avec un amiral de passage, il vint étaler à Madère un luxe qui attira l'attention. Ses concitoyens se figurèrent que cette île était une nouvelle Californie, et y envoyèrent une foule de colons et de fonctionnaires. Ceux-ci trouvèrent le climat malsain et l'argent impossible à gagner sans travail. La réaction succéda à l'engouement, et l'ile fut abandonnée. En somme, Fernando-Pô est une très-belle île, d'une fertilité inouïe, et qui offrirait de grandes ressources à la colonisation; mais il faudrait pouvoir y implanter des travailleurs étrangers, tels que les coolies indiens ou les Chinois. De plus, on trouvera toujours un obstacle terrible dans l'extrême insalubrité du climat. Les indigènes, appelés Boubies par les Anglais, qui ont été dépeints si longtemps comme sauvages et malfaisants, sont inoffensifs. Nous avons été dans plusieurs villages, et partout bien reçus. Des négociants dignes de foi nous ont assuré qu'il en était de même dans toute l'île. L'un d'eux, qui exerce les fonctions de juge de paix, fut appelé dernièrement au centre de l'île pour régler un palabre auquel presque toute la population indigène assistait. Les Boubies viennent eux-mêmes à la ville en assez grand nombre pour apporter de l'huile de palme et faire leurs emplettes. Nous les avons vus descendre de leurs montagnes, les hommes, avec leurs chapeaux de paille d'une petitesse ridicule et d'une forme excentrique, leurs cheveux crépus teints en rouge avec de la terre, et leur petit tablier feuille de vigne qui, avec le couteau attaché au bras gauche, complète le costume; les femmes, avec leur teinture rouge sur la figure, des verroteries et un bracelet de cuir qui, serré sans doute, depuis leur jeunesse, au-dessous du coude, produit un gonflement extraordinaire sur le bras. La petitesse de leur taille a été beaucoup exagérée, et les hommes sont assez bien proportionnés. Ils ont de très-nombreux esclaves. En résumé, le voyageur peut sans crainte pénétrer dans l'intérieur du pays : il n'aura à surmonter que les inconvénients des pluies continuelles, et, s'il doit séjourner dans les cases des Boubies, la mauvaise odeur qui, pour des causes que je n'ai eu ni le temps ni le courage d'étudier, est spéciale à ces naturels.

Le 16 janvier, nous apercevions, dès huit heures du matin, la terre : c'était celle du Gabon. Rien, lorsque, par un beau soleil, on entre dans le magnifique estuaire que forme ce fleuve, ne peut faire soupçonner qu'on arrive au pays des marécages, de la fièvre et de la *malaria*. On passe d'abord près de la pointe Clara, aux forêts immenses, à la végétation gigantesque ; puis viennent de riantes prairies émaillées d'arbres à fleur, sur lesquelles se détachent, au pied de grands baobabs, les habitations du roi Denis et de ses sujets. Dans la baie, le pavillon français, que nous n'avons pas vu depuis quelques jours, flotte sur un grand bâtiment d'aspect étrange. C'est *la Cordelière,* vieille et glorieuse frégate, convertie en ponton et en hôpital. Près d'elle, deux jolis petits avisos, *la Tirailleuse* et *le Marabout,* déploient aussi nos couleurs nationales. On approche, et, sur les vertes collines à demi boisées, on distingue plus nettement notre belle mission catholique et les cases qui l'environnent. A un kilomètre de là brillent au soleil la maison du gouverneur et l'ancien hôpital, dont la blancheur ressort au milieu du feuillage sombre des arbres à mangos qui les entourent; puis les grands cocotiers du jardin de l'amiral et les maisons en planches des négociants, peintes de couleurs variées. Derrière tout cela, dans le lointain, s'élève le sommet bleu du mont Bouët. Si l'on se tourne vers la droite, on voit le fleuve Gabon suivre son cours et s'étendre à perte de vue, large et magnifique. Sur ses bords, Glass-Town, résidence des riches négociants anglais et allemands et des missionnaires américains, puis la pointe Ovoendo, et enfin, dans le fond du tableau, l'Ile-aux-Perroquets, avec l'entrée du fameux Remboë, dont les rives sont occupées par les Pahouins. Nous avons jeté l'ancre à midi. Par suite de l'extrême insalubrité du climat, l'établissement français est aujourd'hui restreint à des proportions très-modestes. C'est ainsi que l'on a retiré la compagnie d'infanterie de marine qui s'y trouvait, que l'amiral et son escadre, au lieu de séjourner au Gabon, font la station du Sud, et ne viennent ici que deux ou trois fois par an; que l'hôpital, construction importante et faite avec beaucoup de soin, a été évacué pour les blancs, du moins, qui sont transférés à bord de la frégate; que le palais du Gouvernement n'est occupé que pendant le jour; en un mot, que le vrai poste français est à bord de *la Cordelière*. Aussi nous profitons du bateau de la santé pour nous faire conduire directement à bord de *la Cordelière*. Nous avons été reçus, non-seulement avec cette exquise urbanité que l'on est sûr de rencontrer chez des officiers de la marine française, mais encore avec toutes les marques d'une obligeance à toute épreuve et d'un véritable intérêt. *L'Africa* ne devait pas repartir ce jour-là. Il fut convenu qu'on nous donnerait, le lendemain matin, la chaloupe à vapeur, pour transporter nos bagages; et en attendant que nous eussions un logis installé, les officiers nous offrirent l'hospitalité du carré. On verra du reste, dans la suite de ce récit, qu'il n'est sorte de bontés que ces messieurs n'aient eues pour nous chaque fois que nous sommes venus à l'établissement français du Gabon. Qu'il me soit permis, en mon nom et en celui de mon compagnon de voyage, de leur exprimer ici tous nos remercîments et toute notre gratitude. Je ne puis les nommer tous, mais je voudrais au moins citer, parmi ceux auxquels nous devons le plus : M. Guisolfe, commandant du *Marabout*; MM. Legrand et Pujot, médecins de la marine, qui nous ont prodigué des soins si dévoués; enfin, nos excellents amis, MM. Coffinières de Nordeck et de Lansac, enseignes de vaisseau.

Je reviens à mon récit. A trois heures, M. Testard, second du bord, voulut bien nous conduire à terre pour nous présenter au commandant Garrot, qui est à la fois commandant du Gabon et de *la Cordelière*. Il est logé dans un grand bâtiment carré, blanc, et bâti à la mauresque. L'intérieur en est bien meublé, et il donne sur un très-joli jardin. Cette construction qui, somme toute, présente une assez belle apparence, est un objet d'admiration superstitieuse pour les nègres qui viennent de l'intérieur. Des chefs bakalais, arrivés quelque temps auparavant, déclaraient que les hommes n'y étaient pour rien, et que la main du diable avait seule pu faire un pareil palais. Comme je l'ai dit, le commandant ne s'y tient que pendant une partie de la journée, et a toute son installation à bord. Nous fûmes très-bien reçus; M. Garrot s'intéressa vivement à notre entreprise, et mit à notre disposition tous les documents intéressants du pays, soit au point de vue géographique, soit au point de vue de l'étude de la langue. Il nous promit de nous mettre en relation avec les hommes qui connaissaient l'intérieur, et qu'il serait bon de s'attacher à un point de vue quelconque. Enfin, ce qui était précieux pour nous, il mit à notre disposition, pour tout le temps de notre séjour, une case appartenant au gouvernement, et agréablement située sur le bord de la mer.

Quand nous eûmes quitté le commandant, M. Testard nous conduisit au jardin des officiers, où nous trouvâmes tous ces messieurs rassemblés. Sans ce jardin des officiers, je ne sais comment on vivrait au Gabon ; car c'est là qu'on trouve la meilleure, je dirai presque la seule distraction qu'offre ce triste pays. Il y a en effet là, sous une admirable voûte de bambous, qui forme un dôme inaccessible aux rayons du soleil le plus ardent, un grand bassin rempli d'eau courante dans lequel on se plonge et l'on nage avec bonheur. Là aussi on a établi un système de douches, véritable trésor dans l'Afrique équatoriale. On ne saurait imaginer rien de plus joli que le paysage qui entoure ce *buen retiro*, dont M. Coffinières de Nordeck a fait de ravissantes aquarelles. Aussi, dès ce moment, nous devînmes les hôtes assidus du jardin des officiers. Le soir, nous retournâmes dîner à bord, où nous nous sommes *couchés* émus et enchantés d'un accueil si sympathique et si excellent. Le lendemain, nous allons à bord prendre nos bagages et serrer la main aux frères Grandy, avec lesquels nous échangeons toute sorte de vœux de succès ; puis nous nous installons gaiement dans la petite maison que le commandant nous avait donnée.

Jusqu'ici tout allait à souhait. Notre voyage s'accomplissait paisiblement et agréablement. Le lecteur a pu le voir, nous n'avions rencontré aucune contrariété, aucune difficulté sérieuse. Malheureusement, nous avions, comme dit la sagesse des nations, mangé notre pain blanc le premier. Maintenant, les mauvais jours allaient commencer, les jours de fièvre, de privations, de lutte constante avec les hommes et avec les choses. D'abord ce fut la maladie qui arriva : mon ami et compagnon de voyage, Al. Marche, a habité la presqu'île de Malacca, il a été en Cochinchine, passé la mauvaise saison dans le Sénégal et dans la Gambie ; j'ai moi-même voyagé durant dix mois dans la partie la plus marécageuse de la Floride, séjourné deux fois sur l'isthme de Panama, et je suis resté assez longtemps sur cette côte des Mosquitos réputée si malsaine. Tous ces pays ont un mauvais renom : en les trouvant beaucoup plus supportables qu'on ne le dit, nous nous étions flattés de l'espoir que l'insalubrité du Gabon aurait été exagérée. Malheureusement, il n'en est rien. Dans les pays dont je viens de parler, nous avions eu de mauvais jours, quelquefois souffert de la fièvre, très-souvent de l'ardeur excessive du soleil ou de pluies torrentielles ; mais nous n'avions rencontré nulle part cette atmosphère pesante et humide, ce malaise perpétuel, ces nuits qui n'apportent aucun repos, le thermomètre jour et nuit à 30 degrés, sans variations sensibles, le temps toujours à l'orage, presque tous les jours des averses effroyables qui surprennent à l'improviste et mouillent jusqu'aux os. Encore sommes-nous dans ce qu'on appelle la petite saison sèche. Aussi, dix jours après notre arrivée, la nuit même, Marche et moi nous fûmes pris de vomissements violents ; aux vomissements succédèrent deux heures d'un frisson glacial, puis, pendant quatre ou cinq heures, une chaleur brûlante, une soif intolérable. C'est la fièvre du pays. Nous payions notre premier tribut à ce terrible climat du Gabon, tribut dont nous nous sommes depuis si largement acquittés. Le lendemain, comme notre état avait empiré, il fallut nous transporter à l'hôpital, où les soins les plus dévoués nous furent prodigués.

CHAPITRE III

PREMIÈRES EXCURSIONS DANS L'INTÉRIEUR.

La convalescence. — Ressources qu'offre le Gabon au point de vue de l'histoire naturelle. — Nécessité d'apprendre le mpongwé. — Un interprète par trop fantaisiste. — Nous partons à bord du *Marabout* pour le Fernand-Vaz. — Le commandant Guisolfe. — Des gens que notre arrivée soulage d'un grand poids. — Ce que c'est qu'un palabre. — Des maris trompés et non payés. — Comme quoi, voulant chasser l'hippopotame, je ne tirai pas d'hippopotame, perdis ma carabine et faillis me noyer. — Excursion dans l'intérieur. — Des chanteurs enragés. — London-Factory et M. Duchaillu. — Ce qu'il faut penser de ce voyageur. — Le roi Rampano II retrouve sa lorgnette. — Nouvelle chasse à l'hippopotame. — Des francs-maçons au Cama. — Une jeune blasphématrice sur le point d'être punie de mort. — Un singe fétiche. — Comme quoi des sangliers préviennent quelque peu rudement un mari des infidélités de sa femme. — La chasse au gorille. — Une consultation médicale et dansante. — Triste condition de la femme au Cama. — On nous fait présent d'un gorille. — C'est du monde. — Bataille de dames. — Bataille de nègres. — Apaisement général.

Le lecteur nous a laissés en assez mauvais état à bord de l'hôpital de la *Cordelière*. Nous fûmes bien éprouvés pendant quinze jours ; mais, au bout de ce temps, un mieux sensible se déclara et nous permit bientôt de retourner à terre et de reprendre, bien que nous fussions encore très-faibles, le cours de nos occupations. A peine avions-nous la force de chasser. D'ailleurs, la côte du Gabon est fort peu giboyeuse, et, à part des oiseaux et quelques antilopes très-difficiles à joindre, le gibier est très-rare dans cette partie du pays. Il y a même là un cruel sujet de déception pour les officiers de marine qui, alléchés par les récits aussi séduisants que faux de certains voyageurs, n'arrivent jamais sans avoir fait provision de fusils, de carabines, de balles explosibles et d'engins de chasse plus meurtriers les uns que les autres. Aussitôt débarqués, ils battent matin et soir la plaine et les bois; mais, après des essais qui durent plus ou moins longtemps, selon la ténacité de leur caractère et la force de leur santé, ils se lassent enfin de n'attraper que la fièvre et de revenir toujours bredouilles et finissent par renoncer complétement à la chasse. Il est vrai de dire que, pour nous autres naturalistes, le pays offre plus de ressources. D'abord les oiseaux, s'ils ne sont pas très-nombreux, sont presque tous peu connus et fort intéressants à étudier. Parmi eux brille au premier rang le foliotocole (*chrysococcys smaragdineus*), dont la taille ne dépasse pas celle de l'alouette; son dos, sa queue et sa gorge sont d'un vert émeraude à reflets éclatants; le reste de son corps est jaune d'or. Ce ravissant petit oiseau se tient toujours à la cime des arbres les plus élevés; il est très-sauvage et serait presque impossible à découvrir s'il ne faisait sans cesse retentir l'air de quelques notes aiguës qui s'entendent à de grandes distances. On trouve aussi au Gabon une espèce de merle métallique qui diffère de celle du Sénégal, mais qui n'est pas moins belle; de nombreuses variétés de souimangas, parmi lesquelles le *souimanga magnificus*, oiseau d'une beauté sans pareille, et beaucoup d'autres encore. Au reste, le naturaliste ne chasse pas que les oiseaux : tout lui est bon, les plus petits mammifères, les chauves-souris, les insectes, les annélides même. Un professeur au Muséum ne nous a-t-il pas écrit de lui envoyer des sangsues et des vers de terre du Gabon? On ne saurait croire combien il y a d'amateurs pour les mollusques; les *hélix*, ou, pour le vulgaire, *escargots* sont surtout demandés et atteignent souvent des prix très-élevés dans les collections. Un voyageur revenu il y a deux ans de l'Équateur a vendu pour trente mille francs les coquillages qu'il avait, en quatre ans, ramassés dans ces pays. Malheureusement, au Gabon et dans les parties de l'Afrique équatoriale que nous avons parcourues, les mollusques sont excessivement rares, et nous n'en avons trouvé presque aucun, au grand désespoir de notre ami Bouvier, qui comptait sur notre voyage pour enrichir ses collections. Par exemple, ce qui ne manque pas au Gabon, ce sont les reptiles : il y en a une variété et une quantité tout à fait remarquables. Le serpent noir s'y trouve en telle abondance que, pendant notre séjour, les laptots[1] sénégalais en tuèrent vingt-sept en défrichant un terrain situé derrière le palais du Gouvernement, et qui ne mesure pas plus de cinq cents mètres carrés. Ce reptile, d'une espèce très-venimeuse, atteint facilement douze à quinze pieds de longueur; il a la rage de se faufiler dans les maisons et surtout dans les poulaillers, car c'est un grand amateur de volaille. Un autre serpent plus dangereux encore, car on ne connaît aucun remède à sa morsure, c'est la terrible vipère cornue (*echydon nasicornis*). Ce hideux animal, plus gros que le bras d'un homme robuste, est excessivement court : il n'arrive guère à plus de quatre pieds de longueur. Le bout de sa queue est mince et effilé comme un dard, et il porte sur la tête deux petites cornes dont il tire son nom. J'ai connu un vieux Gabonais qui faisait en quelque sorte profession de chasser la vipère cornue, qu'il considérait comme un régal très-délicat. Parmi celles qu'il nous a apportées, il s'en trouve une appartenant à une variété extrêmement intéressante et, je crois, nouvelle pour la science. Outre le serpent noir et la vipère cornue, nous avons tué ou nous nous sommes procuré vingt-huit espèces de serpents, dont quelques-unes seule-

[1] Les laptots sont des tirailleurs sénégalais.

ment étaient inoffensives. Il semble, au premier abord, qu'une pareille abondance d'animaux aussi dangereux, dans un endroit où les hommes vont toujours presque nus, doit donner lieu à une foule d'accidents; cependant, en réalité, il n'en est pas ainsi. Durant près de deux ans que nous avons passés dans l'Afrique équatoriale, nous n'avons entendu citer qu'une seule personne (un noir) comme ayant été mordue par un serpent. C'est que le serpent a la plus profonde terreur de l'homme, fuit à son approche et ne se décide à l'attaquer que lorsque la retraite lui est coupée.

Si les reptiles (que même les enfants de la mission apportaient fréquemment) nous arrivaient en quantité, il n'en était pas ainsi des autres objets d'histoire naturelle. Au Gabon comme dans toute l'Afrique équatoriale, le grand malheur pour un naturaliste est qu'il ne trouve aucun habitant du pays capable de le seconder dans sa tâche. Excepté un chasseur assez ordinaire, François, fils de Koëben, tous les noirs ne nous ont apporté que des débris d'oiseaux, des coquillages cassés ou des insectes sans pattes pour lesquels ils prétendaient toucher des prix exorbitants. Nous nous étions laissés aller à engager comme chasseur, Baptiste, fils aîné du roi Louis, ayant plus de confiance dans un prince du sang. Dès sa première chasse, il cassa le superbe fusil de quatorze francs que nous lui avions prêté, et nous rapporta pour tout gibier deux petits oiseaux sans tête. Dans ces conditions, fatigués et encore souffrants, nous ne pouvions faire par nous-mêmes que des récoltes insignifiantes; toutefois les nombreux loisirs que nous laissait l'histoire naturelle n'étaient pas perdus; nous les consacrions tout entiers à apprendre la langue mpongwé. Dès notre arrivée, les bons missionnaires et toutes les personnes qui connaissaient bien le pays nous avaient prévenus de la nécessité d'étudier cette langue. La poltronnerie bien connue des Gabonais faisait déjà supposer que nous ne trouverions au Gabon aucun interprète qui voulût nous accompagner à une certaine distance dans l'intérieur; et d'ailleurs, quand bien même nous en eussions trouvé, il fallait à tout prix ne pas être à leur merci : la mauvaise foi des interprètes noirs est bien connue de tous ceux qui lisent les récits des grands voyageurs en Afrique; au Gabon, elle dépasse tout ce qu'on peut imaginer. Je ne citerai qu'un des mille traits qui m'ont été racontés à l'appui de cette assertion, je le tiens d'un officier de la marine française. Feu le roi [1] Georges, qui

[1] Il y a au Gabon, comme sur l'Ogôoné, beaucoup de chefs désignés sous le nom d'*óga*, mot que les Anglais comme nous traduisent par *roi*; mais en réalité une grande partie de ces rois n'ont plus ni sujets ni États, et sont aussi peu respectables que peu respectés. Au Gabon, il ne reste plus qu'un vrai roi; c'est Denis.

était, après le roi Denis, le chef le plus influent du Gabon, avait eu l'occasion de rendre un service signalé à des blancs attaqués par des Bakalais : il leur avait sauvé la vie, et, chose plus belle encore pour un noir, leur avait fait rendre les marchandises déjà pillées. L'amiral qui commandait alors le Gabon voulut témoigner sa reconnaissance à ce brave homme en lui rendant visite lui-même. Il emmena comme interprète le roi Kringer, vieux gredin qui existe encore et qui m'a *emprunté* plus d'une pièce de dix sous.

— Kringer, dit l'amiral lorsqu'il se trouva en présence du roi Georges, tu vas dire au roi Georges que je viens le trouver pour lui faire honneur, car il s'est bien conduit, et je suis content de lui.

— Roi Georges, traduisit Kringer, l'amiral vient te trouver parce que tu m'as pris une femme il y a déjà une lune, et il veut que tu me la rendes.

— Comment! s'écria Georges, en quoi cela touche-t-il l'amiral? Je suis disposé à tout faire pour lui, mais qu'il ne se mêle pas de ce qui ne le regarde pas!

— Que dit-il? demanda l'amiral.

— Il dit qu'il vous est profondément reconnaissant, qu'il aime les Français et leur appartient.

— Bien! Dis-lui que les Français sont puissants et qu'il n'aura qu'à se louer d'eux, car ils le récompenseront largement chaque fois qu'il fera une bonne action.

— Roi Georges, traduisit Kringer, il dit que si tu ne me rends pas ma femme immédiatement, il te déclarera la guerre.

— Ah ! c'est comme cela qu'il me récompense de ce que j'ai fait pour lui ? s'écria le roi Georges furieux. Eh bien ! je la soutiendrai, sa guerre !

Et en même temps il fait quelques signes qui font apparaître comme par enchantement deux ou trois cents guerriers armés jusqu'aux dents.

—Mais qu'est-ce que tout cela veut dire ? demande l'amiral.

— Cela veut dire, amiral, reprend Kringer, que Georges fait venir ses guerriers pour te rendre hommage, car tu es un puissant chef.

Puis voyant que les affaires se gâtaient :

— Roi Georges, dit-il, ne te fâche pas ! C'est par plaisanterie que l'amiral parlait ainsi. Garde ma femme si tu veux, mais n'en prends plus d'autre !

— N'importe, murmurait le roi Georges en prenant congé de l'amiral, c'est singulier ! Qu'est-ce que ça peut lui faire, à ce blanc, que j'enlève des femmes à Kringer ?

On comprend que, pour éviter d'être joués d'une pareille manière, nous eussions un vif désir d'être en état de nous faire entendre nous-mêmes des populations auxquelles nous allions avoir affaire.

Heureusement, nous nous trouvions, pour arriver à ce résultat, avoir devant nous une facilité excessivement rare en Afrique. Les très-nombreuses tribus sur le territoire desquelles nous étions destinés à passer ont naturellement une langue qui leur est propre; mais les nécessités du commerce les ont, par degrés, amenés à les connaître presque toutes et à employer pour leurs affaires celle des Mpongwés ou Gabonais, et celà s'explique : les Gabonais avaient autrefois le monopole presque exclusif du trafic avec tous leurs voisins de l'intérieur; ces voisins ont naturellement appris leur langue et l'ont à leur tour importée dans les tribus auxquelles ils allaient revendre les marchandises venues du Gabon. Le mpongwé a, de cette façon, pénétré petit à petit extrêmement loin dans l'intérieur de l'Afrique. Ainsi, il est connu des Madoumas et des Oshébos, qui habitent les bords de l'Ogooué, à plus de six cents milles de la côte. Mais, dans tous ces pays, ce n'est qu'une langue commerciale qui est seulement entendue par les chefs, les féticheurs et les traitants, en un mot, par les lettrés de tous ces pays. Il n'en est pas moins vrai qu'avec cette seule langue mpongwé nous pouvions nous faire comprendre de plus de vingt peuples différents. Au reste, le mpongwé n'est ni désagréable à entendre ni extraordinairement difficile à parler. Chose extrêmement remarquable, cette langue, qui naturellement n'a jamais été écrite, a traversé des siècles chez les sauvages en se conservant parfaitement rationnelle et philosophique. Elle a ses singuliers, ses pluriels, ses déclinaisons, sa syntaxe. Elle accorde de très-nombreux sacrifices à l'euphonie; mais les missionnaires ont pu en faire (les catholiques) une grammaire française, les autres (les presbytériens) une grammaire anglaise, en suivant entièrement le plan de nos grammaires françaises ou anglaises. Il est à remarquer que beaucoup de mots mpongwés se retrouvent dans les dialectes parlés par les diverses tribus de l'Afrique orientale, ce qui assignerait à tous ces peuples une provenance commune. Du reste, les Gabonais ont la prétention d'être les seuls qui parlent purement leur langue, et se moquent constamment de la prononciation et des idiomes des autres tribus.

Cependant le temps s'écoulait et les forces ne revenaient pas. Malgré notre impatience et notre ardent désir de pénétrer dans l'intérieur, il nous était tout à fait impossible d'affronter les fatigues d'une pareille expédition, et nous nous ennuyions beaucoup, attendant tristement le retour de la santé, qui se serait peut-être fait désirer longtemps sans l'extrême obligeance de M. Guisolfe. Cet officier, qui nous a toujours témoigné la plus vive sympathie, nous avait souvent invités à l'accompagner à son bord dans des excursions qui faisait au Cama et sur quelques points peu éloignés du Gabon. Jusque-là, nous n'avions pas pu venir; mais, au commencement de mars, se présenta l'occasion de faire un voyage si intéressant pour nous, et nous résolûmes, coûte que coûte, de l'entreprendre. Le *Marabout* avait reçu l'ordre de se rendre au Fernand-Vaz et d'y séjourner pendant un mois. Le Fernand-Vaz est un vaste et magnifique estuaire sur les bords duquel est situé le pays de Cama, principal théâtre des chasses de M. Duchaillu. Les descriptions de ce voyageur nous avaient enflammés d'ardeur; aussi, au moment où M. Guisolfe nous invita à l'accompagner, il fut pris au mot, et nous nous installâmes presque de suite sur son bâtiment. Le commandant, un peu inquiet d'avoir à son bord des amis aussi mal portants, fit en cachette provision de toute sorte de remèdes dont heureusement nous n'eûmes pas besoin. Embarqués le 8 mars au soir, le 9, à trois heures du matin, nous levions l'ancre. Le *Marabout* est un aviso fort joli et fort confortable quand on y reçoit l'hospitalité du commandant; mais, au point de vue de la vitesse, il laisse un peu à désirer : quatre nœuds à l'heure sont une brillante moyenne pour lui. Aussi il était presque nuit quand nous mouillâmes dans la baie que le grand bras de l'Ogooué forme à l'une de ses embouchures septentrionales. De ce point au Fernand-Vaz on peut suivre deux routes : la première consiste à doubler le cap Lopez et à entrer dans l'estuaire par la barre dite du Pionnier ; la deuxième à remonter le cours de l'Ogooué et à gagner le Fernand-Vaz par le bras de Npouloumé. La route la plus courte et la plus simple est évidemment la première ; malheureusement, la barre du Pionnier (ainsi nommée parce qu'elle a été franchie une fois par le petit bâtiment de l'État qui porte ce nom) est dangereuse et de plus peu praticable pour le *Marabout*. Le commandant prit donc la voie de l'Ogooué. Malgré les nombreux sondages qui y ont été exécutés par les officiers de la marine française, l'entrée de l'Ogooué est très-difficile, car elle est hérissée de bancs de sable au milieu desquels un chenal fort étroit permet seul de passer, et les pilotes noirs, habitués à guider des barques et non des bâtiments, n'y connaissent absolument rien. C'était le cas du nôtre, un Gabonais nommé Raphaël, que le gouvernement paye assez cher pour faire d'assez mauvaise besogne. Cependant, après deux heures de tâtonnements, nous pénétrions enfin dans le fleuve, que nous remontâmes paisiblement pendant tout le reste du jour. C'est avec une vive curiosité, mêlée d'un peu d'émotion, que nos regards se portaient pour la première fois sur cet Ogooué, qui allait bientôt être le théâtre de nos fatigues et de nos efforts et sur lequel nous avions fondé tant d'espérances ; mais nous ne vîmes pas, je suis obligé de le dire, grand'chose de nouveau.

Boubies (indigènes de Fernando-Po).

Dessiné par M. Breton, d'après une photographie de Joaque.

Dans la première partie de leur cours, tous les fleuves se ressemblent sur la côte d'Afrique; il faut d'abord franchir un réseau de quarante à cinquante milles sur lesquels s'enchevêtrent d'énormes palétuviers; quoi de plus triste que ces immenses forêts dont rien ne vient égayer la monotonie; elles forment un vaste dôme à des marais d'où s'élèvent des miasmes fétides, des exhalaisons délétères et qui ne servent d'abri qu'aux bêtes féroces et aux reptiles immondes. Aussi c'est avec joie que nous saluons les palmiers et les bombax qui marquent la fin de cette vilaine région. Dans ce premier voyage, nous ne voyons pas encore l'Ogooué dans toute sa beauté, tel qu'il est par exemple vers son confluent avec le Ngounié; mais il se distingue déjà par de surprenantes variations dans la largeur de son cours; tantôt il s'étale comme un lac, tantôt il se resserre dans un lit étroit dont les berges ne sont pas distantes de plus de cent mètres les unes des autres. Le 12 mars dans la matinée, nous nous engagions dans la coulée étroite du Npoulomé, passage frayé au milieu des roseaux d'un immense étang et qui est la plus navigable des voies de communication de l'Ogooué avec le Fernand-Vaz. Cette voie n'est d'ailleurs praticable que pendant la saison des pluies. Dans beaucoup d'endroits, la sonde ne donnait que trois mètres de profondeur, et cette profondeur était encore très-réduite lors de notre retour un mois après. La coulée du Mpoulomé va toujours en s'élargissant beaucoup et, au bout de quelques milles, finit par devenir une rivière assez considérable. Nous atteignîmes le Fernand-Vaz vers deux heures de l'après-midi; à quatre heures, nous jetions l'ancre à son embouchure, en face d'une cabane surmontée d'un drapeau tricolore; c'était la douane française. L'arrivée du *Marabout* dans le Fernand-Vaz, où il venait pour la deuxième fois, produisit une immense agitation sur les bords du fleuve. Le pauvre douanier, un quartier-maître de la marine, détaché dans ce poste solitaire, a depuis longtemps épuisé ses provisions; il voit avec joie arriver le pain et le vin dont la privation lui est si dure; il va aussi recevoir ses lettres qui ne lui sont pas arrivées depuis sept ou huit mois et serrer la main à ses camarades de la marine; aussi on peut dire qu'il est aux trois quarts fou de joie; les négociants inquiets, harcelés par les tracasseries, souvent par les menaces des noirs, ont salué avec bonheur l'apparition du drapeau français, et eux aussi se préparent en toute hâte à venir souhaiter la bienvenue au commandant et à lui exposer leurs griefs contre les indigènes; à leur tour, les nombreux noirs coupables de vols, d'insultes ou de délits de toute sorte envers les factoreries s'empressent de se réfugier dans les forêts impénétrables où la vindicte publique ne pourra pas les chercher. De leur côté, les chefs et une foule de gens qui ont des *palabres* à faire régler s'apprêtent à aller trouver le commandant français.

Ce mot de palabre, constamment employé sur toute la côte d'Afrique et qui reviendra souvent dans notre récit, est sans doute peu connu des lecteurs de ce livre ; il est assez difficile à bien expliquer, car il se prend dans des acceptions très-diverses ; en principe, on appelle *palabre* toute discussion qui doit se dénouer par un jugement arbitral, et le mot de *palabre* désigne le procès tout aussi bien que le tribunal qui le juge. On se sert aussi communément du même mot pour indiquer toute difficulté, querelle, tout danger même que l'on peut s'attirer avec les noirs en faisant un acte quelconque. Ainsi l'on vous dira : « Ne passez pas ici, ne tirez pas de coups de fusil près de ce bois sacré, etc. », sans quoi vous aurez *un grand palabre*. Les blancs ont malheureusement fort souvent des palabres avec les noirs. Les noirs en ont constamment entre eux. Le règlement de ces palabres entre noirs est ordinairement confié aux chefs ou féticheurs d'une tribu ou d'un village voisin ; il dure invariablement très-longtemps et est l'occasion de discours interminables, de nombreuses cérémonies, quelquefois de rixes sanglantes qui donnent alors elles-mêmes lieu à de nouveaux palabres plus interminables encore. Le commandant français, outre les affaires entre les agents des factoreries et les nègres qui lui reviennent de droit, est très-fréquemment pris comme arbitre dans les querelles que les noirs ont les uns avec les autres. Dans ce cas, il se conforme, pour prononcer son jugement, aux lois et usages du pays. Règle générale, les palabres ont pour origine des questions de femmes, et cela se comprend; au Cama, comme à très-peu d'exceptions près dans tous les pays de l'Afrique équatoriale, on considère les femmes comme une propriété lucrative que l'on paye assez cher et dont il faut tirer le plus de revenu possible. La femme est un être intermédiaire entre l'homme libre et l'esclave; mais ses charmes doivent rapporter autant et même plus de bénéfice que le travail de l'esclave. Aussi les maris sont toujours prêts à céder et même à offrir leurs femmes au premier venu; s'il est riche, il payera; s'il est pauvre et incapable de payer, il deviendra l'esclave du mari. La somme que ce dernier peut réclamer est fixée par la loi à 50 francs lorsqu'il n'y a pas eu de convention faite à l'avance. Les femmes servent aussi comme instrument de crédit dans le commerce; s'agit-il de contracter une dette, on donne une ou plusieurs de ses femmes en garantie; quelquefois le gage s'enfuit, il s'ensuit alors des palabres interminables. Ce jour-là, à bord du *Marabout*, nous fûmes encombrés de maris qui se plaignaient de ne pas avoir reçu d'indemnité suffisante ou d'amants qui se plaignaient qu'on leur réclamât l'indemnité déjà fournie. Un certain Cachou, nègre employé à la douane, avait abusé de la splendeur que son attache officielle faisait rejaillir sur sa personne pour refuser à un mari spolié un payement justement demandé. M. Guisolfe, après avoir bien et dûment entendu la cause, fit mettre Cachou aux fers, et la somme de 50 francs fut immédiatement prélevée sur sa paye, afin que force restât à la loi. Nous admirions toujours le sang-froid et la patience avec lesquels le commandant écoutait et jugeait toutes ces causes ignobles. Il s'en tira du reste à l'entière satisfaction des noirs, ce qui, certes, n'était pas facile. Cependant, un à un, suivant la distance qui les séparait du lieu de notre escale, arrivaient les chefs de factorerie établis sur les bords du Fernand-Vaz. L'année précédente, lors de sa première apparition dans l'estuaire, le *Marabout* les avait trouvés dans une situation critique. Les habitants du Cama, comme leurs voisins du cap Lopez, avec lesquels ils sont étroitement liés, ont quelques bonnes qualités; ils sont assez intelligents, braves et susceptibles, quand ils le veulent, de faire d'excellents travailleurs; mais, en revanche, ils sont turbulents, ivrognes, querelleurs et d'une rapacité incroyable. Tous considèrent les blancs comme possesseurs de richesses sans bornes. Pour eux, le blanc est une éponge qu'il faut savoir presser pour en extraire des biens de tout genre. Aussi leurs exigences vis-à-vis des facteurs étaient-elles devenues une véritable tyrannie. Tout-puissants par leur force numérique, enhardis par l'impunité, ils se faisaient servir, les armes à la main, tout ce dont ils avaient besoin, menaçaient sans cesse de piller ou d'incendier la factorerie et auraient ruiné tous les établissements commerciaux si le *Marabout* n'était arrivé à temps. L'*owaro-toutou* (bateau à fumée) changea, par sa présence, la face des choses. L'énergique attitude de M. Guisolfe, l'affirmation qu'il reviendrait au premier trouble et punirait sévèrement les coupables furent si efficaces, que maintenant les agents des factoreries déclarent qu'ils ont joui depuis ce temps d'une sécurité complète. Tous venaient remercier le commandant, ils venaient aussi dans l'espérance de trouver à bord un docteur, car ils souffraient de plaies profondes aux jambes. Ils furent déçus dans leur attente; nous pûmes seulement leur donner un peu de vin aromatique et de quinquina. Au Gabon, j'ai généralement entendu attribuer cette maladie à l'excès des boissons alcooliques. Ces messieurs étaient Anglais et, je dois le dire, plus aimables et hospitaliers que sobres; mais, comme j'ai été atteint du même mal dans l'Okanda, après n'avoir, durant huit mois, bu que de l'eau, j'en ai conclu qu'il fallait accuser l'air ou l'eau de ces pays et non les alcools. Ces plaies sont du reste douloureuses et difficiles à guérir; c'est seulement depuis mon retour en France que je *commence* à m'en débarrasser.

En prenant congé du *Marabout*, tous ces messieurs invitèrent chaudement Marche et moi à venir les visiter, nous promettant de tout mettre en œuvre pour nous faire faire de belles chasses et surtout tuer des gorilles, qui, disaient-ils, n'étaient pas rares chez eux. Le changement de climat et sans doute aussi l'air de la mer avaient produit sur notre santé le plus heureux effet. Nous avions retrouvé le sommeil et les forces revenaient comme par enchantement. Notre appétit, le mien surtout, s'était réveillé de manière à faire un tort sérieux aux provisions comestibles du *Marabout;* aussi nous avions accepté toutes les invitations avec le plus grand plaisir et promis de ne pas tarder à en profiter. En attendant, pour essayer mes forces, je résolus d'employer le beau clair de lune qu'il faisait cette nuit-là à aller à l'affût de l'hippopotame, dont les traces étaient innombrables sur le rivage, presque en face de l'endroit où était mouillé le *Marabout*. Marche était encore trop fatigué pour m'accompagner, et je partis en pirogue avec l'agent des douanes. Les chasseurs qui écrivent le récit de leurs exploits cynégétiques sont bien heureux, ils ne peuvent pas sortir sans faire quelque coup extraordinaire, sans tuer roide quelque gibier monstrueux; j'envie leur bonheur, car, vis-à-vis du gibier, j'ai toujours eu au moins autant de déceptions que de succès, et, dans certaines parties de la Floride, où je n'avais que ma chasse pour vivre, j'ai terriblement souffert de la faim. Cette nuit-là, du reste, nous fîmes tout spécialement mauvaise besogne. Les hippopotames ne vinrent pas, mais ce furent deux nègres qui vinrent, deux pêcheurs, et comme ils sortirent de l'eau et entrèrent dans les roseaux juste à l'endroit où nous attendions les hippopotames, nous prîmes ces hommes pour les bêtes si impatiemment attendues et nous fûmes à deux doigts de les exterminer, ce qui aurait donné lieu à un palabre terrible. Heureusement, tout le monde en fut quitte pour la peur. Mais ce n'était là que le commencement de nos mésaventures; au retour, nous nous trouvâmes avoir à lutter contre un courant si violent qu'au moment où, après deux heures d'efforts, notre pirogue accostait le *Marabout*, une fausse manœuvre nous fit chavirer; en revenant à la surface, je me trouvai sous le bateau renversé, il me fallut replonger et nager un peu entre deux eaux. Quand je sortis de nouveau la tête, j'étais déjà à quelque distance du *Marabout*; mais j'entendis la voix de M. Guisolfe qui criait : « Bon courage ! on y va ! » En moins d'une minute, avec cette promptitude admirable qu'on ne trouve qu'à bord d'un bâtiment de guerre, le vapeur lançait à notre secours une de ses baleinières; mais l'eau nous entraînait avec une vitesse telle qu'on ne put nous repêcher qu'à un mille et demi de là, au moment où nous arrivions sur la barre. Je perdis ma carabine, le douanier son chassepot, et nous devons tous deux nous estimer fort heureux de ne pas avoir perdu notre peau au milieu des requins qui foisonnent en cet endroit. Mon ami Marche a pu se féliciter d'avoir été indisposé cette nuit-là, car il ne sait pas nager et n'en serait probablement pas revenu. Le lendemain, je n'eus pas l'accès de fièvre auquel me donnait droit une nuit aussi humide; il est vrai que l'excellent M. Guisolfe ne m'avait pas laissé coucher la veille sans me bourrer de café bien chaud et de quinine. Aussi, deux jours après, je me mettais en campagne pour mon excursion dans l'intérieur. Je dus partir sans mon compagnon de voyage, qui avait encore absolument besoin de repos.

Il y a près de quinze ans que M. Duchaillu a publié pour la première fois son *Afrique équatoriale*, qui a eu, surtout en Angleterre et en Amérique, un si grand retentissement et a donné lieu à des controverses si orageuses. Depuis lors les affaires ont marché dans cette Afrique équatoriale. A cette époque, le Fernand-Vaz était encore une région inconnue sur laquelle les Gabonais eux-mêmes ne s'aventuraient qu'avec terreur; M. Duchaillu est, je crois, le premier blanc qui y ait pénétré ; sa venue y avait créé une immense sensation, et il exerçait seul, en paix, le monopole du commerce dans ces pays. Aujourd'hui, le Fernand-Vaz est devenu un débouché commercial important; à son entrée s'élève une douane française; sur ses deux rives s'échelonnent, le long d'un parcours de quarante à cinquante milles, cinq factoreries décorées des noms pompeux de Londres, Paris, Brooklin, Seaforth et Berlin. Chacune de ces factoreries est confiée à un agent en chef blanc, qui lui-même a sous sa direction un ou deux employés blancs également. L'établissement a ensuite, à gages fixes, de quarante à soixante-dix naturels; ces noirs, que l'on nourrit de manioc et de bananes, touchent six à dix piastres par mois (en marchandises, bien entendu). Chose singulière, les noirs riverains du Fernand-Vaz, qui vendent sans scrupule quantité d'esclaves aux négriers portugais, ont interdit aux blancs établis dans leur pays de Cama d'en acheter; il en résulte que chaque factorerie est entièrement à la merci de ses ouvriers, tous gens du pays; aussi, pour obtenir quelque chose d'eux, il faut constamment faire des cadeaux à leurs chefs. Les ravitaillements nécessaires, en provisions, marchandises, etc., ainsi que l'exportation des produits achetés, sont faits tous les trois ou six mois par des vapeurs ou de grands voiliers expédiés directement d'Angleterre et qui viennent mouiller devant la barre; cette barre est très-mauvaise, ce qui rend le débarquement coûteux et les pertes fréquentes. Inutile de dire que les fusils, la poudre, les étoffes, le tabac et surtout l'alougou (eau-de-vie de traite) sont les principaux objets d'importation. Les factoreries ont la prudence de ne s'approvisionner d'alougou que pour un certain temps. Aussitôt qu'un bateau vient d'en apporter une charge, les noirs, monarque en tête, se précipitent en foule dans la factorerie, des danses s'organisent, des bandes arrivent de l'intérieur, et tant que l'eau-de-vie dure, l'établissement regorge d'une multitude qui en fait un véritable enfer. Après l'alougou, marchandise aussi lucrative que désagréable à vendre, il faut citer, comme source de gros bénéfices, le tabac, dont les habitants du Cama sont des amateurs passionnés. Le tabac est expédié d'Amérique et revient, tous frais payés, à 1 fr. 80 c. le kilogramme. Au Gabon, le kilogramme ne se vend que 5 francs; mais au Fernand-Vaz, les noirs ne l'ont pas à moins de 10 francs. Les petits miroirs de Hambourg sont encore un objet cher aux négociants : ils coûtent 35 centimes et se vendent 3 fr. 75 c.; mais, comme partout ailleurs sur la côte, on gagne infiniment moins sur les fusils et la poudre que sur l'eau-de-vie, le tabac et les menus articles. En échange de tous ces objets, on acquiert de l'ivoire et de l'ébène, mais surtout du caoutchouc, denrée très-avantageuse et dont il s'exporte aujourd'hui une très-grande quantité.

J'ai dit que les gérants de toutes les factoreries avaient insisté on ne peut plus vivement pour nous avoir chez eux. M. Wysie, directeur de London-factory, qui se trouvait le premier sur mon chemin, m'avait envoyé, dès la veille, pour me chercher, une grande embarcation spéciale au pays. Vingt pagayeurs la montaient, hommes infatigables, pouvant marcher à toute vitesse sans se lasser pendant une journée entière; seulement, il ne faut pas les empêcher de chanter durant tout le trajet : en cela, ils ressemblent aux Kroumans. Le chant de ces pagayeurs, que je me faisais généralement traduire, jouit sans doute d'une vertu intrinsèque appréciable seulement pour les indigènes, car il me parut horriblement lent et monotone. Pendant les trois heures que j'employai à me rendre à London-factory, le chef des chœurs chantait seul : « Viens vite, ma bonne amie ! » et le chœur répliquait : « Viens vite ! » Il est vrai de dire que quelquefois la romance est plus compliquée ; ainsi, écoutez le chant des bienfaits de l'homme blanc :

Le maitre des choeurs : Combien de choses donne l'homme blanc !

Le choeur : Il donne le tabac.

Le maitre des choeurs : Combien de choses donne l'homme blanc !

Le choeur : Il donne l'alougou.

Le maitre des choeurs : Combien, etc.

Et le chœur savoure successivement à coups de larynx les innombrables choses que donne l'homme blanc. Mais il n'y a pas de médailles sans revers. Ce chœur a sa contre-partie, que l'on chante souvent immédiatement après.

Le maitre des choeurs : Esclave noir! comme il faut travailler pour l'homme blanc!

Le choeur : Il faut couper le bois rouge.

Le maitre : Esclave noir, etc.

Le choeur : Il faut porter des fardeaux écrasants, etc.

Parmi ces chants, j'en ai démêlé un qui m'a paru d'une galanterie un peu hyperbolique dans un pays où l'on professe des opinions aussi... commerciales sur la femme.

Le maitre des choeurs : Qu'il y a de dangers pour la jeune vierge noire!

Le choeur : Ah! oui! il y a le jeune et beau noir!

Le maitre : Qu'il y a de dangers pour la jeune vierge noire!

Le choeur : Ah! oui! il y a les blancs avec leurs richesses!

Le maitre : Qu'il y a de dangers, etc., etc.

Ces chants faisaient mon désespoir parce qu'ils donnaient l'éveil aux singes et aux aigles pêcheurs dont j'aurais bien voulu approcher à portée de fusil; mais je savais que tout ce bruit était l'accessoire indispensable de la manœuvre, et je me résignai. Trois heures après notre départ, favorisés par le jusant, nous arrivions à London-factory. London-factory, grand bâtiment en bambous, est à quelques centaines de mètres de l'emplacement sur lequel M. Duchaillu avait fait construire une grande case, son établissement central. C'est là qu'il traitait avec les noirs l'achat du caoutchouc et surtout de l'ivoire. Ses chasses s'effectuaient aux alentours. Tous les chasseurs qu'il employait et dont il parle dans ses écrits sont actuellement soit à London-Factory, soit dans les établissements voisins. J'ai même retrouvé à Londres son boy Macondai, dont il faisait si grand cas. C'est aujourd'hui un gaillard de six pieds, chef des ouvriers de M. Wysie. Seulement si, dans son livre, M. Duchaillu a prodigué les éloges à ses chasseurs de gorille nègres, cette race ingrate ne le paye pas de retour. Ils affirment tous avec un ensemble désolant que M. Paul (c'est sous ce nom qu'il est connu) n'a jamais tué qu'un gorille; encore s'est-il borné à achever la malheureuse bête que les noirs avaient déjà frappée de quatre balles. Seul, Macondai prend parti pour son ancien maître, mais on lui répond qu'il n'avait pas douze ans alors et ne peut parler que par ouï-dire, puisqu'il n'était jamais emmené à ces chasses dangereuses. Les anciens chasseurs de M. Duchaillu n'ont pas soutenu cette assertion qu'à moi seulement; en revenant ici, j'ai lu, dans le *Savage Africa* de Winwood-Reade, qu'au même endroit les mêmes hommes lui avaient affirmé le même fait. Les contradicteurs anglais de M. Duchaillu ajoutent que le plus grand des gorilles envoyé par ce voyageur au British Museum de Londres, gorille connu sous le nom de *King of gorillas*, et qu'il affirmait avoir tué lui-même de face et d'une balle dans la poitrine, a été reconnu par le préparateur du musée n'avoir pas d'autre blessure qu'un fort coup de lance dans le dos, entre les deux épaules. Je sais par expérience l'extrême difficulté qu'il y a pour un blanc à tuer un gorille; j'en donnerai plus tard les motifs. Eh bien, malgré les contradictions que j'ai citées plus haut, malgré cette difficulté dont je viens de parler, il me paraît improbable que M. Duchaillu, élevé au Gabon, excellent tireur, et qui a passé huit années à parcourir les bois, ne soit pas arrivé à tuer un ou plusieurs de ces fameux gorilles à la poursuite desquels il s'était acharné. M. Duchaillu, défendu du reste avec chaleur par des hommes éminents tels que sir Roderich Murchison, président de la Société de géographie de Londres, a été dénigré de la façon la plus injurieuse par d'autres, en tête desquels étaient le savant docteur Gray, directeur du British Museum, et M. Walker, négociant au Gabon, explorateur bien connu et jadis ami de M. Duchaillu. Dans cette polémique regrettable, à laquelle toute la presse anglaise a été mêlée, tandis que les partisans du voyageur l'élevaient aux nues et poussaient l'enthousiasme jusqu'à envoyer de riches cadeaux aux rois nègres dont il avait fait l'éloge dans son livre [1], ses adversaires soutenaient que ce livre, *l'Afrique équatoriale,* n'était absolument qu'un tissu de mensonges. Il y avait erreur des deux côtés. M. Duchaillu ne saurait m'être sympathique : catholique, élevé par les missionnaires dont il a reçu tant de bienfaits, qui l'ont logé et nourri à la mission quand il était sans aucunes ressources, il s'est fait presbytérien et allait prêcher le dimanche sur la place publique de Glastown ; Français, il s'est fait naturaliser Américain ; Américain, il est venu dans son second voyage comme Anglais et sous pavillon anglais, parce que la Société de géographie de Londres lui avait donné des fonds. On peut lire tout entier son premier ouvrage, qui est presque entièrement consacré au Gabon, sans se douter que ce pays, qu'il décrit pour le reste avec une extrême minutie, est une colonie française où la France avait alors une escadre, un amiral, un commandant supérieur de la troupe, des employés, un hôpital, etc., singulier procédé de la part d'un ex-Français ! En un mot, on ne peut

[1] On envoya notamment à Rampano pour plusieurs milliers de francs de présents ; il faut être Anglais pour avoir de ces idées-là.

s'empêcher de faire un rapprochement entre M. Duchaillu et cet Hassan dont parle Musset :

> ... Français de nation,
> Riche aujourd'hui, jadis chevalier d'industrie,
> Il avait dans la mer jeté, comme un haillon,
> Son pays, sa famille [1] et sa religion.

Mais, ceci posé, il serait injuste de ne reconnaître aucun mérite à M. Duchaillu. D'abord, quoi qu'en ait dit M. Gray et malgré quelques erreurs de détails, il a fait faire un pas considérable à l'histoire naturelle, tant par les collections qu'il a recueillies que par les excellentes études qu'il a publiées sur les mœurs des oiseaux et des mammifères. Il n'y a à cela qu'une exception : les chapitres qu'il a consacrés au gorille dépeignent, comme je le démontrerai plus loin, d'une manière absolument inexacte le caractère et les mœurs de ce monstrueux animal. En ce qui concerne l'ethnologie, M. Duchaillu parlait admirablement la langue des Mpongwé, avec lesquels il était sans cesse en relations commerciales, et aussi celle des Bakalais. Très-bon observateur, il lui était facile de donner une peinture exacte de toutes ces tribus qu'il connaissait à fond ; ses descriptions de paysages sont toujours vraies. Enfin, il a été le premier à pénétrer chez les Fans

[1] M. Duchaillu se faisait autrefois appeler *Paul Belloni*, et n'était connu que sous ce nom.

ou Pahouins, cannibales, et, quoi qu'on en ai dit, il a bien parcouru les itinéraires indiqués dans son premier et dans son deuxième voyage. Seulement, dans tout son livre il faut faire la part de l'exagération ; voici ce qu'en disait, à moi parlant, M. B..., l'un de ses amis, missionnaire américain, par conséquent peu suspect de sévérité à son égard : « Duchaillu est doué d'une imagination ardente et d'un tempérament nerveux qui lui fait voir ses aventures de chasse et de dangers prodigieusement exagérées. Quand il a voulu faire paraître le récit de ses voyages, qui, comme vous le savez, a d'abord été imprimé en anglais aux États-Unis, ne possédant pas l'anglais d'une manière assez parfaite, il a chargé un rédacteur du *Harper's weekly* (revue hebdomadaire de New-York) d'arranger et de publier ses notes. Ce monsieur, pour obtenir plus « d'excitement », a encore coloré et chargé beaucoup les récits de Duchaillu. »

J'en eus moi-même bientôt une preuve. Je me figurais, sur la foi de ce que j'avais lu dans l'*Afrique équatoriale*, tomber, aux environs de London-factory, dans une véritable ménagerie d'antilopes, de bœufs sauvages, de douze ou quinze variétés de singes, y compris le célèbre gorille. Hélas! je chassai trois jours sans relâche pour ne pas tuer autre chose que des oiseaux, et les nègres, assez habiles chasseurs cependant, que j'avais mis sur pied de tous côtés, ne me rapportèrent presque rien non plus. Au reste, M. Wysie m'a dit être resté trois mois sans manger une pièce de venaison.

Le roi du pays était Maconda, dit Rampano II, héritier et successeur de ce Rampano Ier dont parle si souvent Duchaillu, et auquel ses lecteurs anglais imaginèrent d'envoyer de si beaux présents. Dès mon arrivée, Rampano vint à ma rencontre avec un empressement vraiment extraordinaire et me fit les plus vives démonstrations d'amitié, me répétant aussi à tout propos qu'il était le sujet le plus dévoué de la France. Ce n'était pas le premier chef que je voyais accourir ainsi avec toutes sortes de protestations plus obséquieuses les unes que les autres de dévouement au grand pays des Fala[1] et à moi. D'abord je ne m'expliquais pas très-bien ces explosions de zèle envers mon pays et envers ma personne; mais je finis par découvrir que les agents des factoreries du Fernand-Vaz m'avaient annoncé comme le représentant officiel de la France, délégué par le commandant du *Marabout* pour inspecter les noirs riverains de l'estuaire.

Rampano II est un homme brave et d'une force herculéenne; il passe dans le pays pour être colossalement riche et possède en effet beaucoup de femmes, beaucoup d'esclaves et beaucoup d'uni-

[1] Le mot Fala, en mpongwé, veut dire Français.

formes de toute nation et de tout grade, depuis l'amiral anglais jusqu'au pompier français. Ces uniformes sont, du reste, enfermés dans des coffres et enterrés dans diverses cachettes; il ne les revêt que dans de rares occasions. Rampano, assez brave homme au fond, est très-utile à la factorerie qu'il protége; malheureusement, il aime trop l'alougou. Au défaut de s'enivrer souvent, il joint celui de tout casser dans l'établissement quand il est ivre. Il est juste de dire que le lendemain, quand les fumées de l'alcool se sont dissipées, il paye consciencieusement les dégâts commis la veille. Il sait d'ailleurs profiter assez habilement de la superstition et de l'ignorance de ses sujets. J'en eus la preuve dès mon arrivée : ce jour-là, une lunette d'approche, que Rampano tenait de la munificence d'une maison anglaise et qu'il avait mise en pension chez M. Wysie, venait d'être volée. M. Wysie s'agitait horriblement, mais Rampano se contenta de répondre flegmatiquement : « Elle sera bientôt retrouvée. » Le lendemain soir, on vit arriver en grande cérémonie et en pompeux cortége le premier sorcier du pays. Ce redoutable personnage devait, à la suite d'une épreuve solennelle, déclarer publiquement le nom du voleur. Je me réjouissais d'assister à ce spectacle, qui devait avoir lieu le lendemain; mais le lendemain, j'eus la déception d'apprendre que, durant la nuit, le coupable, dévoré de terreurs, s'était glissé dans la factorerie et avait réintégré la lunette à sa place. Rampano est convaincu qu'on ne viendra point l'y reprendre.

Après trois jours passés à des chasses qui furent, comme je l'ai dit, à peu près inutiles, je quittai London-factory et partis pour Seaforth. Quelques milles plus loin que London-factory se trouve la factorerie de Paris, qui appartient à une maison française on ne peut plus connue honorablement au Gabon, celle de MM. Pilastre du Havre; mais Paris-factorerie a, comme Paris-capitale, trouvé ses communeux qui l'ont réduit en cendres. Les agents de M. Pilastre avaient jugé plus avantageux de transporter leur établissement à cent cinquante milles plus loin, au pays de Sira ou des Ashiras, dont Duchaillu a visité une partie. Ce n'est pas chose facile au Cama de changer une factorerie de place. Les noirs regardent comme leur propriété toutes les marchandises qu'elle renferme et les surveillent avec une vigilance avide. Pour effectuer leur déplacement, les agents durent déménager de nuit comme des voleurs; on avait empaqueté tout ce que renfermait la factorerie sous prétexte de faire place à un envoi important qu'on allait recevoir. Le matin du jour annoncé pour cet arrivage, les noirs accoururent en foule, se promettant de faire couler des flots d'alougou. Quelle ne fut pas leur stupeur en s'apercevant qu'ils étaient joués! Rien n'était arrivé, mais en revanche tout avait disparu, marchandises et marchands. Furieux, ils mirent le feu aux quatre coins de la maison et firent de la factorerie un monceau de ruines. Nous passâmes naturellement sans nous arrêter devant ces débris et continuâmes notre route vers Seaforth. Seaforth est une grande île recouverte de palétuviers, dont un petit coin, le seul habitable, possède un grand village ainsi qu'une factorerie appartenant à M. Walker et gérée par M. Williams. Avant d'y arriver, j'espérais bien avoir une occasion de tirer vengeance des hippopotames, auxquels je gardais une rancune toute spéciale de mon bain du Fernand-Vaz; on m'avait signalé la présence habituelle de quatre ou cinq de ces animaux dans une grande crique qui n'était pas distante de l'île de plus de cinq ou six cents mètres. En effet, à l'endroit indiqué, je pus les apercevoir tous ensemble; la moitié de leurs énormes corps hors de l'eau, ils se chauffaient au soleil en grognant sourdement; quand ils nous virent, ils commencèrent à pousser ce *hon! hon!* qui retentit avec tant de force et produit sur le voyageur le moins nerveux une impression si désagréable lorsqu'il se fait entendre tout autour de sa pirogue dans le silence et l'obscurité de la nuit. Mes nègres prirent alors peur et ne voulurent pas s'approcher à plus d'une centaine de mètres. Cette distance eût été suffisante si j'avais eu ma carabine; mais, hélas! elle se trouvait au fond du Fernand-

Vaz, et je n'avais qu'un fusil de chasse Lefaucheux à deux coups dans lequel j'introduisis à tout hasard deux balles explosibles. A mon coup de feu, je ne vis qu'un immense tourbillonnement dans l'eau. Les hippopotames avaient disparu avec la prestesse de monstrueuses grenouilles qui regagnent l'élément liquide. Le remous de leur plongeon se fit sentir jusqu'à nous. Il y en avait pourtant un de blessé, car l'eau était teinte de sang, et on voyait un bout de museau qui reparaissait à la surface à des intervalles excessivement rapprochés. Mais les noirs, de plus en plus effrayés, craignant pour leur peau et surtout pour leur embarcation, refusèrent de poursuivre l'animal, que j'eus le regret de voir disparaître.

A la factorerie de Seaforth, je fus naturellement très-bien accueilli, mais je trouvai le gérant, M. Williams, bien préoccupé et bien inquiet. J'en appris bientôt la cause : il avait eu la veille avec les noirs de graves difficultés qui étaient loin d'être terminées. La chose est assez caractéristique pour être racontée ici. Les habitants du Cama et du cap Lopez ont chez eux une sorte de franc-maçonnerie très-puissante et à laquelle on est initié par des cérémonies mystérieuses. On reconnaît les adeptes à ce qu'ils ont seuls le droit de dire le mot *iâssi* [1]

[1] Iâssi est un être surnaturel, une divinité terrible, mais dont les attributs sont assez mal définis.

en portant la main gauche à l'épaule droite. Ils usent constamment de ce privilége exclusif, et, dans la conversation, ont à tout moment à la bouche l'exclamation de *iâssi!* En revanche, la pénalité de mort existe contre tout individu non initié et surtout contre toute femme qui oserait prononcer le mot sacré. Or, une petite fille de neuf ans, au service de M. Williams, s'était amusée à s'écrier *iâssi* devant de nombreux témoins et, pour comble d'imprudence, avait fait en même temps le signe cabalistique. La malheureuse fut aussitôt saisie et allait être égorgée séance tenante, lorsque M. Williams accourut à ses cris. Celui-ci demanda sa grâce, supplia, puis menaça; rien n'y fit. Les noirs brandissaient leurs couteaux et juraient que personne ne les empêcherait d'exécuter leurs lois. Williams sortit alors un revolver de sa poche et déclara qu'il brûlerait la cervelle au premier qui ne lâcherait pas immédiatement la petite négresse. Un revolver produit toujours un grand effet sur les noirs; tout en grommelant, ils reculèrent de quelques pas, et l'enfant put se réfugier aux pieds de son sauveur; mais lui, sachant bien que les choses n'en resteraient pas là, se mit à palabrer avec les meneurs; il leur dit que sans doute la faute était grave, mais que son auteur n'avait pas encore sa raison; que la petite fille méritait un châtiment, mais qu'il allait la punir en lui donnant les verges pendant un quart d'heure. Cette dure exécution, qui eut lieu immédiatement, ne satisfit pas ces brutes, et ils se retirèrent en déclarant à haute voix qu'ils empoisonneraient l'enfant et se vengeraient de M. Williams. On comprend que celui-ci ne fut pas très-gai, seul au milieu de pareils sauvages. Pour moi, je ne pus m'empêcher de leur faire un petit discours dans lequel je leur annonçais que toutes les foudres du *Marabout* tomberaient sur leur tête s'ils portaient leurs menaces à exécution. Dès le lendemain arriva une grande pirogue que m'envoyait M. Watkins pour me conduire à Berlin-factory. De Seaforth à Berlin, la route est longue. Je l'égayai par quelques coups de fusil heureux. Je commençai par tuer au vol un aigle blanc et noir qui passait au-dessus de notre tête; ce coup frappa mes hommes de stupeur, et ils se mirent à donner des témoignages si brusques de leur admiration, qu'ils furent à deux doigts de faire chavirer le canot. Je tuai aussi quelques aigrettes. Les pagayeurs cessaient leurs chants dès qu'on apercevait un gibier quelconque. Vers le soir, je tirai un de ces singes à figure bleue[1] (*cercopithecus mystacinus*) qui sont si abondants ici; mais comme nous en avions assez dans notre col-

[1] M. Coffinières de Nordeck en a rapporté un exemplaire en France; il en a fait présent au Jardin d'acclimatation, où je l'ai vu récemment.

lection, j'en fis cadeau aux noirs. A leur arrivée, ils le déposèrent à terre et se mirent à allumer à quelques pas de là un grand feu pour faire cuire ce morceau délicat, dont ils se promettaient un régal savoureux. Jugez de leur horreur, quand le feu fut prêt, de ne rien retrouver à l'endroit où ils avaient laissé l'animal; peut-être un voleur l'avait-il soustrait à la marmite commune; peut-être aussi la pauvre bête n'était-elle que blessée et avait-elle eu la force de se traîner à quelque distance de là. Toujours est-il qu'un palabre très-orageux s'éleva; le singe fut déclaré un singe fétiche qui ressuscitait après sa mort, et on en parla pendant bien des jours. M. Watkins m'avait promis de me faire seconder dans mes chasses par un noir dont il m'avait vanté l'extrême habileté; je me réjouissais d'accomplir aux côtés de ce Nemrod de grands exploits cynégétiques, mais j'avais compté sans les superstitions dont ce pays est infesté. L'avant-veille, le chasseur en question avait été surpris à l'improviste dans un fourré par une bande de sangliers. Ces animaux l'avaient renversé, foulé aux pieds et mordu, bien qu'ils n'eussent été ni blessés ni même tirés. Or, une pareille attaque faite sans provocation aucune est, dans l'idée des habitants du Cama, une preuve manifeste que l'homme ainsi attaqué a été trompé par sa femme au moment même où l'accident s'est produit. Notre chasseur n'était pas moins crédule que ses compatriotes. Il rentra chez lui le cœur aussi meurtri que le corps et trouva assez de force pour administrer à son épouse une terrible volée en punition de son infidélité supposée. Le lendemain il partait avec elle dans l'intérieur pour la ramener à sa famille, qui va être forcée de rendre la dot et fera sans doute une cruelle existence à cette malheureuse victime de la mauvaise humeur de quelques sangliers. M. Watkins était désolé de ce contre-temps ; il m'offrit en dédommagement un autre chasseur nommé Sou-Sou, avec lequel je pris mes arrangements pour la journée du lendemain. La nuit fut pénible ; sans parler des moustiques, qui vous harcèlent sans trêve ni merci, on est obsédé presque constamment par quelque drame imprévu. La nuit précédente avait été troublée à Seaforth par les cris d'angoisse d'une jeune femme que son seigneur et maître rouait de coups. Cette fois-ci j'eus encore une seconde édition de ces mœurs sauvages. Un autre mari infligeait à sa femme, Dieu sait pourquoi, une correction si terrible et si longue, que M. Watkins, exaspéré de ne pouvoir fermer l'œil à cause des hurlements que poussait sans cesse la victime, dut quitter son lit et aller intimer au mari furieux, qui était de ses ouvriers, l'ordre d'attendre le lever du soleil pour continuer ses brutalités. Je m'étais levé comme mon hôte ; je trouvai la femme tout en sang et la foule attroupée riant et chantant à cet odieux spectacle.

Dès l'aurore, je partis avec Sou-Sou; nous tombâmes bientôt sur les traces toutes fraîches d'un gorille qui était venu manger des ananas pas très-loin de la factorerie; la poursuite dura toute la journée à travers les fourrés, puis dans les palétuviers qui bordent la rivière. Mais l'animal, doué d'une ouïe et d'un odorat excessivement subtils, nous éventait toujours et avait soin de se tenir constamment hors de portée de notre fusil. Je revins à la nuit, rompu de fatigue, la figure, les mains et les jambes déchirées par les épines; j'étais affamé et je tombais de sommeil. Je dînai d'un morceau de sanglier fumé, haché et cuit dans un mélange d'huile de palme et de piment; mais je ne pus fermer l'œil un instant. Cette fois, c'était autre chose : les négresses célébraient avec force chants et rondes infernales une cérémonie en l'honneur de leur djoudjou. Ceci demande une explication.

Le terrible iâssis et les autres grands fétiches prodiguent exclusivement leurs faveurs aux hommes; pour eux, les femmes n'existent pas, et les pauvres créatures seraient entièrement à la merci du despotisme et de la brutalité du sexe fort si une ingénieuse superstition, inventée sans doute par elles, n'avait pas créé un djoudjou féminin qui est chargé de veiller sur le sexe faible. Ce djoudjou est représenté par une grossière statuette en bois et naturellement renfermé dans une niche en bambous,

Les hommes ne peuvent jamais s'approcher passé une certaine distance de ce lieu sacré, et ils ont grand'peur de la divinité protectrice des femmes. Un jour, celles-ci, profitant de l'absence de tous les hommes, partis pour une grande expédition de chasse, s'entendirent pour répandre le bruit que leur fétiche était sorti de son domicile et se promenait dans le village. Durant trois jours, aucun homme n'osa rentrer dans sa case. Dans certains cas, toutes les femmes exécutent des cérémonies bruyantes et ignobles autour de leur djoudjou pour le consulter sur quelque événement ou implorer sa miséricorde. La chose se produit surtout quand il y a un personnage important gravement malade, et c'était le cas cette nuit-là. Toute la troupe, largement abreuvée d'eau-de-vie par le patient au profit duquel ce charivari a lieu, pousse des hurlements et se démène comme une bande de possédés jusqu'au petit jour; alors le djoudjou envoie son inspiration à deux ou trois vieilles sorcières et leur fait connaître un remède qui guérira infailliblement le malade. M. Watkins me racontait à ce sujet une anecdote assez amusante. Il était lui-même sérieusement indisposé, et le mauvais état de sa santé faisait le désespoir de son domestique Sou-Sou, le chasseur, qui lui est excessivement attaché. Ce brave garçon ne trouva rien de mieux que de payer sur ses propres deniers et à l'insu de son maître une consultation du djoudjou féminin. Après une nuit échevelée et si bruyante qu'elle empira l'état du malade, les sorcières décidèrent que le blanc ne pourrait être guéri qu'en faisant griller un poisson de l'espèce dite mulet, et en en mangeant les yeux. Le blanc en passa par là pour ne pas désespérer son fidèle serviteur, qui, à l'heure qu'il est, croit avoir guéri son maître d'un mal incurable.

Les femmes du Cama ne valent pas cher; l'ivrognerie est le moindre de leurs vices; mais il faut avouer que leur condition est bien triste, beaucoup plus triste encore que celle des Gabonaises. Elles sont à chaque instant en butte aux mauvais traitements de leurs maris; ceux-ci, lorsqu'ils n'en tirent pas des bénéfices suffisants, usent envers elles de procédés d'une brutalité révoltante. Il est vrai que le mariage peut être rompu; mais, dans ce cas, il faut que la dot avec laquelle la femme a été achetée soit remboursée. Cette dot représente généralement une valeur de vingt-cinq ou trente piastres; avec cette somme, on achète à peu près indifféremment une femme ou un esclave; quand on acquiert une femme, ce n'est pas à elle qu'on la paye, mais à ses parents, qui généralement l'ont gaspillée tout de suite, et, en tout cas, ne sont nullement disposés à la rembourser pour reprendre leur fille à leur charge. La pauvre femme ne peut donc pas se racheter; elle ne peut pas non plus se sauver, car le village qui lui donnerait asile s'exposerait à une guerre d'extermination avec celui de son mari. En pareil cas, les Gallois, les Bakalais et surtout les Pahouins se font un point d'honneur de soutenir la lutte plutôt que de livrer la fugitive (c'est du reste le seul instinct chevaleresque que je connaisse à ces peuples). Mais au Cama on est plus pratique, et l'Hélène qui a abandonné le domicile conjugal est immédiatement restituée à son Ménélas. Après cela, il est juste de dire que, si les femmes sont malheureuses au Cama, les esclaves le sont encore plus. Leur maître peut les tuer sans que personne l'en blâme. Si l'on tue l'esclave du voisin, on en est quitte pour rembourser sa valeur, soit en argent, soit en marchandises. Ce n'est pas tout, le Cama est malheureusement l'un des repaires de la traite maritime des nègres sur la côte d'Afrique. Les faibles ressources dont nous disposons au Gabon, ressources encore infiniment diminuées par le départ de l'escadre stationnaire, ne nous permettent aucune répression sérieuse. Les négriers le savent bien ; ils le savent si bien qu'ils remontent fréquemment l'estuaire, ou stationnent à son embouchure en arborant le pavillon portugais, pavillon qui est à bon droit plus que suspect dans ces parages. De longues files d'esclaves enchaînés traversent fréquemment les plaines du cap Lopez pour être vendues à la côte.

et, bien que l'*ébène sur pied*[1] provenant du Gabon ou du Fernand-Vaz soit cotée sur les marchés de Loanda à des prix très-inférieurs à la même marchandise provenant du Congo, il est malheureusement trop vrai que l'exportation en a beaucoup augmenté dans l'Afrique équatoriale. On doit désirer que l'attention des puissances maritimes se porte sur cette partie de la côte. Pour nous, Français, la question d'argent nous arrête en ce moment, mais lorsque la période des économies forcées pourra toucher à sa fin, le gouvernement établira sans doute un système de croiseurs sérieux qui arrivera en peu de temps à supprimer cet odieux trafic. Mais laissons là cette digression pour revenir à mon voyage. Je passai cinq jours à Seaforth, et nous y fîmes, Sou-Sou et moi, d'assez belles chasses; nous y tuâmes notamment un grand singe noir à longs poils (*satanus colubus*), dont la peau, très-recherchée par les fourreurs, fait de fort jolis manchons, et quelques touracos géants (*turacus giganteus*). Cet oiseau, que les Mpongwé appellent ogouloungou, est un peu plus petit que le faisan; sa couleur dominante est d'un beau bleu d'azur; il porte sur la tête une petite huppe noire; il se tient par bandes de douze ou quinze sur les arbres les

[1] C'est le terme dont les trafiquants de chair humaine se servent pour désigner les esclaves dont ils font commerce.

plus élevés de la forêt, courant avec une extrême rapidité sur les grosses branches et faisant sans cesse retentir l'air de son cri, qui commence d'abord sur des notes très-basses et va toujours crescendo jusqu'à atteindre une sonorité éclatante. L'ogouloungou joue un grand rôle dans les superstitions des noirs : il veille, disent-ils, sur ceux qui ont été initiés aux mystères de la magie, et, lorsqu'un danger quelconque les menace, il vient voltiger devant eux; si celui qu'il veut avertir est plongé dans le sommeil, l'ogouloungou fait entendre à ses côtés des chants si bruyants que le dormeur se réveille, et, à la vue de l'oiseau mystérieux, saute sur ses armes et se prépare à faire face au péril. La possession des premiers de ces ogouloungous que nous tuâmes nous causa un vif plaisir en raison de la beauté de cet oiseau bleu « couleur du temps »; mais, à mon grand désappointement, il nous fut impossible de joindre un gorille, et, comme le temps s'avançait, je dus retourner à bord du *Marabout*. Je trouvai tout le monde en bonne santé; l'équipage était enchanté parce qu'il se régalait constamment des meilleurs poissons. Chaque matin, deux ou trois coups de seine en approvisionnaient tout le bateau, et les noirs aussi bien que les blancs pouvaient s'en régaler à discrétion.

Le lendemain de mon retour nous eûmes, Marche et moi, une surprise fort agréable. A dix heures du soir, une pirogue accostait le bord, apportant le gorille que j'avais si longtemps chassé en vain à Berlin-factory. On l'avait tué la nuit même du jour où j'étais parti, et M. Watkins nous l'expédiait, accompagné d'un petit mot fort aimable. C'était une énorme femelle [1], qui mesurait près de cinq pieds de hauteur. J'avoue qu'en voyant ce hideux animal tout hérissé de poils, à la poitrine d'une largeur colossale, aux bras démesurément longs, je ne pus, quoi qu'en dise Duchaillu, lui trouver une ressemblance très-prononcée avec un être humain quelconque, fût-ce même le plus vilain des nègres. Je ne suis pourtant pas non plus d'accord à ce sujet avec notre chasseur François Koëben ; comme on lui demandait s'il voulait en manger, il répondit très-sèchement : « C'est du monde ; il n'y a que les Pahouins qui mangent du monde. » Et de fait, les noirs disent que le gorille est un homme, qu'il pourrait agir et parler comme eux, mais qu'il ne veut pas parce qu'il a peur d'être réduit en esclavage et forcé de travailler très-durement. Toujours est-il que « C'est du monde » (c'est ainsi que les matelots ont immédiatement baptisé notre gorille) fut placé sur une table à l'avant du *Marabout*, et préparé séance tenante, au milieu des innombrables

[1] Elle figure aujourd'hui au musée de Genève, qui en a fait l'acquisition.

plaisanteries de l'entourage. Ce travail peu agréable nous mena jusqu'à quatre heures du matin ; mais en notre qualité de naturaliste, nous aurions plutôt passé trois nuits de suite que de laisser perdre une pièce si curieuse.

Pendant les derniers jours que le Marabout passa au Fernand-Vaz, la tranquillité fut troublée par un événement imprévu. Les femmes de Sea-forth avaient eu à se plaindre gravement de celles du village de Rampano II. Ayant résolu de venger elles-mêmes l'insulte qui leur avait été faite, elles s'empilèrent dans une grande pirogue de guerre et vinrent débarquer dans la plaine derrière London-factory, où elles offrirent le combat à leurs rivales. Le défi fut accepté ; de part et d'autre il était interdit de se servir d'aucune arme. La bataille eut donc lieu *unguibus et rostro*, à coups de griffes et à coups de dents : la suprême ambition de chaque combattante était d'arracher, ou tout au moins de déchirer l'oreille de son ennemie. Des deux côtés on déploya une véritable férocité ; mais bientôt les assaillantes, inférieures en nombre, furent horriblement maltraitées et finalement obligées de prendre la fuite et de regagner leurs pirogues au milieu des huées de celles qui les avaient si glorieusement vaincues. Aussi elles revinrent à Sea-forth rongées par la honte et enflammées de colère ; elles n'ont pas de peine à faire partager leur fureur à leurs maris.

Aussitôt Ogandaga, le chef du village, se met à leur tête, et, armés en guerre, ils montent à leur tour dans la pirogue et vont provoquer les hommes de London-factory. C'était, m'a dit Wysie, témoin oculaire, un beau spectacle : Rampano, prévenu, les attendait en grand costume de combat; à ses côtés des moutards soufflaient à pleins poumons dans des cornes de guerre, tandis que d'autres frappaient à coups redoublés sur un vaste tam-tam. Rampano se conduisit, dans cette circonstance, comme un preux des anciens temps : il défendit à ses hommes de faire usage de leurs fusils, et voulut que l'invasion fût repoussée à l'arme blanche, c'est-à-dire avec les couteaux et les matchettes. La lutte fut sanglante : bientôt sept hommes furent mis hors de combat; presque tous appartenaient à la troupe d'Ogandaga, et leurs compagnons découragés prirent la fuite. Seul Ogandaga, fou de rage, continuait à tenir tête à ses adversaires; dans cette lutte inégale, il tomba bientôt, blessé et foulé aux pieds de ses ennemis, qui l'auraient égorgé si Rampano n'avait donné l'ordre de l'épargner. J'arrivai à London-factory, où j'allais souvent, au moment où les vainqueurs, dans l'enivrement de la victoire, célébraient leurs exploits avec une véritable furie. Ils hurlaient, tiraient des coups de fusil, faisaient couler l'alougou à flots et exécutaient des danses échevelées. Leur ardeur était telle que deux d'entre eux, blessés et perdant une quantité de sang, refusèrent d'aller se reposer ou même se panser, et prirent part, jusqu'à une heure avancée de la nuit, aux cérémonies qui célébraient le triomphe remporté sur leurs voisins.

Cette affaire aurait pu dégénérer en une guerre générale, mais le Marabout intervint, et on décida qu'elle serait réglée par la voie pacifique du palabre. Le jugement fut déféré à l'arbitrage d'un roi voisin, et l'affaire fut jugée dès le surlendemain ; Rampano II avait, pour la circonstance, revêtu son uniforme de pompier. On but énormément et l'on parla pendant vingt heures consécutives. La politesse du pays interdit d'une façon absolue d'interrompre l'orateur, quel qu'il soit ; une femme dont les écarts avaient été l'une des causes de la bataille, appelée à donner sa déposition, pérora si longuement, que petit à petit chacun des assistants quitta sa place, et elle eut à terminer sa déposition dans une solitude complète. L'arbitre rendit sa décision ; les agresseurs furent déclarés entièrement dans leur tort, et Ogandaga, vaincu et blessé, fut encore condamné à payer à ses vainqueurs trois esclaves, une femme et plusieurs chèvres.

CHAPITRE IV

LES PAHOUINS CANNIBALES.

Retour au Gabon. — Notre plan de campagne. — Bounda, le Nemrod de l'Afrique équatoriale. — Il doit nous conduire au pays des Pahouins. — Étude sur les Pahouins. — Ils mangent non-seulement leurs ennemis tués à la guerre, mais leurs concitoyens morts de maladie. —Leur costume, leurs armes, leur industrie. — Il n'y a à attendre d'eux que des désastres. — Nous partons pour leur pays. — Un voyage laborieux. — Perdu dans une crique. — Une rencontre qui tourne bien.—Je présente mes hommages au roi des Pahouins. — Notre installation chez Bounda. — Son sérail et son système pour y maintenir le bon ordre. —Comment les Pahouins chassent l'éléphant. — Des moucherons féroces. — Trop de singes dans notre alimentation. — La chasse. — Une antilope carnivore. — Marche tombe malade. — Des infirmiers peu recommandables. — Retour au Gabon. — *Néplion qu'il a déserté Sedan, il a crevé en Angleterre.*

Quand cette affaire fut terminée, le Marabout, qui n'avait plus rien à faire au Fernand-Vaz, où la tranquillité régnait, du moins pour le moment, repartit pour le Gabon, nous emportant à son bord, bien entendu. Nous revînmes enchantés de notre voyage et infiniment mieux portants qu'à notre départ. Aussi, dès notre arrivée, nous nous occupâmes immédiatement de préparer notre voyage à l'intérieur : dans notre zèle, nous aurions voulu partir de suite pour arriver le plus vite possible aux contrées inexplorées et nous enfoncer dans l'inconnu, jusqu'à ce que nous eussions atteint quelqu'un des grands lacs découverts par Livingstone, Speekes, Grant, Burton, etc. Mais en Afrique on ne fait pas ce qu'on voudrait ; il faut de la patience, beaucoup de patience, toujours de la patience. Souvent on est obligé d'attendre de longues journées, quelquefois des mois entiers, pour que l'occasion se présente de faire quelques lieues en avant. Après mûre réflexion, après avoir pris l'avis de toutes les personnes connaissant bien le pays, après surtout avoir mis à profit les renseignements que nous fournissait une exploration récente de M. Walker, exploration dans laquelle il avait découvert que l'Ogooué était obstrué dans une partie de son parcours par des rapides dangereux, longs et difficiles, nous nous décidons à adopter le plan de campagne suivant : le 1er juin, nous profiterons d'un tout petit vapeur, *le Delta*, qui devait partir ce jour-là pour remonter l'Ogooué jusqu'à son confluent avec le N'Gounié, M. Walker, à qui il appartient, nous ayant très-gracieusement fait offrir le passage pour nous, nos gens et nos bagages. Arrivés au confluent, nous devons nous installer chez N'Combé, le roi Soleil. Quatre mois seront consacrés à nous concilier les sympathies des Gallois, les sujets de N'Combé, et des

Inengas, leurs voisins ; à compléter nos collections d'histoire naturelle, à nous perfectionner dans la langue Mpongwé et surtout à explorer les affluents de l'Ogooué et des grands lacs qui l'avoisinent, régions nouvelles pour la géographie. Au commencement de septembre, laissant nos bagages à la garde de N'Combé, nous pousserons une pointe jusqu'au Gabon, pour y chercher certains instruments scientifiques qu'on doit nous y envoyer, et ravitailler nos provisions comestibles. Le mois d'octobre nous retrouvera chez le roi Soleil. Dans les derniers jours de novembre ou au commencement de décembre, tous les ans, un grand nombre de Gallois et d'Inengas, sous la conduite de leurs rois respectifs, remontent très-haut l'Ogooué pour acheter à des peuplades lointaines le caoutchouc, l'ivoire et les esclaves. Nous nous mettrons à la tête de cette expédition, et, guidés par N'Combé, il est probable que nous arriverons sans trop de difficultés jusqu'au pays des Okandas, point extrême où atteignent les Gallois et les Inengas. Du pays des Okandas nous marcherons en avant, à la grâce de Dieu.

Ce programme a été, comme on le verra dans la suite de ce récit, à peu de chose près fidèlement exécuté ; mais six semaines nous séparaient encore du 1er juin, et nous aurions bien voulu employer ce temps à quelque excursion intéressante. Une excellente occasion se présenta. En ce moment se trouvait au Gabon un noir d'une intelligence peu commune, appelé Bounda ; il était fils d'une captive, mais son père était le roi Denis, et l'énergie extraordinaire de Bounda, ses prodigalités et en même temps son habileté comme commerçant avaient fait taire à son égard le préjugé de la naissance, et on le considérait comme l'égal des autres fils du roi Denis. Boúnda avait d'abord été au service du commandant Bouët, puis il s'était fait traitant et constructeur de pirogues ; il gagnait beaucoup d'argent et avait fait l'acquisition de pas mal de femmes et d'un grand nombre de captifs. Le roi Denis possédait une magnifique plantation, en quelque sorte perdue au milieu de forêts immenses, de criques et de marécages innombrables. Aucun de ses fils, aucun Gabonais même n'eût songé à s'y établir, car les terribles Pahouins avaient pénétré jusque-là et construit leurs villages tout autour ; mais Bounda n'y regardait pas de si près : il demanda à son père de lui donner cette plantation, ce qu'il obtint facilement ; puis il y transporta ses femmes et ses captifs, fit construire de grandes cases en bambous et sut d'abord tenir les Pahouins en respect, puis s'insinuer dans leur amitié, et enfin prendre sur eux un très-grand ascendant ; maintenant il réalise sur eux d'assez gros bénéfices en leur vendant de la poudre, des fusils et tout ce dont ils ont besoin, mais surtout en leur faisant couper pour lui d'énormes arbres de bois rouge avec lesquels il construit des canots qui s'achètent fort cher au Gabon. Bounda avait une qualité fort précieuse à nos yeux : il passait, à juste titre, pour le premier chasseur de l'Afrique équatoriale. Or, au moment de notre retour, étant venu au Gabon pour y dépenser en un jour, selon sa louable habitude, tout ce qu'il avait gagné en un mois, il vint chez nous et nous offrit de nous donner l'hospitalité dans ses cases, nous promettant de nous loger et de nous nourrir comme des princes, et, ce qui était beaucoup plus sérieux, de tuer pour nous et de nous faire tuer des oiseaux et du gibier de toute sorte, jusqu'à ce que, disait-il, nous en fussions dégoûtés. Nous acceptâmes avec enthousiasme, d'abord parce que, tout en faisant la part de l'exagération, il était à peu près certain que la chasse chez Bounda serait excellente, ensuite et surtout parce que nous allions, dans sa plantation, nous trouver au milieu de ces Pahouins cannibales dont on nous avait tant parlé et que nous désirions tant connaître. Comme l'hospitalité de Bounda n'était pas écossaise, il fut convenu que nous lui payerions vingt francs par jour (un tiers argent et deux tiers marchandises), à la condition qu'il nous donnerait le vivre et le couvert, et que lui, son beau-frère, avec trois autres hommes, chasseraient tous les jours pour nous, tandis que deux de ses captifs nous aideraient à préparer les résultats de la chasse. Nous partîmes le 16 avril, par une pluie torrentielle, dans un grand canot que manœuvraient cinq Gabonais. Notre futur hôte nous avait devancés pour faire les logis. Mais, avant d'aller plus loin dans le récit de cette excursion, je crois qu'il est important de donner au lecteur quelques détails sur les sauvages chez lesquels nous allons en ce moment pour la première fois, mais avec lesquels nous serons, dans la suite de ce voyage, si souvent en contact.

D'où viennent-ils, ces Pahouins[1] ou plutôt ces Fans ? — car c'est le nom qu'ils se donnent à eux-mêmes. — Pourquoi ont-ils quitté en masse le pays qu'ils habitaient ? Quelle force inconnue les pousse sans cesse vers l'est ? Ce grand problème est encore à résoudre. Toujours est-il que, il y a environ vingt ans, on a vu poindre leurs avant-gardes non loin de la colonie française. Elles venaient de loin, car plusieurs chefs ont assuré autrefois à l'amiral de Langle qu'ils avaient vu la lune s'obscurcir onze fois avant d'arriver au terme de leur voyage. Depuis ce temps, les tribus se sont succédé avec une extrême rapi-

[1] Ce nom de Pahouins a été adopté par les Français, mais je ne lui vois pas de raison d'être. Comme je l'ai dit, Fan est le nom que se donnent ces peuples à eux-mêmes, les indigènes les appellent Mpangwen, et c'est le terme sous lequel les désignent habituellement les Anglais ou les Allemands.

dité; balayant tout sur leur passage, chassant les indigènes terrifiés qui ne songeaient même pas à leur disputer la possession du sol, elles avancent en masses serrées. Déjà quelques-unes ont atteint la mer. En 1867, l'amiral de Langle a évalué à soixante mille le nombre de ces nouveaux venus qui se pressaient autour de nos établissements français. Depuis ce moment, ce chiffre a immensément augmenté et augmente sans cesse; d'ailleurs, au point extrême que nous avons atteint et à plus de deux cents lieues dans l'intérieur, nous avons encore trouvé le pays occupé par une portion très-importante de cette innombrable famille des Fans; les moins clairvoyants peuvent prévoir que, d'ici à quinze ans, le Gabon leur appartiendra tout entier. On conçoit la terreur qu'ils inspirent aux habitants actuels du sol, car — c'est en vain qu'on l'a d'abord contesté, aujourd'hui aucune personne ayant été au Gabon ne nie plus le fait — la race des Fans est une tribu franchement cannibale; je dis franchement cannibale, car ils mangent non-seulement leurs ennemis pris ou tués dans le combat, mais encore leurs morts à eux, qu'ils aient succombé à la guerre ou aux atteintes de la maladie, peu importe. On a dit que l'on ne mangeait pas dans un village les cadavres de ceux qui appartenaient à ce même village et qu'on va les vendre chez des voisins, à charge de revanche. Cela est généralement vrai. Néanmoins un négociant, M. P..., et des noirs assez dignes de foi m'ont cité plusieurs exemples dont ils ont été témoins et qui prouvent que ces amateurs de chair humaine n'ont même pas toujours cette délicatesse. Ainsi M. P... est arrivé dans un hameau au moment où l'on faisait cuire une femme libre morte la veille dans ce hameau, qui était le sien. Mais il est juste de dire qu'à mesure que les Pahouins se rapprochent de nous, sont avec nous en contact et arrivent à jouir d'un certain bien-être, les cas de cannibalisme sont beaucoup moins fréquents et surtout beaucoup plus dissimulés. Ces gens-là commencent à comprendre ce dont ils ne se doutaient certainement pas auparavant, c'est qu'ils font mal en se nourrissant de leurs semblables. C'est une belle race que la race pahouine ; les hommes sont grands, bien faits et ont un air d'énergie indomptable ; chacune de leurs dents, d'une blancheur éclatante, est limée en pointe, et la vue de ces crocs bien aiguisés donne la chair de poule. Leurs cheveux sont généralement disposés sur leur tête en petites mèches recourbées comme des cornes, ce qui leur donne un aspect singulier ; les chefs portent une sorte de toupet en plumes de perroquet rouges. Tous les hommes ont autour du cou un grand collier fait ordinairement avec des dents de tigre, mais j'en ai vu qui remplaçaient les dents de tigre par des ossements provenant de doigts humains, enfilés en chapelet.

Chasseurs pahouins venus au Gabon pour vendre de l'ivoire.

Dessiné par M. Breton, d'après une photographie de Joubert.

Ils ont autour des reins une ceinture faite avec l'écorce d'un certain bois et large de vingt-cinq à trente centimètres, ou bien encore deux petites peaux de chat-tigre attachées par une ceinture de perles bleues. Deux gros anneaux aux pieds complètent ce costume primitif. Comme armes, ils avaient autrefois pour la défensive un grand bouclier carré en peau d'éléphant; pour l'offensive, une arbalète qu'ils chargent avec de toutes petites flèches trempées dans un poison mortel, la lance, la sagaie et des couteaux de toute forme et de toute grandeur[1]. Mais aujourd'hui ils ont abandonné tout cela pour se servir seulement de fusils à pierre, généralement de provenance anglaise, et d'une sorte de long couteau-poignard forgé par eux. Les femmes des Fans ne sont considérées chez eux que comme des bêtes de somme destinées à faire les travaux les plus pénibles. Elles sont généralement assez laides naturellement, et s'enlaidissent encore en se peignant une partie du corps avec des couleurs variées, principalement avec du rouge et du jaune; elles ne portent pas d'autre vêtement que deux petits tabliers en peaux de bêtes, l'un par devant, l'autre par derrière, et rattachés, comme ceux des hommes, par une grosse ceinture de perles. Elles tres-

[1] Nous avons rapporté une collection à peu près complète des armes et objets de toute sorte fabriqués par les Pahouins ou en usage chez eux.

sent leurs cheveux en toutes petites nattes entremêlées de fils de cuivre ; elles sont passionnées pour la verroterie, et se chargent les bras et les pieds d'anneaux de cuivre. Dans les tribus qui ne sont pas encore en contact avec la civilisation, les femmes sont assez retenues dans leurs mœurs et ont généralement une quantité d'enfants.

Les Fans sont très-adroits pour forger le fer et fabriquent eux-mêmes, avec le minerai qu'on trouve en abondance et d'une excellente qualité, dans certaines parties de leur pays, leurs armes et bon nombre d'ustensiles de ménage. Ils font aussi d'assez bonne poterie. Ils se procurent, pour le moment du moins, l'ivoire en grande quantité, et déploient, pour le vendre, une rouerie sans pareille. Leur passion pour la chasse et leur esprit remuant les empêchent de s'adonner à l'agriculture ; néanmoins, ils sont d'une habileté extraordinaire pour défricher une forêt et obtenir sur l'emplacement défriché une plantation de bananiers assez productive. Lorsque M. Duchaillu d'abord, puis MM. Aymès, Serval, l'amiral de Langle et d'autres hommes distingués qui se sont voués à l'étude de ces pays, se trouvèrent en présence des Pahouins, ils avaient fondé sur cette race de grandes et légitimes espérances. La question du cannibalisme était bien loin d'être un obstacle invincible. Combien de tribus, cannibales il y a vingt ans, sont aujourd'hui civilisées, et donnent les meilleurs résultats! M. Winwood Reade n'affirme-t-il pas, avec les citations les plus probantes à l'appui, que ses ancêtres les habitants de la Grande-Bretagne ont été parfaitement anthropophages? D'ailleurs, comme je l'ai dit, on a pu remarquer, peu de temps après leur arrivée, que les Pahouins qui entretiennent des relations suivies avec nous ont à peu près renoncé à cette coutume barbare. Ceci posé, on se trouvait en présence d'un peuple doué d'une vitalité puissante, « qui n'a pas d'esclaves, et chez lequel la fécondité des femmes atteint des limites inconnues, même dans les contrées européennes[1], » et l'on ne pouvait s'empêcher de le voir avec joie se substituer aux Gabonais, peuple usé, pourri de vices, et incapable d'un labeur quelconque, ou bien encore à ces Bakâlais voleurs, perfides et intraitables. « Dès que cette population nombreuse, dit l'amiral de Langle[2], en parlant des Pahouins, sera plus habituée à nos coutumes, dès qu'elle aura confiance en nous, elle prendra des mœurs plus douces... on pourra en tirer un immense parti. »

Hélas! il faut bien le reconnaître aujourd'hui, les Pahouins sont bien loin d'avoir répondu à cette

[1] M. Aymès, *Rapport sur l'exploration du* Pionnier *dans l'Ogôoué* (*Revue maritime et coloniale*).

[2] Note sur le Gabon, publiée dans le *Bulletin de la Société de géographie* de 1869.

attente : de la civilisation, ils ont pris tous les vices, mais pas une vertu ; plus ils approchent de la côte, plus ils vivent auprès de nous, et plus ils deviennent paresseux, pillards et de mauvaise foi : leur industrie, ils ne veulent l'employer qu'à chasser le gibier et à faire le commerce de l'ivoire ; et encore, dès leur arrivée dans le pays, ils détruisent le gibier et ruinent le commerce de l'ivoire, en exterminant en quelques jours, par un procédé dont je vais avoir occasion de parler, tous les éléphants que renferme une contrée. Leur intelligence, ils ne s'en servent que pour duper et voler les négociants avec lesquels ils sont en relation. Leur activité, ils la font consister à entretenir un état de guerre perpétuel avec tous leurs voisins, même et surtout si ces voisins sont, comme e[illegible], des Pahouins. La fécondité de leurs femmes tend à disparaître de plus en plus, car elle était due un peu à la retenue de leurs mœurs, beaucoup à la stricte observation d'une loi qui interdisait de marier les filles avant qu'elles eussent atteint l'âge nubile. Aujourd'hui, la contagion de la débauche les a gagnés, et ils vendent leurs enfants, dès l'âge le plus tendre, aux traitants de tous pays. Inquiets, remuants, il faut qu'ils changent sans cesse leur établissement de place. Ce n'est pas tout ; ne voulant ni travailler ni faire un commerce sérieux, ils manquent absolument de moyens d'existence. Aussi, ils cherchent à s'en procurer en attaquant à main armée les embarcations et en pillant les marchandises des traitants. Ils ont commencé par dévaliser les noirs ; aujourd'hui ils s'en prennent même aux blancs, sur lesquels ils ont commis des agressions si nombreuses que le nouveau commandant a, en personne, dirigé contre eux plusieurs petites expéditions. Son énergie les tient momentanément en respect ; mais il est impossible, avec les ressources dont on dispose, de les poursuivre dans l'intérieur, et ils sont là, près de nous, comme une menace perpétuelle. Il y a déjà longtemps, dans un article publié par *le Tour du Monde*, M. Griffon du Bellay, médecin de la marine, tout en partageant encore les espérances alors généralement fondées sur les Pahouins, avait le premier pressenti le danger : il termine ainsi une étude sommaire, mais extrêmement remarquable, sur les Fans : « Telle est cette race pahouine, bientôt la plus importante pour nous, car elle avance à grands pas vers nos comptoirs. On l'y voit venir avec plaisir, parce que s'il est possible de faire quelque chose du pays, c'est avec des gens aussi bien trempés ; mais, il ne faut pas se le dissimuler, ce seront pour nous des sujets bien remuants et des auxiliaires bien difficiles à manier ; s'ils sont habituellement assez doux et hospitaliers pour les blancs, ils ont un caractère ombrageux et versatile servi par une industrie et par une énergie que bien peu de noirs possèdent. »

Malheureusement, les événements n'ont que trop justifié ces appréhensions, et l'on ne sait pas jusqu'où ira le mal que fera à notre colonie l'invasion de ces sauvages, que l'on considérait comme ses futurs régénérateurs.

Maintenant que le lecteur est édifié sur ces Fans ou Pahouins, je puis commencer le récit de notre première excursion chez eux; il verra, du reste, que, pour cette fois, c'est aux tribus déjà à peu près civilisées que nous avons eu affaire. J'ai dit que nous étions partis par un temps épouvantable dans un grand canot à voile. Il fallait d'abord remonter l'estuaire du Gabon jusqu'à l'île aux Perroquets, et de là nous engager dans la rivière Bohuin. Notre équipage se composait de cinq Gabonais, tous plus paresseux et plus indisciplinés les uns que les autres. Le vent était contraire, les hommes ramaient à peine, de sorte que c'est avec toutes les difficultés du monde que nous pûmes aller coucher à la pointe Owendo, c'est-à-dire que nous n'avons presque pas fait de chemin ce jour-là. A la pointe Owendo, il y a une petite factorerie appartenant à un négociant français, M. H. Pène. Elle est tenue par un noir sénégalais, qui nous offrit l'hospitalité; mais les moustiques étaient si mauvais qu'il nous fallut passer une partie de la nuit à nous promener de long en large sur le sable. Dans l'estuaire du Gabon, la marée se fait sentir avec beaucoup de force, et il était très-important pour nous de profiter de son reflux. A deux heures du matin, notre hôte sénégalais vint prévenir Marche et moi que l'heure était favorable pour partir ; nos nègres affirmaient le contraire ; mais, naturellement, nous avons attribué leur dire à leur fainéantise et à leur envie de dormir, et, déjà exaspérés contre eux par tous les tours qu'ils nous avaient joués la veille, nous les avons obligés à se lever et à partir. Malheureusement pour notre dignité, le Sénégalais s'était trompé ; le flot nous entraînait à la dérive, et nous commençâmes à revenir assez rapidement vers notre point de départ, à la grande joie de nos hommes, qui riaient sous cape de notre mortification. Heureusement, vers trois heures et demie la mer cessa de monter, la brise fraîchit, et nous pûmes rattraper assez vite une partie de la distance déjà perdue. Vers dix heures on s'arrêta pour déjeuner dans un village de pêcheurs; nous y avons tué quelques perroquets qui nous donnèrent un excellent pot-au-feu. A cinq heures, nous entrions dans la rivière Bohuin, que nous quittions au bout de peu de temps pour nous engager dans l'une des innombrables criques qui sillonnent le pays en tous sens. A partir de ce moment, toutes les armes furent chargées et tenues prêtes, non que nous eussions quelque chose à craindre des Pahouins chez lesquels nous allions, mais parce que ceux-ci étaient en guerre avec d'autres Pahouins, qui attaquaient indifféremment toutes les pirogues qu'ils rencontraient dans les eaux de leurs ennemis.

Deux heures après le coucher du soleil, bien qu'il fît un beau clair de lune, nos hommes avouèrent qu'ils étaient perdus et ignoraient complétement le chemin pour arriver chez Bounda. Inutile de dire la désagréable impression que nous causa cet aveu. Vers dix heures, après une foule de tâtonnements très-pénibles, nous nous trouvâmes tout à coup, à l'issue d'un coude que fait une crique, face à face avec une grande pirogue inconnue. Des deux côtés, on se couche en joue en criant le qui-vive du pays : *Mongéshino mandé ?* (mot à mot : ces gens-là, qui ?) Mais la réponse, faite en mpongwé, nous montre bientôt que nous avons affaire à des amis, et, la panique passée, les deux bateaux s'accostent avec de bruyantes démonstrations de joie. Nous donnons au chef et à ses hommes un peu d'eau-de-vie ; en revanche, il fait présent à nos hommes de quelques bananes, et, ce qui était plus important, nous indique le chemin d'un village pahouin ami et très-rapproché de l'habitation de Bounda. Nous arrivons à l'endroit indiqué à minuit. Marche reste de garde et s'apprête à passer sa nuit dans notre bateau. Pour moi, je vais saluer le roi. Tout le village était déjà sur pied pour voir le *tangani* (blanc), et j'eus peine à fendre la foule pour gagner la case du monarque. Sa Majesté pahouine était déjà entourée de tous ses conseillers et avait mis, pour me faire honneur, un vieux chapeau noir de l'espèce dite chapeau-claque. Il se leva à mon entrée, me tendit la main et me fit un pompeux discours que je ne compris pas, mais qui, d'après un de mes hommes, que j'avais emmené comme interprète, faisait l'éloge de toutes mes vertus, surtout de ma générosité ; il concluait par un appel à ma munificence et implorait avec énergie, pour lui et pour ses sujets, un don de rhum et de tabac. Dès qu'il eut fini de parler, un long murmure approbateur et les nombreux *io ! io !* (bravos du pays) s'élevèrent du groupe des conseillers et de la foule qui avait envahi la case, témoignant ainsi la vive satisfaction que causait l'éloquence du souverain. Je lui donnai quelques bouteilles de rhum et quelques têtes de tabac ; en échange, il me fit apporter un souper composé d'une corbeille de bananes [1] et d'un morceau de sanglier fumé. J'expliquai ensuite le motif de notre venue et fis appel

[1] La banane dont il s'agit ici est le principal aliment des noirs, et malheureusement trop souvent du voyageur blanc dans l'Afrique équatoriale. On en fait aussi une grande consommation dans l'Amérique du Sud et aux Antilles, États où elle remplace le pain. Elle diffère de la petite banane, dite d'Algérie, en ce qu'elle est beaucoup plus grosse et moins sucrée ; de plus, on la mange habituellement lorsqu'elle est encore verte et rôtie ou bouillie. Les Anglais l'appellent plantain, les Espagnols platano, dans les colonies françaises on la désigne sous le nom trivial de banane-cochon.

à l'habileté si vantée des Pahouins comme chasseurs de gros gibier. On me répondit par un tapage infernal qui se prolongea pendant un quart d'heure sans que je pusse me faire entendre, même de mon interprète. Quand le calme fut un peu rétabli, j'appris que les Pahouins venaient de jurer d'exterminer à mon profit tous les gorilles, tigres, chimpanzés et autres grands animaux que renfermait la forêt. Le roi commanda alors de commencer les chants et les réjouissances. Mais, à mon grand regret, au lieu de la danse au son des clochettes et du bouquin de dent d'éléphant, danse si caractéristique des Pahouins de l'intérieur, il me fallut assister à une grossière imitation de la chorégraphie du Gabon, qui n'offrait plus aucun intérêt pour moi.

Ces Pahouins-là cherchaient en toute chose à singer le Gabon. La plupart des hommes se drapaient dans des pagnes, et presque toutes les femmes avaient adopté pour coiffure le casque à la mpongwé. Autre signe bien plus caractéristique de l'invasion chez cette tribu des mœurs gabonaises : le roi m'amena sept de ses plus jeunes femmes et me pria d'en choisir une pour tout le temps de mon séjour dans le pays. Je déclinai poliment cette offre généreuse et le suppliai de me désigner un endroit quelconque où je pourrais m'étendre, car je tombais de fatigue et de sommeil. Il eut la bonté de me faire préparer quelques nattes à côté de sa couche, et je dormis du sommeil du juste jusqu'à sept heures, moment auquel il fallut procéder à la présentation solennelle de Marche, qui avait reposé dans la pirogue. Il fut obligé à son tour de donner de l'eau-de-vie et du tabac. A huit heures et demie, on entendit retentir le son d'une corne très-bruyante : « C'est Bounda ! » cria-t-on de toutes parts. En effet, c'était Bounda qui venait nous chercher. Il s'avança majestueusement au milieu de la foule et nous tendit la main sans avoir l'air d'apercevoir les Pahouins qui nous entouraient et même leur roi. Ceux-ci, au contraire, lui prodiguaient les marques d'un profond respect. Bounda nous conduisit immédiatement vers ses propriétés, qui n'étaient pas éloignées de plus d'une lieue. Il y avait une douzaine de cases construites sur une colline, au milieu de la plus belle forêt que j'aie jamais vue ; elles étaient exclusivement réservées à notre hôte, à ses femmes, à ses enfants et à ses captifs. Nous fûmes introduits dans une de ces cases toutes neuves et très-proprement faites ; elle était composée de deux compartiments et, chose merveilleuse ! renfermait deux chaises et une table recouverte d'un tapis rouge. Nous avions déjà amené un *boy* (petit domestique) de quatorze ans appelé Ouakanda et plus connu au Gabon sous le nom de Coquinda, que lui avaient donné les officiers de marine. Bounda lui adjoignit pour nous servir son fils Ragabo, gamin de quinze ans qui faisait parfaitement la paire avec Coquinda; puis il nous assura que nous serions joliment bien traités chez lui, car il avait fait venir exprès pour nous des provisions comestibles du Gabon. Ces provisions si pompeusement annoncées consistaient en un canard, une demi-livre de thé, une demi-livre de sucre et deux boîtes de petits gâteaux anglais. Le canard fut mangé le soir même à dîner. La journée se passa en préparatifs belliqueux; nous fîmes une distribution de poudre et de plomb aux hommes qui devaient chasser pour nous le lendemain. Ces braves gens témoignèrent leur ardeur et leur zèle en tirant force coups de fusil en l'air et en brûlant ainsi, en signe d'allégresse, une bonne partie des munitions qu'ils venaient de recevoir. Bounda nous présenta ensuite à ses femmes. Nous en vîmes neuf, dont l'aînée pouvait avoir quarante-cinq ans, la plus jeune dix. La dixième femme était absente parce qu'elle avait été voir ses parents; la onzième et dernière parce qu'elle n'avait que quatre ans et que jusqu'à nouvel ordre on la laissait dans sa famille. Celle-là était une petite Pahouine épousée parce que son père était un chef influent avec lequel il importait de s'allier étroitement. Bounda nous affirma que tout se passait admirablement dans son ménage : « Je ne comprends pas, nous disait-il, ces maris qui sont toujours à se disputer avec leurs femmes. Tenez, vous voyez cette grande fille-là (et il nous montrait une assez belle Gabonaise de vingt-deux ans), je l'ai épousée il y a trois ans. Deux jours après mon mariage, elle me fit une scène : eh bien, je l'ai prise tranquillement par le cou et par les pieds, brandie au-dessus de ma tête et lancée par terre. Elle a fait la morte pendant trois quarts d'heure et est restée couchée pendant quinze jours; mais, depuis ce moment-là, si vous saviez comme elle est gentille avec moi! » Nous ne cherchâmes même pas à expliquer à ce mari... énergique que son procédé pour rendre les femmes gentilles était fort répréhensible : cet homme, si intelligent pour beaucoup de choses, ne nous aurait pas compris sur ce point-là.

Après le dîner, notre hôte s'invita à prendre le thé avec nous. Il se plaignit amèrement des Pahouins. « Autrefois, nous disait-il, cette forêt était pleine d'éléphants. Ces brigands-là sont venus; ils les ont détruits en un mois : les femelles, les petits qui n'avaient pas encore de dents, ils ont tout tué! Savez-vous comment ils font, les Pahouins? Dès qu'ils arrivent dans un pays où il y a un troupeau d'éléphants, ils mettent sur leur trace vingt ou vingt-cinq chasseurs qui suivent ce troupeau nuit et jour et le perdent le moins possible de vue. Les éléphants vont toujours à peu près ensemble et circulent beaucoup; quand ils sont entrés dans un bouquet d'arbres ou dans un coin de la forêt facile à cerner et dans lequel il n'y a pas d'eau, les chasseurs qui les guettent se postent autour de cette enceinte, tirent des coups de fusil en l'air et font un tapage épouvantable. Les éléphants n'osent naturellement pas bouger de place et se tiennent cois au milieu de leur retraite. Pendant ce temps, deux ou trois hommes courent à toutes jambes pour avertir la tribu. Hommes, femmes, enfants, tous arrivent : quelquefois ils sont cinq ou six cents. Chacun se met à l'œuvre, on hurle, on tire des coups de fusil et l'on travaille. La nuit, on établit un cordon de feu autour de l'enceinte assiégée. Bientôt, en abattant des arbres de toute grosseur, en enchevêtrant les uns dans les autres d'énormes lianes, on construit une vraie palissade, absolument infranchissable, qui a souvent près d'un kilomètre de tour et tient tout le troupeau prisonnier. Alors des cases sont construites pour les veilleurs; puis ceux qui ne sont pas désignés pour ce service se retirent et attendent quelquefois quinze jours, quelquefois trois semaines, quelquefois plus. L'éléphant a constamment besoin d'eau; après en avoir été privé pendant un temps aussi long, il est donc épuisé par la soif et d'une faiblesse extrême. Après avoir célébré une grande cérémonie en l'honneur des fétiches, les veilleurs passent dans l'enceinte, par une entrée ménagée à cet effet, deux petites pirogues pleines d'une eau empoisonnée. Ce jour-là, toute la tribu est revenue. Durant la nuit, les éléphants boivent tout le contenu des pirogues et, le lendemain, ils sont stupéfiés et aux trois quarts morts. C'est alors que commence la boucherie. A un signal donné, les chasseurs se glissent près de leurs victimes, et on commence le feu, qui se prolonge bien après que le dernier éléphant est tué. Les coups de fusil pleuvent encore sur les cadavres, et on s'acharne dessus jusqu'à ce que leur peau soit percée comme un crible. « Tu comprends, nous disait Bounda, qu'on ne trouve pas longtemps d'éléphants dans un pays où ces sauvages sont venus s'établir. » Bounda avait raison; son récit nous a été confirmé par de nombreux témoins oculaires. Cette chasse ou plutôt cette destruction réglée de l'éléphant est pratiquée par toutes les diverses tribus de la race des Fans et arrivera infailliblement à faire disparaître l'ivoire du Gabon et par conséquent le commerce si important de ce produit. Notre hôte se plaignit aussi amèrement de la mauvaise foi des Pahouins dans le commerce qu'il faisait avec eux et nous raconta une foule de mauvais tours qu'ils lui avaient joués. Mais, sous ce rapport, nous le plaignions fort peu : *à bon chat, bon rat!* Bounda avait encore le bon bout dans cette lutte de corsaire contre corsaire.

Ce bon Bounda aurait bien parlé toute la nuit si nous ne l'avions pas mis à la porte pour nous jeter sur nos lits de bambous, un peu durs même pour des gens fatigués.

Le lendemain, une heure avant le jour, tout le monde était sur pied; chacun partit d'un côté différent. Ne voulant pas gêner nos chasseurs, je pris seulement un gamin avec moi. Ne connaissant pas le pays, je ne fis qu'une chasse assez ordinaire; je tuai des écureuils appartenant à plusieurs variétés différentes; parmi eux se trouvait le m'bocco ou mangeur d'ivoire (*sciurus eborivus*). D'après M. Duchaillu, qui l'a, je crois, découvert et baptisé de son nom scientifique, « il est incontestable que ce petit animal va rôder dans les bois à la recherche des carcasses d'éléphant et qu'il ronge l'ivoire, détériorant souvent les plus belles défenses ». Bien que les m'boccos soient communs dans plusieurs des endroits dans lesquels nous avons séjourné, il nous a été impossible de vérifier par nous-mêmes cette assertion. Mais j'ai vu pas mal de dents d'éléphant assez sérieusement endommagées pour perdre une partie importante de leur valeur, et les noirs m'ont affirmé que le m'bocco était l'auteur du dégât. Ce que j'ai pu constater, c'est que sa nourriture habituelle est une sorte de mango sauvage que les indigènes appellent *ipi*, et que le mangeur d'ivoire, dont la grosseur atteint souvent celle d'un petit lapin, est un excellent manger qui souvent nous a rendu les plus grands services.

Dans la même matinée, je tuai un calao huppé (*buceros albo-cristatus*) dont je fus très-fier, car c'était le premier que j'apercevais; cet oiseau, connu sous le nom d'ogoumbou par les naturels, est, disent-ils, le grand ami des singes et se tient toujours en leur compagnie. Il est certain que ses mœurs diffèrent entièrement de celles des autres espèces de calaos à la famille desquels il appartient; ainsi, il reste de longues heures perché sur des branches peu élevées, solitaire, silencieux et immobile; la présence de l'homme ne semble pas l'effrayer; les autres calaos, au contraire, vivent en troupes nombreuses au sommet des grands arbres, toujours en mouvement et caquetant sans relâche; tous sont méfiants et très-difficiles à approcher. Bien que je revinsse de bonne heure, je trouvai Marche qui, déjà de retour depuis une heure, était absorbé dans la préparation de sa chasse, à laquelle se joignaient deux grands singes déjà envoyés par Bounda. Je me mis naturellement à l'œuvre avec lui; nous avions fait installer dehors une sorte de table assez commode pour travailler en plein air; mais, pour en profiter, nous avions compté sans les fourous (on appelle fourou en mpongwé une sorte de moucheron si petit qu'on ne le voit guère que quand il est gonflé de sang). On ne saurait croire combien est douloureuse la piqûre de cet animal minuscule. Il y en avait des milliards, et Marche avait déjà la figure et les mains horriblement enflées. Ces fourous ont été pour nous un véritable supplice durant tout notre séjour dans ce pays; ils ne disparaissaient qu'à la nuit et au moment où les rayons du soleil sont le plus ardents.

Après avoir lutté pendant une journée entière, il fallut battre en retraite, changer notre atelier de place et le transporter dans le fond d'une case devant laquelle les femmes entretenaient sans cesse une épaisse fumée qui chassait les fourous, mais qui nous suffoquait à demi. En revanche, nous eûmes la joie, vers le soir, de voir revenir nos chasseurs ployant littéralement sous le fardeau de leur chasse, dont les pièces les plus remarquables étaient une grande antilope, trois espèces de singes, un chat-tigre et toute sorte de grands oiseaux; nous avons travaillé une partie de la nuit et toute la journée du lendemain sans arriver à tout préparer. Depuis ce moment jusqu'à notre départ, les jours se sont beaucoup ressemblés pour nous; levés dès l'aube, nous étions constamment occupés à la chasse ou à la préparation des pièces tuées par nous. A midi le déjeuner, à huit heures le dîner. Bounda nous avait donné comme cuisinière une de ses femmes qui, d'après lui, était un vrai cordon bleu; malheureusement, dans son idée un plat de singe était un mets des dieux, le plus succulent régal que pût savourer un gourmet ; aussi elle nous en servait à toutes les sauces. Certainement, au point de vue culinaire, rien ne diffère d'un singe comme un autre singe ; le grand singe noir à longs poils fait de l'excellente soupe et un bouilli passable, mais sa viande est horriblement dure ; le singe pain à cacheter [1], au contraire, a une chair blanche comme du lapin, mais filandreuse et trop grasse. Le singe à figure bleue n'est pas mauvais cuit dans sa peau sur des charbons ardents. Néanmoins toute cette variété ne nous empêcha pas de nous dégoûter bien vite de manger tant de macaques, et nous dûmes prier Bounda de faire changer notre ordinaire ; au reste, nous n'avons pas pâti chez lui, car il avait toujours des oiseaux de toute espèce et de temps en temps de l'antilope ou du porc-épic.

Dès le jour de notre arrivée, Bounda avait été à notre insu dire aux Pahouins que nous ne voulions plus d'eux comme auxiliaires ; la modestie n'est pas sa vertu dominante, et il était indigné de ce que nous eussions osé demander l'aide de quelqu'un quand nous avions à notre disposition des chasseurs tels que lui et les siens. Au reste, les Pahouins ne nous ont pas gardé rancune de les avoir ainsi

[1] Il doit ce nom à une tache d'une blancheur éclatante qu'il a sur son museau noir.

décommandés; leur roi vint deux fois nous rendre visite et repartit deux fois parfaitement gris, mais parfaitement content. Je rencontrais souvent ses sujets dans les bois, tantôt coupant des arbres ou préparant une plantation de bananes, tantôt chassant avec l'aide de filets et de chiens qui ressemblent identiquement à nos petits roquets; ils étaient toujours assez bienveillants pour moi et regardaient mon fusil avec une terreur respectueuse. Rien ne pouvait égaler leur stupeur lorsque j'abattais un petit oiseau au haut d'un arbre ou quelque écureuil sautant de branche en branche. Ils disaient que, pour faire des choses si merveilleuses, il fallait que j'eusse dans mon fusil un fétiche merveilleux. Un jour je trouvai une demi-douzaine de ces Pahouins accroupis au milieu d'une innombrable procession de ces fourmis appelées ntchougous, dont les colonnes serrées défilent quelquefois pendant une journée entière sans qu'on en voie la fin; au moyen d'une écuelle dont chacun d'eux était armé, ces sauvages en jetaient des milliers dans de grandes calebasses remplies d'eau très-chaude; les chasseurs de ce singulier gibier avaient le corps entièrement nu, mais enduit d'une sorte de résine qui, paraît-il, les préservait des morsures douloureuses des ntchougous. J'appris que cette espèce de fourmi, bouillie et pilée dans une grande marmite avec une herbe qui a un peu le goût de la chicorée, composait un mets dont les Pahouins sont très-friands. Certainement je préférerais cela à la chair humaine, mais c'est égal, j'aimerais mieux autre chose pour mon dîner.

Le 22 avril, entre autres gibiers, nous tuâmes un nchéri; on appelle ainsi une ravissante petite antilope dont la taille ne dépasse pas celle d'un gros lièvre. Il est impossible de trouver rien de plus gracieux dans son aspect et dans tous ses mouvements que ce nchéri. Son pelage est gris de fer, sa queue forme une sorte de panache d'une blancheur éclatante. Cet ornement, qu'il agite sans cesse et qui semble dans la broussaille un gros papillon blanc voltigeant de droite et de gauche, est bien souvent la cause de sa perte, car il le trahit aux yeux perçants du chasseur, qui sans cela auraient, à cause de sa couleur sombre, beaucoup de peine à le distinguer dans l'épaisseur de la forêt. Chose extraordinaire et que je ne puis me décider à croire malgré les affirmations de Bounda, de François, notre noir au Gabon, de beaucoup de chasseurs nègres et même d'un négociant, M. P..., qui dit avoir vu lui-même le fait, ce petit animal, si inoffensif par son apparence et par l'espèce à laquelle il appartient, aurait des goûts carnivores, ferait une guerre acharnée aux poules, dont il est tout spécialement amateur, et les mangerait sans pitié.

Le 25, Marche tomba malade; il se plaignait de

douleurs aiguës qui lui permettaient à peine de se remuer. Le lendemain, son état ne fit qu'empirer. Ce jour-là, 26 avril, Bounda, qui partait toujours au point du jour pour revenir bien après la tombée de la nuit, fit une chasse exceptionnellement bonne; outre des quantités de singes et une pintade de l'espèce rare appelée par Duchaillu *numida plumifera,* il rapportait un calago à dos roux. Ce petit animal, vraiment extraordinaire, est de la grosseur d'un écureuil; il a des yeux noirs démesurément grands, son pelage roux est plus doux au toucher que le velours, et ses petites pattes représentent en miniature, mais très-exactement, les mains d'un homme. Nous l'avons préparé avec le plus grand soin, et il a été depuis acquis par le Muséum de Paris. Le 29, je me perdis dans la forêt en poursuivant une compagnie de touracos géants; j'étais seul, à plein bois; par un hasard providentiel je trouvai un sentier, et en le suivant j'arrivai au village pahouin dont nous avions déjà reçu l'hospitalité. Je trouvai tout le monde en grand émoi. Les hommes, armés jusqu'aux dents et peints en guerre, dansaient à grand renfort de tam-tam devant une statuette grossièrement sculptée qu'ils voulaient sans doute se rendre favorable. J'appris ensuite par Bounda qu'ils se préparaient à partir pour attaquer un village voisin dont le chef avait enlevé deux femmes à leur village. Ils me firent une longue harangue que je ne compris naturellement pas, je crus seulement entendre qu'ils m'expliquaient leurs griefs contre ceux auxquels ils allaient faire la guerre. En tous cas, avec force gestes et quelques mots mpongwé, je leur expliquai mon embarras, et ils me donnèrent pour regagner mon logis une petite pirogue manœuvrée par quatre enfants de sept à huit ans, qui firent du reste très-bien mon affaire. Cependant l'état de Marche était bien loin de s'améliorer; depuis l'avant-veille il n'avait pas pu se lever de son lit de bambous dont la dureté accroissait encore ses souffrances. Durant la nuit il ne pouvait pas fermer l'œil un instant. Malgré tout, il s'obstinait à rester, car son cœur de naturaliste saignait à l'idée d'abandonner un endroit où nous faisions d'aussi belles récoltes. Mais petit à petit cet état de choses devint tout à fait intolérable, et il lui fallut se décider à la retraite que je prêchais déjà depuis quelques jours. Il lui était impossible de gagner à pied la rivière où nous avions laissé notre canot : on l'installa donc sur une sorte de brancard, et il se mit en mouvement porté par deux vigoureux Pahouins; par exemple, je ne recommanderai jamais ces gens-là comme infirmiers. Deux fois ils faillirent tomber avec leur fardeau et quatre ou cinq fois ils heurtèrent le patient contre de grosses branches d'arbre. Heureusement le trajet n'était pas long, sans quoi Marche ne serait pas arrivé tout entier. Enfin nous pûmes l'arranger tant bien que mal au fond du bateau, et nous partîmes en compagnie de Bounda et salués de tous côtés par les biambié (adieux) que nous criait une nombreuse assistance venue pour voir notre départ. A deux milles de là, Bounda nous montra une petite île de palétuviers à demi submergée : c'est là que les Pahouins de ces régions, qui ont généralement renoncé à manger leurs morts, les enterrent à la manière des Gabonais. Au moment d'entrer dans la rivière Bohuin, nous rencontrâmes trois ou quatre pirogues dans lesquelles pêchaient de nombreux Pahouins. En nous apercevant, ils se jetèrent à la nage et disparurent dans les mangliers, croyant avoir affaire à des compatriotes, c'est-à-dire à des ennemis. Bounda se mit alors à souffler dans sa corne, dont le son était connu à dix lieues à la ronde, et à crier de toutes ses forces : *E Bounda ni tangani* (c'est Bounda avec des blancs). On vit alors un à un reparaître une douzaine de ces sauvages perchés sur des palétuviers et sautant de branche en branche : ils ressemblaient prodigieusement à ces grands singes noirs auxquels nous venions pendant quinze jours de donner une chasse si meurtrière.

L'embarcation de Bounda marchait si bien que le soir même de notre départ nous étions arrivés au Gabon. Au moment où nous accostions, Cossy, le commissaire de police noir qui se trouvait sur la jetée, courut vers nous pour nous annoncer une grande nouvelle, qu'il nous donna en ces termes : « Néplion qu'il a déserté à Sedan, il a crevé en Angleterre. » J'avoue que nous ne comprîmes pas tout de suite, et que nous n'aurions probablement jamais compris, si un quartier-maître, entendant notre dialogue avec Cossy, à qui nous demandions en vain des explications, ne nous avait appris qu'il s'agissait de l'empereur Napoléon III, mort à Chislehurst. Marche fut de nouveau hissé sur le brancard, à l'avant duquel Cossy fut attelé pour le punir de sa manière extravagante d'apporter les nouvelles de France ; on le transporta à notre ancien logis, où les excellents soins du docteur Legrand, une bonne soupe grasse envoyée matin et soir par les sœurs et un repos absolu le remirent sur pied en moins de quinze jours.

CHAPITRE V

NOTRE COLONIE DU GABON.

L'estuaire du Gabon et ses habitants. — Les Boulous, les Shekianis et les Mpongwé. — Des enseignes qui n'attireraient pas les chalands en France. — Vanité fabuleuse des Mpongwé. — Mpnogwé, lui pas nègre. — Du danger d'être un grand monde. — Des empoisonneurs très-raffinés. — Le commerce de Mpongwé. — Ces dames gabonaises. — Des maris peu jaloux. — Sortilége pour adoucir le cœur des beaux-pères. — La religion des Mpongwé. — Trois divinités malfaisantes. — Comment les Mpongwé sont gouvernés. — Des rois de Pacotille. — Le roi Denis, chevalier de la Légion d'honneur et de l'ordre de Saint-Grégoire. — Splendeurs et décadence du roi Denis. — Notre établissement français au Gabon. — Aperçu historique. — Situation actuelle. — Personnel. — Budget. — Question de l'évacuation. — Le Gabon abandonné par nous deviendrait immédiatement la proie des Pahouins.

Avant de quitter la côte pour m'enfoncer dans l'intérieur de l'Afrique équatoriale, je veux consacrer un chapitre au Gabon proprement dit et à l'établissement que nous y avons formé. Après avoir donné quelques détails sur les mœurs des Mpongwé ses principaux habitants, j'examinerai rapidement la situation actuelle de notre colonie, ses ressources, son avenir, et enfin la question si controversée de savoir si nous devons continuer à occuper ce point de l'Afrique occidentale.

Quand on entre dans la vaste baie que forment à son embouchure les eaux du Gabon ; quand en s'avançant jusqu'à notre établissement de Libreville, on voit aussi loin que la vue peut s'étendre, son cours large de plusieurs milles, on croit se trouver en présence d'un fleuve dont l'importance ne le cède en rien à celle du Congo ou de l'Ogooué ; il n'en est rien cependant : à douze ou treize milles de la mer, le Gabon se rétrécit brusquement, il devient une petite rivière qu'on appelle le Como et dont la source se trouve aux montagnes de Crystal : ce n'est donc, à proprement parler, qu'un estuaire ; mais cet estuaire offre aux navires du plus fort tonnage un abri sûr et commode. Les deux rives en sont habitées par les Boulous, les Shekianis et les Mpongwé. Les Boulous et les Shekianis (hommes des bois) sont aujourd'hui peu nombreux : ils vivent presque à l'état sauvage dans les forêts ; adonnés aux superstitions les plus grossières, ils ne font guère de commerce et sont méprisés par les autres noirs. Nous les laisserons donc de côté pour nous occuper presque exclusivement des Mpongwé, peuple intéressant sous beaucoup de rapports. Il est impossible d'assigner une histoire aux Mpongwé. Chose singulière dans tous ces peuples de l'Afrique équatoriale, malgré les recherches les plus attentives, nous n'avons pu découvrir aucun récit, aucune légende, aucune tradition se rapportant à ce qui s'est passé au delà de leurs pères. Pour les Mpongwé que l'on appelle à la côte les Gabonais, la chose est d'autant plus extraordinaire qu'ils ont certainement eu une civilisation bien plus avancée que celle des autres noirs du même pays. La meilleure preuve en est la manière dont, sans avoir jamais été écrite, leur langue s'est conservée chez eux intacte avec ses déclinaisons, ses conjugaisons, ses sacrifices continuels à l'harmonie. Ils poussent du reste à un point inouï le sentiment de leur supériorité sur les peuplades qui les avoisinent : certes, jamais citoyen romain, interrogé sur sa nationalité, n'a répondu l'*Ego sum civis romanus* avec autant d'orgueil que le Mpongwé *Son mi are* Mpongwé, je suis Mpongwé. Il serait profondément humilié si on lui disait qu'il y a quelque chose de commun entre lui et un Bakalais, un Boulou ou tout autre habitant de l'intérieur. « Tais-toi donc, affreux nègre? disions-nous un jour à notre chasseur François Koëben, qui nous impatientait depuis une heure. — Moi il pas nègre, nous répondit-il furieux; moi il pas manger monde comme Pahouins; moi il connaît parler français, faire commerce, chasser; moi il né Mpongwé; Mpongwé il connaît tout comme blanc; Mpongwé il pas nègre. » Les Gabonais sont aussi extrêmement fiers de leurs agréments physiques; de fait c'est sans contredit le plus beau peuple de la côte occidentale, depuis Sierra-Leone jusqu'au Congo inclusivement. Il est vrai qu'ils ont les cheveux crépus, le nez assez épaté, et la mâchoire assez en avant, ce qui, pour nous autres Européens, ne constitue pas précisément le type idéal d'un physique séduisant, mais en revanche les hommes sont très-bien découplés et ont l'air intelligent, et les femmes sont gracieuses, ont les pieds et les mains d'une petitesse remarquable et des yeux très-expressifs. Leur beauté est du reste renommée fort loin dans l'intérieur; elles donnent le ton à l'élégance sauvage, et les modes qu'elles adoptent, spécialement les diverses variétés de cette coiffure élevée connue sous le nom de casque Mpongwé [1], sont reproduites avec toute sorte d'exagération aussi loin que nous avons pénétré dans les profondeurs de l'Afrique équatoriale; elles se chargent les jambes et les bras d'anneaux de cuivre, et le cou de colliers de perles, et se drapent gracieusement dans des pagnes de couleurs voyantes. Les hommes ne sont pas moins raffinés dans leur toilette; les élégants se coiffent de chapeaux mous, portent des chemises de couleur avec des cravates bleues et rouges et de grandes redingotes noires : seulement, la plupart n'ont pas

[1] J'aurai occasion de le décrire plus loin.

pu se décider à adopter l'usage du pantalon et le remplacent par un morceau d'étoffe bariolée dont ils s'enveloppent les reins ; c'est surtout le dimanche qu'il faut voir cette exhibition de grotesques. De tous les enseignements de la religion chrétienne, le seul que les noirs aient accepté avec enthousiasme est celui du repos du dimanche : païens et convertis mettent à se dispenser de travailler ce jour-là une égale ardeur. Dès le matin, affublés de leurs plus beaux oripeaux, et fiers comme des paons, ils circulent en masse sur la route qui mène de Libreville à Glass ; chemin faisant, ils se livrent à de copieuses libations dans tous les débits de rhum et d'absinthe qu'ils rencontrent. Inutile de dire que, avant trois heures de l'après-midi, ils sont complétement ivres, et pendant la nuit font un tapage qui nécessite souvent l'intervention de notre compagnie de Laptots. Les élégantes de Mpongwé, comme nos grandes dames de Paris, qui ne peuvent faire quatre pas sans être suivies par un valet de pied, ne sauraient circuler qu'accompagnées par deux captifs : l'un porte leur enfant, l'autre leur grand parapluie. Tout ce monde-là crève de vanité ; dès qu'un Gabonais a quelques sous, il achète un trousseau de clefs qu'il porte ostensiblement à son cou pour faire croire qu'il a des coffres ; quand ses ressources augmentent, il achète une quantité de coffres qu'il met bien en vue dans sa case pour faire croire qu'il possède énormément de marchandises. Devenir *un grand monde* est l'ambition suprême de tous. Un grand monde est celui qui a beaucoup de femmes, beaucoup de rhum, un chapeau haute forme et du crédit chez un négociant blanc. Aussitôt qu'à la suite de quelque expédition commerciale heureusement réussie, un pauvre diable devient *un grand monde*, il est aussitôt l'objet de l'envie, de la jalousie et de la haine de tous ses camarades qui ne sont pas comme lui arrivés à l'opulence : malheur à lui s'il n'est pas constamment sur ses gardes, le poison joue un rôle terrible en Afrique, et on l'emploiera pour se venger de lui ; le pauvre *grand monde* sait du reste à quoi s'en tenir, et jamais il ne prend un aliment qui n'a pas été préparé par sa première femme et goûté quelque temps à l'avance par ses autres femmes. Dans les derniers temps que nous avons passés au Gabon, cette précaution même n'avait pas pu sauver plusieurs des plus riches traitants : les empoisonneurs avaient eu l'idée diabolique de ficher en terre, devant la porte de leurs victimes, des petits morceaux de bois de la taille d'une allumette aiguisés et trempés dans un poison mortel ; ceux à qui cette embûche était tendue, rentrant le soir chez eux, écorchaient sur le piége leurs pieds nus, le germe de mort entrait dans leur sang et ils expiraient peu de temps après sans qu'on pût soupçonner la cause du mal qui les emportait : on fut longtemps avant de découvrir cette ruse infernale, mais maintenant qu'on la connaît, tous les grands monde se sont mis à porter des souliers, ce qui, par parenthèse, les gêne horriblement.

Après la vanité, la passion dominante des Mpongwé est le commerce, dans lequel ils se montrent d'une rouerie sans pareille. Lorsque M. Duchaillu était au Gabon, ils avaient absorbé le monopole du trafic avec l'intérieur, dans lequel ni eux ni leurs voisins de la côte, les Camma, ne laissaient pénétrer aucun blanc; ils réalisaient ainsi de gros bénéfices; aussi tous étaient des courtiers chez lesquels le négociant qui débarquait au Gabon allait traiter les affaires. A cette époque, la plupart avaient fait clouer sur la porte de leurs cases des pancartes annonçant leur profession : « Jacques, lui bon courtier, lui cousin à roi Denis ». Ces enseignes étaient presque toujours rédigées par les matelots; ceux-ci s'amusaient souvent aux dépens des noirs, naturellement incapables de lire ce qu'ils écrivaient; c'est ainsi qu'un voyageur a vu affiché sur une case : « Njogou, grand fripon, gros imbécile »; et sur une autre : « Rengoua, courtier voleur et ivrogne ». Aujourd'hui la profession de courtier n'existe plus, les blancs ayant, à leur immense avantage, pénétré fort loin dans l'intérieur et établi des relations directes avec ses habitants. Les ex-courtiers se sont faits traitants; ils sont généralement attachés à quelque factorerie, reçoivent des marchandises à un prix de, et vont les vendre le plus cher possible assez loin de là ; souvent aussi ils gèrent de petites factoreries dont l'importance n'exige pas la présence d'un agent blanc. On fait aux traitants des crédits assez considérables, et il leur est, malgré leur extrême bonne volonté, difficile d'en abuser, parce que leur famille restant au Gabon, le créancier a en elle un excellent otage ; selon la loi et les usages du pays, quand le mari ne paye pas, on emprisonne ses femmes jusqu'à l'acquittement complet de sa dette.

La valeur d'un homme, l'estime qu'on a de lui, le crédit qu'on peut lui faire, se cote par le nombre de ses femmes : c'est là un obstacle terrible aux progrès de la religion chrétienne ; le fils d'un chef élevé à la mission ne peut pas se conformer aux enseignements qu'il a reçus des pères, et ne prendre qu'une femme sans être de suite l'objet des railleries perpétuelles et du mépris de tous ses concitoyens. Les femmes des Gabonais ne sont pas astreintes à de rudes travaux manuels comme celles des Pahouins ou des Bakalais, qui sont de véritables bêtes de somme. Généralement leurs maris les traitent assez bien, matériellement parlant ; néanmoins il y a un certain cassingo (fouet en lanière d'hippopotame ou de lamentin) qui joue un grand rôle dans ses relations conjugales. La première femme qu'un Gabonais épouse devient sa femme chef : c'est elle qui a la surintendance et la police du sérail. La précocité des mariages et la débauche font que les Gabonaises sont généralement peu fécondes. Au Gabon, dit M. Griffon du Bellay, une jeune fille est parfois mariée à dix ans, mère à quatorze et vieille à vingt. Il y a quelques années, les mariages entre cousins et souvent entre habitants d'un même village, à cause des liens de parenté qui pouvaient exister entre eux, étaient sévèrement interdits; mais aujourd'hui on n'y regarde plus de si près, et les mariages entre cousins sont assez fréquents. Il est bien entendu qu'au Gabon comme au Camma le mariage est une simple affaire commerciale : on achète une femme comme on achète une pirogue, un esclave ou une dent d'ivoire. «Lorsque la négociation traîne en longueur, ou que le beau-père se montre trop exigeant, le prétendant se décide à recourir aux féticheurs, qui se livrent à des incantations infaillibles. Certains philtres font merveille en pareille occasion : une plante nommée *odépon* a une vertu particulière pour ouvrir à l'indulgence » (ou plutôt au rabais) le cœur du beau-père. Une clause singulière de ces marchés matrimoniaux, c'est que très-souvent le gendre est obligé de donner à son beau-père, en échange de la femme qu'il reçoit, une de ses propres sœurs que celui-ci épousera à son tour. (Griffon du Bellay, *Tour du monde.*) Comme tous les autres peuples de l'Afrique équatoriale, les

Gabonais ne connaissent pas la jalousie; d'après eux, une femme ne doit jamais refuser un amant qui la paye suffisamment; si par hasard elle y mettait de la mauvaise volonté, son mari l'en dégoûterait le cassingo à la main. Au reste, en remplissant certaines formalités et en payant certaines redevances au mari, un homme peut toujours devenir l'amant reconnu par la loi d'une femme mariée; cet amant s'appelle *conguié*, et le mari est légalement obligé de le tolérer. Pour en finir avec les ménages gabonais, disons que les femmes sont d'une paresse, d'une ivrognerie et d'une inconduite dont rien ne peut donner une idée, et que si quelque chose peut être dans l'ordre moral au-dessous d'un Gabonais, c'est une Gabonaise.

Il est très-difficile de se rendre compte de la religion des Mpongwé, comme du reste de celle de tous les peuples qui habitent l'Afrique équatoriale : d'abord, comme l'a très-bien dit M. Duchaillu, les noirs, sur ce point comme sur quelques autres, sont fort peu communicatifs, ensuite il est certain qu'ils seraient extrêmement embarrassés eux-mêmes s'ils étaient obligés de définir leurs croyances, même d'une manière très-approximative; le mot *Aniambié*, que les missionnaires ont emprunté à leur langue pour exprimer l'idée de Dieu, ne désigne certainement pas dans la pensée des indigènes quoi que ce soit qui corresponde à un être suprême et tout-puissant. Je crois qu'Aniambié n'est pour eux qu'un grand fétiche dans le genre de Mbuiri et de Iassi, sortes de génies ou plutôt de démons qui ont le pouvoir de faire pleuvoir des maux affreux sur ceux qui leur déplaisent, et qu'on cherche à apaiser par toute sorte d'offrandes et de cérémonies. Il est bien certain que la religion des nègres de l'Afrique équatoriale est, si je puis m'exprimer ainsi, une religion de terreur. Ils ne connaissent pas de créateur qui les ait faits, qui les protége, qui veille sur eux, et auxquels ils adressent des prières avec amour et reconnaissance; ils n'ont même pas de puissance surnaturelle, de laquelle ils implorent et attendent des faveurs, ou des bienfaits d'une nature quelconque; en revanche, ils croient vivre dans une atmosphère d'esprits malfaisants, toujours prêts à leur jouer les tours les plus désastreux, s'ils n'arrivent pas à apaiser leur fureur. Ils ont peur des démons, peur de l'âme des morts, peur surtout des magiciens. Une foule de choses chez eux sont *roonda*, c'est-à-dire fétiches : telle île est roonda; si vous y mettez le pied, vous serez puni par les esprits qui la protégent; tel oiseau est roonda; si vous le tuez, tous les malheurs fondront sur vous; chaque famille a une viande qui est roonda pour elle [1]. Si un de ses membres venait à en manger, il serait puni de mort

[1] Pour notre chasseur Koëben, c'était le sanglier; pour N'Combé, le roi Soleil, la chair du crocodile.

instantanée. Aussi, pour se préserver des maux de toute sorte que peut faire tomber sur ces gens-là une telle collection de divinités malfaisantes, ils se couvrent le corps de talismans et de gris-gris de toutes sortes, et ont sans cesse recours aux féticheurs qui se livrent à l'étude de la magie et acquièrent une immense influence. J'aurai souvent occasion de revenir sur cette question des superstitions, qui joue un rôle énorme dans la vie des noirs; je me suis donc borné à en indiquer ici l'esprit général.

Chaque village mpongwé est gouverné par un chef qui prend impudemment le titre de roi (ôga), bien que généralement il ne soit, comme ses sujets, qu'un simple traitant ex-négrier, ex-courtier, dont la principale occupation est de chercher à voler les négociants qui l'emploient, à spéculer honteusement sur les charmes de ses femmes et à mendier sans vergogne du rhum et du tabac à tous ceux qui viennent le visiter. Autrefois cependant il y avait parmi ces ôga des hommes puissants, riches en esclaves et en autorité et exerçant une influence considérable sur les affaires de leur pays; parmi eux il convient de citer le roi Georges et surtout le roi Denis; le roi Georges est mort. Le roi Denis, aujourd'hui un vieillard presque centenaire, n'est plus que l'ombre de lui-même et voit peu à peu les restes de son prestige s'enfuir avec ses forces; néanmoins il serait injuste de ne pas lui consacrer quelques lignes dans un chapitre sur le Gabon, car il a exercé sur son pays et sur les pays environnants une grande autorité, et ce qui est plus extraordinaire, une autorité salutaire. Il faudrait chercher à bien, bien des lieues à la ronde, pour trouver un nègre aussi honnête que lui. Longtemps avant l'arrivée des Français il était déjà célèbre, non-seulement parmi ses sujets, mais encore chez un grand nombre de peuplades de l'intérieur et du littoral pour son habileté dans le commerce, le commerce des esclaves, il est vrai, pour sa prudence, et au besoin pour sa bravoure. Au moment de la création de notre établissement, le premier chez les Gabonais, comme plus tard N'Combé le premier chez les Gallois, il comprit les avantages immenses que son pays pourrait retirer du séjour des blancs. Aussi il prit une part importante aux négociations qui ont amené la cession du Gabon, se montra sans cesse notre ami dévoué et se conduisit si bien vis-à-vis de nous qu'on le nomma chevalier de la Légion d'honneur ; il a beaucoup protégé les missionnaires et, bien que fétichiste lui-même, a fait élever chez eux une partie de ses enfants, ce qui lui a valu une décoration de Rome ; enfin, les services qu'il a rendus à des naufragés anglais lui ont fait envoyer par la reine Victoria une énorme couronne d'or dont il est on ne peut plus fier, et de splendides uniformes. La France a aussi largement contribué à monter sa garderobe, et, dit M. Griffon du Bellay qui l'a connu au temps de sa splendeur, « peu de gens peuvent se vanter d'être si bien vêtus. Tout récemment, lorsqu'il s'est agi d'étendre notre autorité sur les populations du cap Lopez, auprès desquelles sa renommée de prudence et de sagesse lui a donné un grand crédit, c'est lui qui s'est chargé de la négociation du traité, et dans cette occasion solennelle, il a pu pendant près de six semaines apparaître à ses sujets émerveillés, chaque jour dans un costume nouveau, et chaque jour plus brillant que la veille : aujourd'hui en général français, demain en marquis de Molière, plus tard en amiral anglais, et toujours la tête ornée d'une perruque, qui n'est certes pas la partie de son costume à laquelle il attache le moins d'importance, car cette parure n'est pas encore devenue pour les chefs indigènes aussi banale que les uniformes militaires. » Ce brave roi Denis, si luxueux dans ses habits, n'a pourtant pas pu se décider à quitter la case que lui a léguée son père, pour s'en faire faire une dans le genre de celles qu'habitent les Européens à Libreville. Chargé d'années et d'infirmités, il voit s'écrouler la demeure de ses pères, sa puissance et le respect dont sa famille avait toujours été entourée. Le pauvre homme a vécu trop longtemps; aujourd'hui il végète malade et sans forces, son autorité est perdue, sa maison tombe en ruine, ses fils sont de misérables ivrognes; aussi une profonde tristesse s'est-elle emparée de lui; néanmoins il a conservé ses anciennes traditions d'hospitalité ; le visiteur, le visiteur français surtout, est sûr d'être accueilli par lui avec une extrême cordialité, et sa figure s'illumine lorsqu'on lui demande à voir les cadeaux qu'il a reçus des souverains européens. Avec lui s'éteindra le dernier des rois du Gabon ; car Pyrrha, Kringer et autres mendiants *ejusdem farinæ*, abrutis par le vice et par la débauche, honnis par leurs propres sujets, ne peuvent à aucun titre être appelés des rois, pas même des rois mpongwé.

Maintenant que j'ai présenté au lecteur ses concitoyens les Mpongwé et leurs monarques, je vais consacrer quelques lignes à notre colonie du Gabon qu'ils habitent : à la suite du traité fait avec les chefs du Gabon et notamment avec les rois Denis et Georges par M. l'amiral Didelot et par le commandant Bouët-Villaumez en 1841, M. le commandant de corvette de Montlion prit possession, au nom de la France, de la baie du Gabon et de la région baignée par ses nombreux affluents. On bâtit sur la rive droite un fort, un hôpital, quelques cases en planches destinées aux employés de l'administration, et *le palais* du gouvernement, une grande maison de si belle apparence qu'elle frappe de stupeur les chefs qui viennent de l'intérieur pour voir le commandant; plusieurs d'entre eux disaient au commandant Garrot qu'elle n'avait pas pu être faite par la main des hommes, mais seulement par celle du diable. Deux ans après s'élevèrent non loin de la mission catholique la maison des Sœurs, les établissements de quelques négociants français; les cases des noirs du Congo arrachés par nous aux mains des négriers s'y joignirent, et l'on eut ainsi les éléments de notre petite ville de Libreville. Les négociants anglais et allemands se concentrèrent à deux milles de là sur les bords de l'estuaire autour de la mission américaine et du village du roi Glass, qui a donné son nom à l'endroit qu'ils habitent. Ainsi fut créée la petite colonie du Gabon; tandis que la baie devint une station navale, on installa à Libreville une petite garnison composée d'une compagnie d'infanterie de marine et d'une compagnie de tirailleurs pour protéger notre établissement; du reste, notre autorité fut reconnue sans aucune contestation, et la conduite des naturels, à part quelques cas de pillage et de vol à main armée, ne nécessita que de très-rares interventions militaires. L'arrivée des Pahouins et leurs mœurs plus que turbulentes ont un peu compromis la tranquillité qui régnait de tous côtés, mais comme il nous est impossible, avec une poignée d'hommes, d'aller dans les profondeurs de leurs forêts les punir des méfaits qu'ils commettent, nous nous bornons à mettre Libreville à l'abri d'un coup de main et à protéger ceux de nos alliés qui vivent dans notre voisinage immédiat. Aussi les officiers de notre marine, dont le rôle se borne forcément à promener notre pavillon dans l'estuaire, dans le Fernand-Vaz et dans l'Ogooné, ont sans cesse occupé et occupent encore leur activité à explorer et à bien faire connaître les pays qui dépendent de nos possessions. Les découvertes les plus importantes sont dues à un grand nombre d'entre eux, et l'on ne saurait citer avec trop d'éloges les travaux de MM. Génoyer, Serval, Albigo, Touchard, Griffon du Bellay, etc.

A la suite de la guerre de 1870 on fut dans la stricte nécessité d'opérer de grandes économies dans le budget de notre malheureux pays, celui des colonies notamment dut être considérablement réduit. Les conséquences s'en firent immédiatement sentir sur tous nos établissements de la côte occidentale d'Afrique : l'escadre a été retirée, le budget local de quatre cent quatre-vingt-huit mille francs pour *la Côte-d'Or* et *le Gabon* a été réduit à soixante-deux mille francs, le personnel considérablement diminué; en voici la composition actuelle : 1° Un commandant particulier, capitaine de frégate commandant en même temps le ponton, hôpital et magasin mouillé devant Libreville et appelé à remplacer le commandant supérieur durant son absence, ce qui, dans les conditions actuelles, a lieu la plus grande partie de l'année; 2° un aide-commissaire portant le titre de secrétaire colonial, secondé par trois ou quatre commis ou écrivains et dont les attributions sont, sur une petite échelle, celles dévolues dans nos colonies au directeur de l'intérieur; 3° un trésorier-payeur; 4° un agent auxiliaire des ponts et chaussées à la nomination de commandant supérieur, chargé de l'entretien des édifices et routes, enfin quelques agents subalternes détachés du ponton et appelés soit à exercer les fonctions de commissaires de police, soit à recouvrer les impôts et les droits de douane (Escande, *Revue coloniale*). Le commandant du *Gabon* exerce aussi les fonctions de juge de paix. Tous les jours, de neuf heures à onze heures, il entend les récriminations des noirs, et ce n'est pas le moindre de ses tracas. Dieu sait ce qu'il lui faut écouter d'histoires! les bananes volées, les femmes enlevées, les maris trompés, les amants auxquels on réclame un payement exagéré, les coups de nerf d'hippopotame trop abondamment distribués par les époux à leurs épouses, etc. Tout cela donne lieu à d'interminables palabres qu'il lui faut trancher, Dieu sait d'après quelle jurisprudence! Les voleurs et autres coupables sont condamnés aux travaux publics : ils vont deux par deux enchaînés l'un à l'autre. Le gouvernement ne leur donne que trois sous par jour pour leur nourriture; aussi ils vivraient très-mal si la sympathie que leurs méfaits inspirent à beaucoup de gredins de leur espèce ne leur valait de nombreux cadeaux de bananes et de poissons. Leur principale occupation est de couper l'herbe dans le jardin du commandant et sur la route de Libreville à Glass : autant vaudrait rouler la pierre de Sisyphe ou remplir le tonneau des Danaïdes, car dans ce pays de végétation exhubérante, à peine ont-ils fini d'un côté qu'il leur faut recommencer de l'autre ; au reste, ils ne se pressent pas beaucoup : leurs gardes-chiourme sont des nègres armés de nerfs d'hippopotame, mais féroces seulement en apparence; quand ils voient passer un blanc, ils agitent leur fouet en l'air et crient de toutes leurs forces aux condamnés : « Coupe! coupe! coupe! » Mais aussitôt que le blanc a disparu de l'horizon, prisonniers et cornacs se rassoient et font tranquillement la causette ensemble.

J'ai dit que le budget alloué par la France au gouvernement local n'était plus que de soixante-deux mille francs. Là-dessus, il accorde une subvention de vingt mille francs à notre mission catholique; il consacre une somme d'environ dix mille francs aux cadeaux que l'on fait aux chefs indigènes, et vingt-deux mille francs à l'entretien des édifices et surtout des routes. Le reste des dépenses de la colonie est payé par le produit des droits de différentes natures que nous percevons au Gabon : ces droits consistent en divers impôts fonciers, mobiliers, et de patente; en un droit d'emmagasinage sur les poudres, enfin et surtout, en un droit de 4 pour 100 *ad valorem* sur les marchandises exportées. Les revenus donnés par la douane sont susceptibles d'acquérir une beaucoup plus grande importance que celle qu'ils ont actuellement; d'abord parce que les taxes établies par nos tarifs, plus minimes que celles qui sont perçues dans toutes les colonies anglaises et portugaises de la côte d'Afrique, peuvent facilement être augmentées, ensuite parce qu'on éviterait la fraude qui se fait en ce moment sur une vaste échelle, en créant un poste douanier sur la rivière Monda et sur l'Ogooué.

La division de l'Atlantique Sud, qui était au moment de notre séjour commandée par M. le contre-amiral Le Couriaut du Quilio, vient généralement deux fois par an au Gabon et y séjourne deux ou trois semaines chaque fois; de là elle se rend à Grand-Bassam, puis au Sénégal. Le ravitaillement de la colonie, et le rapatriement des hommes qui avaient fini leur temps ou qui étaient trop malades pour rester sans danger sous ce climat insalubre, étaient à cette époque opérés par un transport à voile, *l'Entreprenant*, qui faisait le service de Dakar au Gabon : il est vivement à désirer que l'*Entreprenant* fasse place à un vapeur; ses traversées duraient souvent cinquante-cinq, soixante et même soixante-six jours, et nous avons vu souvent les officiers de marine malades et obligés d'attendre des mois avant de pouvoir partir.

J'ai exposé sommairement l'historique de notre petite colonie du Gabon, la composition de son personnel et les ressources dont elle dispose. Il me reste à traiter une question délicate, qui, dans ces derniers temps, a soulevé d'assez vives polémiques et sur laquelle s'est partagée l'opinion des hommes qui s'intéressent le plus à l'avenir de nos possessions d'outre-mer. Doit-on conserver notre établissement là-bas tel qu'il est? doit-on l'abandonner entièrement? doit-on, au contraire, lui rendre l'importance qu'il avait avant la guerre? A la fin de 1873, l'évacuation du Gabon était chose décidée; elle était annoncée par les journaux, tous les officiers de la station en avaient reçu l'avis officieux, et, si je ne me trompe, tout avait été préparé au ministère pour qu'elle eût lieu au mois d'août suivant. « A quoi bon, disaient les promoteurs de cette réforme, dépenser notre argent et détruire la santé de nos braves marins et de nos employés coloniaux pour cet établissement dont nous ne tirons et ne retirerons jamais aucun profit? L'expérience en est faite; la *malaria* ne permettra jamais à un Européen de s'y acclimater, et la paresse incurable des Gabonais rend toute exploitation agricole impossible. Sans doute, il s'y fait un commerce assez actif de caoutchouc, d'ivoire et d'ébène, mais ce commerce est entre les mains de maisons anglaises et allemandes. Depuis trente-trois ans nous faisons ici des sacrifices et des dépenses, sans avoir vu s'établir là-bas plus de deux ou trois maisons françaises dont une seule a de l'importance. D'ailleurs, partout ailleurs que sur les terres qui touchent Libreville, notre autorité est purement nominale ; ce n'est pas avec une compagnie de tirailleurs sénégalais que nous pouvons réprimer l'impudence des Pahouins et les désordres qui se produisent seulement à vingt lieues dans l'intérieur; nous n'en avons que trop eu la preuve dans ces derniers temps. Il vaut donc mieux abandonner tout à fait la position que de compromettre le crédit de la France en prétendant être le maître d'un pays dont les habitants savent fort bien pouvoir se jouer impunément de nous ». — Tous ces arguments sont malheureusement très-vrais : il serait puéril de se le dissimuler ; jamais, au point de vue de la colonisation, le Gabon, avec un pareil climat et de pareils habitants, ne donnera de bien bons résultats ; on ne saurait donc trop approuver les mesures qui ont été prises pour réduire à leur plus simple expression, si je puis parler ainsi, le personnel et les dépenses ; mais néanmoins je suis de ceux qui auraient vu avec grand chagrin l'abandon complet du Gabon, et qui ont applaudi à la récente décision du ministère par laquelle cet abandon a été indéfiniment ajourné. En voici les raisons : d'abord, au point de vue budgétaire, la question est sans importance, la somme totale affectée au Gabon n'étant que de soixante-deux mille francs, dont on doit déduire la dépense de l'aviso à vapeur qu'il faudrait toujours entretenir ; des réformes douanières dont j'ai déjà parlé et sur lesquelles je reviendrai, permettront facilement au Gabon de subvenir à ses dépenses par ses propres ressources, et seraient acceptées de grand cœur par les négociants qui craignent avant tout d'être délaissés.

Au point de vue maritime, la baie du Gabon, d'une profondeur de trente milles environ sur sept milles de largeur, offre un port spacieux et magnifique ; il n'est pas douteux, comme l'a très-bien dit M. Escande, que si nous n'occupions plus le Gabon, il nous faudrait faire choix d'un autre point de ravitaillement pour la division de l'Atlantique Sud, et y établir un ponton. A un autre point de vue, sur lequel je ne puis pas trop insister parce qu'il m'intéresse un peu trop directement, il est extrêmement désirable que la France garde un poste au Gabon. Dans ce grand mouvement de découvertes et d'études en Afrique, auquel les voyageurs anglais, allemands et même italiens ont pris et prennent chaque jour une part si active, un seul pays a été laissé à la France, c'est l'Afrique équatoriale ; c'est le seul point sur lequel notre pavillon a devancé les autres nations, et c'est aussi, selon toute probabilité, la seule route pour pénétrer par l'Occident au cœur de l'Afrique ; nous l'avons compris, et en ce moment des expéditions françaises s'organisent pour en profiter ; mais au moins faut-il que la France n'abandonne pas cette station, d'où elle peut les soutenir de son crédit, les escorter, leur faciliter une partie de la route et les recueillir à leur retour.

Au reste, en dehors de toutes ces raisons de conserver le *statu quo* au Gabon, il y en a pour moi une qui les prime toutes : c'est une question de dignité, d'humanité et de justice. Nous avons dans notre colonie une mission catholique appelée par nous, fondée sous nos auspices, et qui, depuis trente-deux ans, s'est consacrée avec un véritable héroïsme à fonder ce bel établissement auquel je réserve plus loin une étude spéciale ; nous avons une mission protestante qui a fait les efforts les plus louables et qui est digne de respect à tous égards; nous avons des négociants, la plupart étrangers, il est vrai, mais qui sont venus s'établir sous notre protection et sous la sécurité que leur offrait notre pavillon ; enfin nous avons les noirs de Libreville et de Glass, gens peu estimables, c'est vrai, mais enfin qui nous ont cédé leur territoire pour être défendus par nous, et sur lesquels nous avons le droit de compter. Que deviendra tout ce monde-là le jour où nous abandonnerons le Gabon ? Il y a dix ans, nous aurions pu nous retirer sans inconvénient, au-

Vue de Libreville, l'établissement français au Gabon.

Dessiné par M. Breton, d'après une photographie de Jouque.

jourd'hui nous ne le pouvons plus sans entraîner des désastres imminents. Il est certain pour tout homme clairvoyant que les Pahouins, que nous avons grand'peine à contenir en ce moment, et qui nécessitent de notre part de fréquentes expéditions, dont les masses vont sans cesse grossissant autour de notre établissement, dont les ressources s'épuisent de plus en plus, se précipiteront, peu de temps après le départ de notre petite garnison, sur le pays dont ils convoitent les richesses et la prospérité, et alors malheur aux missionnaires, malheur aux négociants, malheur aux indigènes ! Il n'est pas un noir, même au Gabon, qui ne se rende compte de ce danger terrible et qui ne tremble lorsqu'il entend dire que les Français vont quitter son pays. Je crois qu'il est de notre honneur de ne pas abandonner à lui-même, dans une pareille situation, ce terrain sur lequel notre pavillon a si longtemps flotté.

J'ai exprimé mon opinion en toute sincérité; j'espère que mes bons amis les officiers de marine ne m'en voudront pas de ce petit plaidoyer en faveur d'une station réputée à juste titre la plus malsaine, la plus désagréable et la plus triste de toute les stations navales.

CHAPITRE VI

LE PAYS DU ROI-SOLEIL.

Arrangements pour notre départ dans l'intérieur. —Nous montons notre maison. — Le Delta. — Arrivée au cap Lopez.— *Si vis pacem, para bellum.* — Une favorite du roi-Soleil. — Adanlinanlango et l'épicier Sinclair.—Face à face avec N'Combé le roi-Soleil. — Installation et réjouissances. — Ne pas se fier au rire perpétuel de Sa Majesté N'Combé. — Visite au roi d'en face. — Rénoqué, le monarque aveugle. — Des neveux très-carottiers. — Excursion dans le Haut-Ogooué. — La Pointe Fétiche. — Premiers établissements des Bakalais. — Un peuple très-peu sociable. — Les villages fortifiés. — Rencontre d'une négresse toute blanche. — Sam-Quita et les Pahouins. — Retour chez N'Combé. — Le sérail du roi. — Manière de châtier les femmes qui lui font des infidélités gratis. — Coiffures de ces dames. — Le roi boit avec enthousiasme de l'alcool à quatre-vingt-dix degrés. — Le Trianon du roi Soleil. — Chasse à l'antilope et au calao. — Un accident fâcheux. — On me donne un charivari. — Le roi dissèque solennellement un cadavre. — C'est la faute du mort. — Nouvelle méthode pour préserver les dames de la vermine.

Comme je l'ai dit plus haut, il entrait dans notre plan de campagne de partir dès le commencement de juin pour faire un premier voyage dans l'Ogooué. Nous avions choisi pour notre quartier général Adanlinanlango, résidence de N'Combé, le roi-Soleil, au confluent de l'Ogooué avec le N'Gounié. C'est le dernier point atteint par M. Aymès dans son exploration avec le *Pionnier*, le dernier point aussi sur lequel les négociants ont des factoreries. De là nous étions admirablement placés pour compléter les lacunes importantes laissées par nos devanciers dans l'étude de ces pays; car si le cours du fleuve était connu jusqu'au confluent, il était loin d'en être de même des rivières qu'il reçoit, des grands lacs qui l'avoisinent et des mœurs des tribus qui habitent ses bords. On était à ce sujet resté dans une ignorance à peu près complète. Nous avions donc là un champ d'études qui promettait des découvertes très-intéressantes. D'ailleurs, il était de toute importance pour nous de nous assurer le concours du roi N'Combé et de ses sujets pour notre départ définitif dans l'intérieur.

Dès notre retour du pays des Pahouins, nous nous étions mis à préparer tout ce qui nous était nécessaire pour cette première expédition. Notre tâche fut bien simplifiée par les ressources que nous offrait la factorerie de M. Walker à Adanlinanlango, factorerie où nous devions trouver à peu près toutes les marchandises indispensables dans un pays où l'argent est inconnu. M. Walker eut la gracieuseté de nous laisser ces marchandises à 50 pour 100 au-dessus du prix coûtant en Angleterre, ce qui, si l'on considère les frais énormes de transport, pouvait être regardé comme un grand avantage pour nous. La question du personnel à emmener était très-délicate. Après bien des tâtonnements, nous fîmes les enrôlements suivants : 1° grand veneur, François, fils du roi Koëben, bonhomme et connaissant assez bien la chasse des oiseaux, mais très-grand seigneur, paresseux, dédaignant les travaux d'un ordre inférieur, et têtu comme un Gabonais; 2° chef cuisinier, Chico, ex-esclave portugais parvenu seulement à la moitié de la croissance moyenne, aussi petit d'esprit que de corps, ignare pour la cuisine, horriblement susceptible, toujours prêt à se redresser comme un coq de combat, mais chrétien, travailleur acharné, dévoué comme un caniche et précieux pour signaler les conspirations ou les méfaits des autres noirs; 3° boys à tout faire, Ouakanda, dit Coquinda, et Joseph Ragabo, fils de Bounda, *arcades ambo*, c'est-à-dire tous deux ivrognes et vicieux, mais adroits comme des singes et assez disposés à travailler. Le commandant Garrot voulut bien nous donner des lettres dans lesquelles il enjoignait aux rois et chefs de l'Ogooué de nous traiter comme si nous étions ses propres fils.

Le départ définitif fut fixé au 3 juin. Les officiers de la frégate nous donnèrent le matin un déjeuner d'adieu et nous reconduisirent à bord du bateau de M. Walker. Nous nous embarquâmes au milieu d'une immense hilarité causée par l'arrivée du cuisinier Chico, vêtu d'un vaste gilet blanc à manches bleues et coiffé d'un chapeau aussi haut que lui. M. Walker lui-même nous accompagnait jusqu'au cap Lopez. Son bateau, *le Delta*, un petit vapeur en miniature, destiné surtout à remorquer dans les rivières des chalands de marchandises, avait pris ce jour-là un aspect tout à fait belliqueux : un énorme pavillon français flottait à l'arrière; à l'avant brillaient au soleil deux petits canons chargés jusqu'à la gueule; à côté des canons, installés sur des sortes de fourches, trois gros tromblons espagnols pleins de chevrotines; les hommes de l'équipage avaient des carabines Snyders, et nous-mêmes nous étions armés jusqu'aux dents. C'est que nous nous attendions à être attaqués. Furieux de perdre les bénéfices qu'ils retiraient en servant d'intermédiaires aux blancs dans leur commerce avec les Gallois, les Inengas et autres tribus de l'intérieur, les habitants du cap Lopez avaient fait écrire au commandant une lettre signée de la marque de leurs principaux chefs, dans laquelle ils déclaraient qu'ils ne voulaient plus que M. Walker remontât l'Ogooué ou y envoyât des marchandises; puis ils s'étaient réunis en masse sur les bords du fleuve, décidés, disaient-ils, à en défendre le passage par la force. Comme ils avaient déclaré, dans leur lettre au commandant, n'agir ainsi que parce qu'ils avaient à se plaindre personnellement de M. Walker, le commandant pria ce dernier de ne pas remonter la rivière cette fois, afin d'éviter autant que possible l'effusion du sang. Nous prîmes donc congé de M. Walker à Yombé. Yombé est à environ trente milles de l'endroit où l'ennemi était réuni. Nous y passâmes deux jours, et durant ce temps de nombreux espions vinrent nous y trouver, sous prétexte de nous présenter leurs hommages. Nous eûmes bien soin de leur montrer nos canons, nos caissons, nos balles explosibles, etc.; ils apprirent que nous étions résolus à nous défendre énergiquement, et que, d'ailleurs, nous n'étions pas des Anglais, mais des Français, amis particuliers du grand chef. Comme nous l'avions pensé, ils retournèrent chez ceux qui les avaient envoyés et les effrayèrent si bien que ceux-ci changèrent de tactique et remirent l'attaque au prochain voyage du *Delta*[1]. Nous pûmes donc passer en paix, nous applaudissant toutefois d'avoir suivi le fameux axiome : *Si vis pacem, para bellum.* Nous n'étions pas les seuls passagers du *Delta :* outre l'agent de M. Walker, un mulâtre fort intelligent, appelé M. Amoral, il y avait une passagère en grand renom de beauté sur tout le cours de l'Ogooué : elle s'appelait M'Bourou et était la première favorite des trente-quatre femmes du roi-Soleil. Des cadeaux

[1]On verra dans la suite de ce récit les conséquences qu'a eues cette attaque.

importants de marchandises et des promesses considérables de rhum avaient décidé le monarque à la mettre pour six mois en pension chez un négociant blanc du Gabon; les six mois étaient écoulés et M'Bourou revenait maintenant fort à contre-cœur, il est vrai, chez son royal époux; elle s'enivra deux jours pour noyer son chagrin. C'est, du reste, la fille la plus intelligente que nous ayons rencontrée dans ce voyage, et elle exerce non-seulement sur son mari, mais encore sur tout le pays, une influence très-salutaire aux blancs. A Angola, le premier village qu'on rencontre en remontant l'Ogooué, notre vapeur fut accosté par une pirogue dans laquelle était un gros nègre avec plusieurs femmes; comme il avait un ventre énorme, une sorte de tablier blanc et un long couteau à la ceinture, je le pris d'abord pour un maître d'hôtel, mais on m'apprit que c'était le roi du pays qui venait nous saluer et nous offrir sa nièce et deux de ses plus jolies femmes. Notre refus le déconcerta beaucoup, mais une bouteille de rhum lui rendit sa bonne humeur, et il partit content.

Nous marchions très-lentement, car notre tout petit vapeur, qui traînait derrière lui trois gros chalands de marchandises destinées à la factorerie, avait beaucoup de peine à lutter contre la violence du courant. Les noirs, qui filent très-vite dans leurs pirogues souvent pagayées par un seul homme, nous accostaient constamment pour offrir de vendre des ananas, du poisson et d'autres denrées; l'un d'eux, manœuvrant trop lentement au moment où il nous quittait, se trouva pris sous le premier des chalands et sa pirogue fut broyée. Nous le croyions perdu, mais il plongea sous les trois embarcations et reparut à trente mètres de là, sans même avoir lâché sa pagaie. Le 11 juin, après de grandes difficultés, car la force du courant augmentait à mesure qu'on remontait le fleuve, nous arrivions à Adanlinanlango, et nous débarquions à la factorerie que M. Walker a fait construire dans cet endroit, sur les rives mêmes de l'Ogooué. Le gérant de la factorerie arriva aussitôt à notre rencontre. En ce lieu sauvage, où nos plus hardis explorateurs ont, pour la première fois, pénétré il y a six ans, et où il faut rester sept où huit mois sans lettre et sans communication aucune avec le monde civilisé, qui pouvait être ce blanc, vivant là, seul, toute l'année, dans sa case de bambous infectée de moustiques, ne voyant jamais d'autre visage que ceux des sauvages gallois ou bakalais? Sans doute, direz-vous, c'est quelque coureur des bois, quelque misanthrope qui est venu se plonger dans un exil volontaire, ou bien quelque *desperado* que la société a rejeté de son sein. Eh bien, non, c'était un jeune « grocery dealer » (épicier) à la figure placide, qui vint au-devant de nous les pieds dans des pantoufles en tapisserie, une calotte de velours brodé sur la tête et la plume à l'oreille. Il est là à sa factorerie, dont il ne sort jamais, du reste, pesant son caoutchouc ou son ivoire, pliant et dépliant ses étoffes avec la sérénité d'un chef de rayon de la *Redingote grise*. Il n'a jamais tiré un coup de fusil, jamais été à un kilomètre de son magasin, et ne soupçonne pas les mœurs des gens qui l'entourent. Dans trois ans, quand son temps sera fini au Gabon, la maison Hatton et Cookson[1] l'enverra à ses comptoirs des Indes; des Indes il ira en Chine et reviendra en Angleterre sans avoir vu autre chose que le prix des denrées coloniales; et il y en a des milliers comme cela dans la Grande-Bretagne! La factorerie qu'il gère est, comme je l'ai dit, à quelques pas de l'Ogooué, tandis que le village d'Adanlinanlango s'étale à quelques centaines de mètres plus loin sur une colline au sommet de laquelle sont les cases du roi, de ses femmes et de quelques-uns de ses esclaves. C'est là que se trouvait notre future résidence, une grande case en bambous appartenant à M. Walker, et mise par lui à notre disposition.

Nous devions déjeuner à la factorerie, et j'étais tranquillement assis sur un baril de caoutchouc, écrivant quelques notes, lorsque je me sentis frappé

[1] M. Walker est le représentant général de la maisou Hatton et Cookson, à qui appartiennent ces factoreries et qui a des établissements dans le monde entier.

lourdement sur l'épaule. En me retournant, je me trouvai face à face avec N'Combé, le roi-Soleil : c'était un homme d'une taille énorme et d'une figure toute joviale; il était revêtu d'une immense robe de chambre de popeline écossaise à brandebourgs noirs, entièrement déboutonnée, afin de laisser admirer sa chemise blanche sur laquelle brillaient une broche et trois gros diamants fabriqués à Hambourg à deux pour un sou. Son pagne, d'un rouge éclatant, était un peu plus court que la décence ne l'aurait voulu. Autour de son cou flottait une ample cravate taillée dans un vieux rideau. Il tenait à la main une canne de tambour-major, et son chef était orné d'un chapeau dit *tuyau de poêle*, cerclé d'un gros galon d'or, au milieu duquel étincelait un magnifique soleil en or. Cette allusion délicate au nom du roi était due à la munificence de la maison allemande, toujours à l'affût de tout ce qui pouvait flatter le maître de ces parages. Le possesseur de tant de merveilles se tenait debout devant moi, se rengorgeant comme un paon. Il répétait sans cesse : *Miaré* (c'est moi qui suis) *N'Combé rey*[1] *pass todos, rey sobre todos, roi, king king, kingman.* Jamais l'autre roi-Soleil, Louis XIV, ne dut paraître aussi fier de sa personne. Tout en me déclinant son nom

[1] *Roi passé tous, roi sur tous,* il avait appris ce jargon des négriers portugais.

et ses attributs, N'Combé me serrait les deux mains en riant aux éclats, car N'Combé rit toujours, même et surtout quand il coupe le cou d'un Bakalais, ou entaille le dos de ses femmes. Il se fit ensuite lire la lettre du commandant, et, après l'avoir entendue, déclara qu'il donnait, lui, toutes ses terres et toutes ses femmes (quant aux femmes, ce n'était qu'une manière de parler) à la France en général et à nous en particulier; mais, qu'en revanche, nous devions obliger beaucoup de Français à venir séjourner dans son pays. Il se retira ensuite, ayant obtenu de nous la promesse que nous irions nous installer chez lui aussitôt après notre déjeuner, ce qui fut fait; nous y allâmes même avant, car les moustiques étaient si féroces ce jour-là, qu'ils ne nous permirent pas de finir notre repas.

Nous prîmes possession de notre nouvelle demeure, au milieu des acclamations frénétiques du village mis en belle humeur par des distributions répétées de rhum. Nous avions pour logement une case en bambous, spacieuse, à deux compartiments, et située à ravir au sommet d'une colline très-élevée. A nos pieds se déroulait l'Ogooué, dont la vue pouvait suivre le cours tortueux pendant plus d'une lieue, depuis le premier village bakalais jusqu'à la pointe Fétiche. D'abord le fleuve était étroit et resserré, mais il s'élargissait tout à coup et formait une immense nappe d'eau de plus d'un mille de largeur;

on pouvait voir, de notre case, plusieurs hippopotames prenant leurs ébats dans ses ondes limpides. Devant nous l'horizon était borné par les montagnes qui longent le lac Zielé, tandis que derrière nous prenaient naissance des forêts immenses. Le roi nous voyait avec joie admirer ce magnifique paysage : Aussi loin, disait-il, que la vue s'étend, c'est mon royaume. Il mentait impudemment, mais nous fîmes semblant de le croire. Nous lui offrîmes notre cadeau de bienvenue : il consistait en un veston de velours qui avait vu des jours meilleurs, deux barils de poudre, des étoffes, des perles, du tabac, et surtout de l'alougou. En retour, il nous emmena triomphalement dans notre case et nous fit voir qu'il y avait logé ses plus jolies femmes : il les considérait sans doute comme un mobilier indispensable pour nos appartements; mais nous en jugeâmes autrement, et, après avoir convenablement rafraîchi ces dames, pour adoucir l'amertume de notre refus, nous leur donnâmes l'ordre de regagner le domicile conjugal, qui n'était pas éloigné, du reste. N'Combé fit la grimace, mais il se décida à nous donner quelque chose de plus acceptable : une chèvre, des poules et des bananes. Il se mit ensuite à déguster notre rhum, en faisant mille pasquinades. En contemplant ce joyeux monarque, qui du matin au soir riait aux éclats, en répétant sans cesse, comme un perroquet : *N'Combé be king, king man, rey pass todos,* ou criant à tout propos : *Adembé*[1], (*ô ma mère!*) ou bien encore, ôtant son chapeau devant le rhum et déclarant que le rhum était le seul roi *pass todos* (par-dessus tout), j'écrivais sur mon calepin de notes, dès le lendemain de notre arrivée : « C'est décidément une bonne bête que N'Combé. » Erreur profonde! N'Combé n'est ni bon, ni bête; mais, au contraire, méchant et fort roué.

Jadis, deux chefs se partageaient le pouvoir dans ces contrées : le premier s'appelait Rimpolé; il régnait par son influence, son habileté et le nombre considérable de ses esclaves; le second était Rénoqué, roi des Inengas. Sa naissance illustre lui donnait le droit de commander en maître suprême; mais, malheureusement, il était aveugle, et cette infirmité, malgré son intelligence naturelle, affaiblissait beaucoup son pouvoir. Tant que Rimpolé vécut, N'Combé se fit petit et plat, attendant son heure et intriguant sous main, par tous les moyens possibles. Il sut conquérir l'amitié de Rénoqué et se faire initier à tous les mystères du fétichisme, sans porter ombrage à Rimpolé; mais le jour où ce Rimpolé mourut, il jeta le masque, se fit proclamer roi par les Gallois en se débarrassant par le poison d'un frère qui le gênait, brigua et obtint la place de

[1] Adembé est le nom de sa mère : les noirs adoptent généralement le nom d'un de leurs parents qui devient une interjection familière qu'ils ont constamment à la bouche.

grand féticheur, due à Rénoqué, et contesta même à celui-ci le droit de commander le passage[1] de l'Ogooué, qui avait été possédé par sa famille depuis des siècles et qui lui revient de droit comme à l'unique descendant des princes des Ayountos. Tous les moyens ont été bons à N'Combé. Ses trente et quelques femmes, choisies dans tous les pays, jusques et inclusivement dans celui des Okandas, lui ont ménagé des alliances puissantes, car elles sont toutes filles de chefs influents. Il a tué par surprise et empoisonné une foule de Bakalais, et s'est ainsi acquis un nom redoutable comme guerrier ; mais sa grande machine de guerre est surtout le fétichisme. Sceptique à rendre des points à un augure romain, il est sans cesse occupé ostensiblement à des cérémonies mystérieuses. Son titre de grand féticheur ne lui suffisant pas, il s'est fait instruire dans toutes les branches de la magie par les maîtres les plus habiles du cap Lopez, qui sont renommés à deux cents lieues à la ronde, et s'est rendu si fort dans cette science dont la jonglerie, le haschich, et surtout la connaissance à fond du maniement des poisons forment la base, que son pouvoir cause aux nègres une ter-

[1] Dans l'intérieur de l'Afrique, le droit de commander le passage d'une rivière appartient, dans chacune des tribus sur le territoire desquelles coule cette rivière, à une famille qui peut exiger une sorte de péage de tous ceux qui veulent naviguer sur cette partie du cours d'eau.

reur profonde : il peut, disent-ils, lire l'avenir, déchaîner les tempêtes, faire mourir ses ennemis jusque dans les pays les plus éloignés, etc. Deux fois par an N'Combé monte, avec un grand nombre de ses sujets, jusqu'au pays des Okandas, et achète en chemin une cargaison d'esclaves qu'il débite aux Portugais. Il a fait des affaires considérables avec les noirs de Cama et du cap Lopez, et les a tellement volés, qu'il en est exécré : il lui serait impossible de mettre les pieds sur leur territoire, mais cela lui est bien égal. Plus intelligent en cela que Rimpolé lui-même, il a compris le premier l'avantage qu'il y aurait à avoir des blancs chez lui, et s'y est si bien pris que c'est, en effet, chez lui ou près de chez lui, que les blancs ont leurs seuls établissements dans l'Ogooué. C'est, par intérêt, un allié dévoué pour nous. Et c'est heureux[1], car, si nous nous brouillions ensemble, il pourrait, sans même avoir l'apparence de nous être hostile, nous barrer le passage et nous faire échouer complétement.

Tel est le monarque dont les traités récents ont fait un de nos concitoyens; car, depuis le mois d'août 1872, par suite d'un traité conclu avec M. l'ami-

[1] Je prierai le lecteur de remarquer, une fois pour toutes, que dans ce récit, je suis mes notes dans l'ordre où elles ont été écrites, et sans me préoccuper des événements postérieurs qui ont pu bouleverser les prévisions faites au moment où j'écrivais.

ral du Quilio, traité sur lequel j'aurai occasion de revenir, N'Combé est devenu Français, ainsi que tous ses sujets. Quant à ces derniers, ce sont, on peut le dire sans vouloir jouer sur les mots, de tristes sujets : ils ont adopté tous les vices de leur souverain, sans prendre une seule de ses qualités.

Je passerai sous silence les premiers jours qui ont suivi notre arrivée à Adanlinanlango ; les danses et réjouissances en l'honneur de notre arrivée, l'inauguration solennelle du pavillon français, le supplice des moustiques, quelques violents accès de fièvre, tout cela n'offre, pour le lecteur, qu'un intérêt médiocre. J'arrive à notre visite à Rénoqué, roi des Inengas et prince des Ayountos; elle eut lieu le 29 juin. C'est en face de Lombaréni, résidence de Rénoqué, que le petit vapeur *le Pionnier* a dû arrêter son exploration dans l'Ogooué. Ceux qui ont lu l'excellent travail de M. Aymès, publié dans la *Revue coloniale* et reproduit dans le *Bulletin de la Société de géographie*, connaissent déjà le vieux roi aveugle; ils savent que tandis que Rimpolé nous donnait les plus graves sujets de plainte, Rénoqué accueillait avec empressement la venue des Français; mais ce qu'ils ignorent, sans doute, c'est que ce brave homme, du moins c'est lui qui le dit et les noirs qui le croient, s'est rendu aveugle en faisant un fétiche exprès dans le but de le devenir. Il n'y voit plus clair dans le jour; il s'est privé des yeux du corps, mais la nuit son esprit revêt toute sorte de formes, protége ses amis, pénètre les projets les plus cachés de ses ennemis, voit les voleurs, etc. Rénoqué ne manque pas d'intelligence, et la superstition des noirs ainsi que leur croyance en ses pouvoirs surnaturels lui avaient conservé, malgré sa cécité, une assez grande autorité; mais cette autorité est sans cesse battue en brèche par N'Combé, et elle va chaque jour en s'amoindrissant. Lorsque nous arrivâmes, le roi était en train de boire du rhum dans une petite factorerie que M. Walker a établie à Lombaréni pour que les Inengas ne soient pas trop jaloux de leurs voisins d'Adanlinanlango. On n'avertit Rénoqué de notre arrivée qu'au moment où nous étions déjà tout près de lui. Aussitôt, il se sauva en courant tout seul, et en trébuchant à chaque instant dans les bûches d'ébène empilées de tout côté : il ne voulait être vu qu'en costume de gala.

Après lui avoir laissé le temps voulu pour se costumer, nous lui fîmes notre visite chez lui : il avait revêtu un uniforme complet de garde national et était assis avec ses cinq femmes à ses côtés; ses trois neveux se tenaient debout près de lui.

Rénoqué est d'une taille imposante, sa figure respire un grand air de dignité, son sourire est plein de finesse et de douceur. Ses sujets avaient fait irruption derrière nous dans sa demeure et parlaient ou plutôt hurlaient tous à la fois. Le roi était exaspéré : à force de crier plus fort qu'eux, il finit cependant par obtenir le silence. Faisant alors mettre la main de Marche et la mienne dans ses deux mains, il ne cessa, pendant quelques minutes, de les presser sur son cœur, ou de les porter à ses lèvres, répétant sans cesse : « Les blancs de mon cœur! les blancs de mon cœur! » Il se fit ensuite lire la lettre que le commandant nous avait donnée, après quoi il ordonna à l'un de ses hommes d'aller chercher le traité conclu avec M. Aymès, afin de montrer qu'il l'avait fidèlement observé, et protesta mille fois de son dévouement aux Fala (aux Français). C'était le moment pour nous de produire nos cadeaux. Rénoqué les reçut avec joie; mais peu confiant dans l'honnêteté de ses sujets, il fit compter à haute voix les pièces d'étoffe, les bouteilles de rhum, les pipes et jusqu'aux feuilles de tabac. Ses neveux, chargés de l'opération, essayaient de le voler outrageusement en comptant, mais nous savions déjà assez de mpongwé pour rectifier les erreurs. Au reste, ces précautions ne servirent de rien au pauvre aveugle : le cadeau, ainsi inventorié, fut porté dans une chambre contiguë, et, deux minutes après, nous vîmes un de ses neveux s'introduire par une porte de derrière et puiser copieusement dans le tabac et même dans les pipes.

Nous avons passé trois jours à Lombaréni, afin de pouvoir visiter le ravissant petit lac Zielé, qui touche presque au village[1]. Ses eaux transparentes sont émaillées d'une foule de petites îles plantées d'arbres, en ce moment couverts de fleurs blanches comme la neige : on ne saurait imaginer rien de plus gracieux que ce paysage encadré dans les petites montagnes d'Issongué sur lesquelles croissent en foule de superbes ébéniers. Par exemple, le gibier aquatique n'y abonde pas et les moustiques rendent le séjour du pays tout à fait insupportable.

Nous quittâmes Lombaréni sans même rendre visite à Rengaga, qui demeure tout près de là. Ce roi, imbécile et ivrogne fini, a perdu en deux ou trois ans toute l'autorité qu'il avait comme fils et héritier de Rimpolé et gaspillé les biens de son père, consistant en deux ou trois cents esclaves, en ivoire, en femmes et en marchandises de toute sorte. Sans l'énergie de sa sœur Ognombala, qui a pris en main l'administration des restes de sa fortune, Rengaga serait depuis longtemps détrôné et sans moyens d'existence. Le 24, nous étions de retour à Adanlinanlango. Le lecteur trouvera peut-être que je me

[1] Chose assez bizarre, le lac n'a pas de nom connu des indigènes qui habitent le pays. Lorsqu'on leur a demandé ce nom, ils ont en conséquence répondu : *Zielé*, ce qui en mpongwé veut dire : « Il n'y en a pas. » On a pris ce mot de Zielé pour le nom du lac, et il figure sur la carte sous cette dénomination. Les noirs s'en moquent beaucoup, et nous avons proposé à la Société de géographie de l'appeler le lac du Quilio, en souvenir de la visite de l'amiral du Quilio, en août 1872.

suis trop étendu sur N'Combé et Rénoqué ; mais je l'ai fait à dessein, non-seulement parce que ce sont, à mon avis, des figures très-caractéristiques, mais encore parce que ces deux rois doivent, je le répète, avoir une influence capitale sur ce voyage dans l'intérieur, qui est le but de tous nos efforts.

Le 16 janvier, s'est présentée pour nous une occasion de faire une petite excursion dans le haut Ogooué [1], à quelque quarante milles au delà de la pointe Fétiche : nous l'avons saisie avec empressement, et nous nous sommes embarqués dans une grande pirogue qui allait acheter du caoutchouc pour la factorerie de M. Walker. A quelques centaines de mètres d'Adanlinanlango, nous passons devant le chemin qui mène au village d'Agnambié [2], village sacré, comme son nom l'indique. C'est, aujourd'hui, le vrai et très-caché sanctuaire du fétichisme dans ces pays; de nombreux pèlerins y affluent, et N'Combé y vient très-souvent pratiquer ses jongleries. Huit milles plus loin, un peu au-dessus de l'embouchure du N'Gounié, se trouve la fameuse

[1] A partir de son confluent avec le N'Gounié, les géographes appellent l'Ogooué, fleuve Okanda; cette dénomination est inexacte, je crois l'avoir démontré, dans un travail fait pour la Société de géographie, par des arguments trop développés pour être reproduits ici; je constate seulement que c'est à dessein que j'adopte ce terme : haut Ogooué, pour désigner le fleuve avant qu'il ait reçu les eaux du N'Gounié.

[2] *Agnambié*, veut dire Dieu en mpongwé.

pointe Fétiche, ce lieu redoutable, cet *ultima Thulé* que, d'après les croyances du pays, les blancs ne devaient jamais franchir. Là reposaient les ossements des grands chefs morts depuis des siècles; là aussi, au milieu d'abris construits pour les pèlerins, demeurait, sans pouvoir jamais s'en absenter, le grand féticheur, ami intime de Rimpolé et prédécesseur de N'Combé : son prestige était immense. En 1867, M. Aymès, ne pouvant pas conduire son petit vapeur, *le Pionnier*, plus loin que Lombaréni, refusa cependant de retourner sur ses pas avant d'avoir fait mentir le préjugé profondément enraciné dans le cœur des gens du pays, qu'un blanc ne pourrait pas passer devant le lieu sacré sans être immédiatement foudroyé par les esprits qui gardent le passage. Malgré l'opposition énergique du grand féticheur et celle de Rimpolé, qu'on fut obligé de mettre aux fers; malgré les supplications de tous les noirs, il partit dans une des baleinières du *Pionnier*, s'avança environ deux milles plus loin et fit planter, sur un arbre élevé, un drapeau français dont la garde fut confiée d'office à Rénoqué et à Rimpolé, qui devaient en répondre sur leurs têtes. La foudre ne tomba pas sur M. Aymès, qui repartit paisiblement pour le Gabon. Dès ce moment, on le comprend, le crédit de la pointe Fétiche et celui du Féticheur ont été terriblement ébranlés, et depuis la mort de ce grand féticheur, arrivée en 1869, le lieu saint a été complétement déserté par les pèlerins. Cependant, nos pagayeurs, Gallois pour la plupart, refusèrent formellement de nous y débarquer : il nous fallut passer outre, nous promettant d'y revenir avec des Kroumans de la factorerie, ce que nous n'avons pas pu faire. Cinq milles plus haut que la pointe Fétiche, on rencontre un grand bois, dit le bois des Palabres : c'est un terrain neutre sur lequel viennent se régler à l'amiable, si faire se peut, tous les « *casus belli* » qui surgissent entre les Gallois ou les Inengas et les Bakalais.

A partir de ce lieu commencent, sur la rive gauche seulement, les établissements des Bakalais; à partir de ce lieu aussi, la rive droite, sur laquelle les Pahouins, puis les Oshébas, font de constantes invasions, cesse d'être habitée. On n'y trouve pas un village pendant plus de deux cents milles. En revanche, sur la rive gauche, les Bakalais sont excessivement nombreux. La grande famille bakalaise est certainement, après celle des Fans, la plus importante de l'Afrique équatoriale, autant par le nombre de ses habitants que par l'étendue du territoire qu'elle occupe. Ses établissements sont très-disséminés et très-répandus; on en trouve dans le Gabon et dans toute la partie connue des pays compris entre l'équateur et le deuxième degré de latitude sud. Ces Bakalais sont bien tels que M. Duchaillu les a dépeints : travailleurs, mais cruels, perfides, et d'une extrême rouerie dans le commerce. C'est peut-être la deuxième ou troisième fois qu'ils voyaient des blancs : des Pahouins, des Gallois se seraient précipités au-devant de nous avec toutes les démonstrations d'une curiosité enfantine; mais nos Bakalais n'étaient pas si communicatifs; c'est à peine si deux ou trois d'entre eux sortirent de leurs cases à notre approche; ils pensaient que nous venions faire du commerce, acheter leur caoutchouc ou leur ivoire, et ils voulaient bien nous montrer qu'ils n'avaient aucun empressement à se procurer nos marchandises ou même à les voir. Ce sont des êtres profondément insociables. En ce moment, ils sont en guerre avec les Pahouins, les Gallois et les Inengas, et plusieurs de leurs villages sont en guerre entre eux. M. Duchaillu[1] a parfaitement décrit cette guerre, qui n'est qu'une longue série d'embuscades, d'assassinats et de perfidies.

Menant une pareille existence, on comprend qu'ils soient constamment sur le qui-vive; aussi ceux du haut Ogooué ont-ils mis leurs cases à l'abri d'un coup de main. N'Gosho, à onze ou douze milles au-dessus du confluent, est le premier village fortifié

[1] Les Bakalais qu'a vus M. Duchaillu sont très-éloignés de ceux du haut Ogooué et n'entretiennent aucune communication avec eux; mais toutes ces tribus, qu'on a, avec raison, comparées, sous certains rapports, aux Israélites des anciens temps, ont, quel que soit leur éloignement les unes des autres, les mêmes mœurs.

que nous rencontrons. Relativement très-peuplé, il est construit sur une hauteur, et au milieu de marais profonds; il faut, pour traverser ces marais, suivre, pendant quelques minutes, un pont formé de troncs d'arbres mis à la suite l'un de l'autre et qui peuvent être enlevés à la première alerte. Je ne suis pas adroit et je manquai deux ou trois fois de tomber dans la vase, à la grande joie des charitables spectateurs. Ce pont conduit à un grand mur formé de deux rangs de bambous, entre lesquels on a introduit des nattes épaisses qui le mettent à l'épreuve des balles. Derrière ce mur, s'allongent, sur deux lignes très-étroites, toutes les maisons du village, qui sont ainsi abritées et dissimulées par ce rempart; on entre par une toute petite porte latérale. Les deux côtés et l'arrière du village sont fermés, non-seulement à l'accès, mais encore à la vue, par un fourré inextricable d'arbres abattus, de lianes, de ronces et d'épines. Tout cela n'est pas trop mal imaginé pour des sauvages. Seulement, comme personne n'a appris aux Bakalais à créneler leurs murs, il leur est aussi impossible de tirer sur l'ennemi qu'à l'ennemi de tirer sur eux.

A l'intérieur du village, on rencontre, à chaque porte, une multitude de crânes, fétiches et grigris de toute sorte, exposés en vue de la guerre. Ces villages sont, par leur épouvantable saleté, parfaitement en harmonie, du reste, avec la saleté de leurs habitants, et font un contraste désagréable avec ceux des Gallois et des Inengas, toujours si propres et si bien tenus. Les portes sont peintes en jaune, vert et rouge, et, chose assez singulière, il en est de même des cheveux de beaucoup de femmes, qui forment sur leur tête un édifice assez compliqué; plusieurs de ces femmes portent par-dessus le tout une sorte de bonnet de coton d'un aspect ignoble. Quand il vient des étrangers, elles cherchent à les circonvenir de toutes les manières possibles et à les attirer dans leurs filets. Le croirait-on, ces sirènes d'un étrange modèle réussissent fréquemment, auprès des noirs s'entend. Dans ce cas, elles courent prévenir leurs maris que le complot a été mené à bonne fin, et, dès lors, il né s'agit plus, comme chez les Gallois, de payer un pagne de cinq francs ou quelques masses de perles : il s'ensuit un palabre très-orageux, et le délinquant ou son village est condamné à donner un esclave, quelquefois deux, au mari outragé. Si le payement n'est pas immédiat, les Bakalais en prennent occasion pour piller pendant un mois toutes les embarcations qui appartiennent non-seulement au village, mais souvent à la tribu coupable. On ne saurait trop s'étonner de la bêtise des noirs, Gallois ou Inengas : ils savent parfaitement à quoi s'en tenir, et, cependant, il ne se passe pas de semaine sans qu'au moins un d'entre eux se laisse prendre à ce piége.

A partir de N'Gosho, tous les villages sont fortifiés dans le même style et se ressemblent beaucoup : ils se succèdent rapidement et sont si rapprochés les uns des autres qu'on ne peut faire trois cents mètres sans en rencontrer un. Nous couchâmes le soir à l'entrée de la rivière M'Boui, chez un traitant gabonais nommé Anguila : sur sa case est planté le pavillon français. Le lendemain, quelques instants après notre départ, voyant quelque chose flotter sur l'eau, nous dirigeâmes notre pirogue de ce côté, et bientôt nous nous trouvâmes en présence du cadavre d'une femme : ce spectacle n'est pas rare, car tandis que les Bakalais des lacs Isanga et Ogouémouen pratiquent la crémation de leurs morts, ceux du haut Ogooué les jettent à l'eau, excepté les guerriers tués par l'ennemi ; mais le cadavre que nous avions sous les yeux avait cela de particulier, qu'il était blanc comme de l'ivoire. Ce phénomène était dû, sans doute, à ce que l'épiderme s'était entièrement détaché du corps ; mais il frappa nos nègres de stupeur, et ils passèrent une partie de la journée en proie à une terreur superstitieuse. En approchant de Sam-Quita, nous rencontrâmes une pirogue immense toute pavoisée de pavillons faits avec des morceaux d'étoffe de toutes couleurs encombrée d'hommes hurlant des chants guerriers ; au milieu, deux Bakalais frappaient à coups redoublés sur un tam-tam gigantesque, tandis que le féticheur, placé à l'avant, gesticulait et se démenait comme un possédé. Il y avait une femme dans le bateau. C'étaient des Bakalais qui venaient de combattre des Pahouins ; ils en avaient, paraît-il, tué cinq et célébraient leur triomphe. La femme était une femme fétiche, elle avait le pouvoir de faire tuer beaucoup d'ennemis, aussi on l'emmenait toujours dans les expéditions de ce genre. Il est probable que ces cinq Pahouins sont, à l'heure qu'il est, cruellement vengés et que leurs compatriotes ont mangé bien des Bakalais en leur souvenir. Le soir, nous arrivâmes à Sam-Quita, dernier village bakalais que l'on trouve dans le haut Ogooué. A partir de cet endroit jusqu'aux Okôta, c'est-à-dire pendant trois jours de pirogue (en remontant), on ne trouve plus, sur les deux rives du fleuve, aucun village, ni même aucune case habitée. C'était à Sam-Quita que nous devions borner cette première reconnaissance. Ce village est considérable et possède un roi bakalais assez influent; M. Walker y a établi un dépôt de marchandises confié à un nègre gabonais. Ce pays, comme les autres environnants, est, pour le moment, à l'abri d'une invasion des Pahouins, qui ne savent pas encore construire de pirogues pour traverser le fleuve; mais ils ne sont pas loin : lorsque la nuit est calme, on peut entendre distinctement, sur l'autre rive de l'Ogooué, le bruit de leurs tam-tams et les coups de fusil qu'ils aiment à tirer à tout propos. Après avoir consacré deux journées à la chasse de l'hippopotame, le seul gros gibier qui soit en abondance aux environs de Sam-Quita, nous partîmes pour rentrer à Adanlinanlango, nous promettant de repasser sous peu de mois, cette fois pour nous enfoncer définitivement dans l'intérieur.

Nous restâmes quelque temps chez N'Combé, avant de commencer l'exploration des grands lacs voisins de l'Ogooué. La chasse était fructueuse, et nos collections s'accroissaient rapidement. C'était pour nous, d'ailleurs, un vrai amusement d'étudier les mœurs de nos voisins et voisines. Près de notre case était celle de N'Combé; puis, sur deux rangs, cinq autres cases, dans chacune desquelles étaient logées cinq femmes; il y avait aussi une case pour les esclaves, une pour les étrangers et une pour le magasin du roi. Dans la plus rapprochée de la demeure du roi, vivaient sa première femme, mégère de cinquante ans qui avait une certaine influence sur lui, et trois de ses jeunes favorites. M'Bourou avait son domicile à elle seule, les autres femmes étaient réparties sans distinction d'âge. La plus jeune des femmes du roi avait huit ou neuf ans, la plus vieille, cinquante.

Plusieurs d'entre elles ont le corps labouré de cicatrices provenant d'entailles étagées avec méthode sur deux rangs et profondément creusées dans le dos. C'est ainsi que N'Combé châtie celles de ses femmes qui lui font des infidélités... dont elles ne peuvent pas rapporter le prix. Preuve palpable des ravages que la dissolution cause dans ce pays : ce roi, qui a trente femmes, n'a que quatre enfants. Tout le sérail fait du reste bon ménage : on n'entend que rarement des disputes. Du reste, la coquetterie de ces dames pour leur toilette ne le cède en rien à celle de la Parisienne la plus enragée ; elles vendraient père et mère pour un pagne fin, un flacon de patchouli ou un beau collier de perles. Elles se couvrent les bras et les jambes de petites barres de cuivre ou d'airain roulées en anneaux ; mais c'est surtout dans l'ornement de leur tête qu'elles mettent de la recherche. Il y a des coiffures de toutes variétés, à une corne, à deux cornes, avec la moitié de la tête rasée, avec le casque à la gabonaise, etc., etc. Dans les premiers temps, les jours de coiffure, qui, il faut le dire, ne reviennent pas très-souvent, elles se cachaient soigneusement de nous; mais, petit à petit, elles arrivèrent à nous regarder comme faisant partie de la maison, et cessant de se gêner, procédèrent à leur toilette dans le lieu habituel, c'est-à-dire devant la porte de leurs cases. Et, — dois-je le révéler ? — nous avons découvert qu'elles portaient de faux cheveux : des faux cheveux à Adanlinanlango ! Où allons-nous ? Voici comment elles procèdent : la patiente se couche à plat ventre ; à côté d'elle, on dépose deux ou trois poignées desdits faux cheveux, un flacon d'huile de palme, de la sciure d'un bois odoriférant et de la terre glaise. Une amie s'assoit sur un tout petit tabouret et commence l'opération de la coiffure, pour ainsi dire, cheveu par cheveu : quand l'amie est fatiguée, une autre la relaye, et ainsi de suite, car l'opération dure toujours depuis le lever du jour jusqu'à la nuit. L'édifice ainsi construit a pour base de la terre glaise délayée dans l'huile de palme ; le plus souvent, il affecte la forme d'un triangle ayant au sommet et à l'extrémité de chaque angle un toupet formé par des cheveux roulés en boule. Les élégantes le teignent en deux couleurs différentes avec de la terre rouge et la râpure d'une écorce qui produit un jaune très-vif. Ces femmes ont une grande réputation de beauté, et le roi N'Combé en tire de très-gros profits.

Ce brave N'Combé était pour nous un sujet constant de divertissement. Sa « Majesté » et son titre de roi ne l'empêchèrent pas de recevoir de Marche un grand coup de pied quelque part, un jour qu'il fut surpris puisant sans permission dans notre eau-de-vie ; il se sauva en riant aux éclats et criant : « Oh non! non! be king, king man pass todos. » Tous les matins, il venait réclamer un verre à pied de rhum que nous lui avions alloué comme ration quotidienne; il se plaignait toujours que nous y mettions de l'eau, ce qui n'était pas vrai. Un jour, impatienté, je dis à Marche : — « Donnons-lui donc de notre alcool blanc, cela le dégoûtera peut-être de demander des liqueurs plus fortes. » Cet alcool était à quatre-vingt-quatorze degrés et nous servait pour conserver certaines pièces d'histoire naturelle. Le roi en but la moitié d'un grand verre, pour le goûter ; puis il ôta son chapeau et acheva de déguster ce poison avec des Adembé, répétés : « O mes blancs (tangani-yami), s'écria-t-il ensuite, vous aviez un pareil trésor et vous êtes restés si longtemps sans en donner à votre vieux roi qui vous aime tant ! » Il déclara ensuite que le rhum, *ya Poupou, Poupou pou* (blanc, tout blanc), était le roi-pass todos, et depuis ce moment il a fallu lui en fournir une ration matin et soir : sans cela, nous n'aurions jamais eu la paix. Le roi-Soleil possède un vaste Trianon, ou, pour parler plus clairement, une habitation à quelque sept milles d'Adanlinanlango. Là sont parqués pas mal de ses esclaves qui cultivent une immense quantité de bananes ; chaque matin, quatre ou cinq de ses femmes traversent le marais infect désigné sur la carte sous le nom de lac Eviné, et vont à la plantation chercher ce qu'il faut de ces bananes pour nourrir le phalanstère pendant la journée. Elles reviennent à onze heures, ayant fait cinq lieues et portant un poids énorme sur la tête. Ce genre d'habitation se nomme, en mpongwé, « mpindi ; » tous les noirs un peu influents en ont une à côté du village qu'ils habitent; dans les pays où sévit la guerre, le mpindi sert généralement de refuge aux femmes et aux enfants. On y cache aussi l'ivoire et tout ce que l'on possède de précieux. L'habitation de N'Combé est située au fond d'une gorge, dans l'un des endroits les plus sauvages et les plus pittoresques qu'on puisse imaginer.

Le gros gibier, mais surtout le buffle, l'antilope et le sanglier, y sont en telle abondance qu'on pourrait faire des chasses vraiment princières, si l'on avait des chiens et si l'on pouvait trouver quelques bons chasseurs comme auxiliaires. Malheureusement, il n'y a pas de chiens possibles pour la chasse, et les Gallois sont des poltrons, des paresseux et des maladroits. J'allais souvent coucher dans l'une des cases construites pour les esclaves du roi, et je passais la journée du lendemain à chasser dans les bois qui entourent la plantation. Seulement nous étions dans la saison sèche, et les feuilles font alors tant de bruit sous les pieds, qu'il est presque impossible d'approcher le gros gibier Mes chasses ne furent cependant pas tout à fait sans résultat. Ainsi, un jour entre autres, j'abattis, outre des singes, des m'boccos, et autre menu gibier, une très-grande antilope à dos rouge quadrillé de blanc, que les noirs appellent n'cabi. Je tuai aussi plusieurs de ces petites antilopes appelées n'chéri, que j'ai déjà décrites. Dans ces forêts immenses, au travers desquelles le soleil ne pénètre jamais, les oiseaux sont assez rares; les petits y font presque absolument défaut; en revanche, j'y ai vu une centaine de grands calaos noirs à casque (*buceros giganteus*), qui vivaient tous ensemble, formant ainsi une bande énorme. On sait que ces grands oiseaux ont sur leur bec une difformité monstrueuse. Je ne connais pas de bêtes aussi bruyantes. Leurs cris sont horriblement variés : l'un d'eux imite, à s'y méprendre, le *hi! han!* du baudet. Cette musique retentit à une distance considérable; et comme si leur ramage ne suffisait pas, ils font, lorsqu'ils volent, un bruit strident et singulier avec leurs ailes. Un coup de fusil tiré dans la troupe, et c'est un vacarme infernal. Ces calaos sont farouches, toujours aux aguets, et ont la vie très-dure : je parvins cependant, en chargeant mon fusil avec du plomb moulé, à en abattre six.

Durant mes chasses à la plantation, il arriva un accident dont les suites sont assez singulières pour être racontées tout au long. Un Gallois m'avait demandé à m'accompagner à l'habitation et à y chasser pour moi. Bien que j'eusse la conviction qu'il ne serait pas plus adroit que ceux dont j'avais essayé précédemment, je ne le refusai pas, ne devant le payer que s'il rapportait quelque chose. Le matin, il partit de son côté, moi du mien. Le soir, je revins harassé, et, après avoir mangé mon dîner, composé de bananes rôties et de deux écureuils, je me couchai dans ma case, une toute petite case, divisée cependant en deux compartiments. Il pouvait être neuf à dix heures, lorsque je fus réveillé par un bruit épouvantable, partant du compartiment d'à côté. Plusieurs femmes hurlaient une espèce de chant de lamentations entrecoupé d'imitations de sanglots : je reconnus immédiatement le chant funèbre du pays, et j'en conclus que quelqu'un était mort dans la plantation. A part le bruit, cela m'était assez indifférent, et je pris d'abord patience ; mais enfin, comme la mélodie allait toujours *crescendo*, je me levai, sortis de la case, et expliquai énergiquement aux pleureuses, dans le peu de mpongwé que je savais alors, que le trépas de cet inconnu me plongeait dans la douleur, mais que j'étais malade, et qu'elles eussent à aller crier plus loin. Je ne sais ce qu'elles comprirent, mais elles semblèrent frappées de terreur, et se sauvèrent dans les bois où elles hurlèrent jusqu'au jour. Le lendemain matin je demandai qui était mort. On me répondit avec des gestes très-animés, mais tout le monde parlait à la fois, et je n'y compris rien. Je m'en retournai paisiblement chez N'Combé, où j'arrivai vers onze heures, et là seulement j'appris ce qui s'était passé. La veille, sur les cinq heures et demie du soir, mon chasseur gallois avait pris un vieil esclave, qui coupait de l'herbe, pour un sanglier, et lui avait envoyé cinq petits lingots de fer entre les deux épaules. La mort avait été instantanée. De là grand palabre! Les parents et les collègues en esclavage du défunt voulaient tuer l'homicide par imprudence, tandis que sa femme et quelques commères de l'habitation, me regardant, selon l'usage du pays, comme responsable des faits et gestes de mon homme, étaient venues me donner le charivari dont j'ai parlé. Mal leur en avait pris, du reste; car, je ne sais pourquoi, elles s'étaient figuré que je les menaçais de les tuer, et avaient passé la nuit, affolées, dans le bois. De plus, lorsqu'elles allèrent ce jour-là chez N'Combé, elles reçurent une verte correction pour avoir méchamment troublé le sommeil de son blanc. Le même N'Combé donna aux esclaves l'ordre d'apporter le cadavre; car, en sa qualité de grand féticheur, il devait déclarer qui avait tué la victime. Ici, je donne le récit que me fit avec dégoût mon ami Marche, du spectacle auquel il venait d'assister quelques heures auparavant. « Le défunt arriva, porté par deux hommes sur une perche à laquelle il était attaché par les pieds et les mains, exactement comme un gorille qu'on était venu nous vendre quelques jours auparavant. N'Combé, en présence de Marche, de toutes ses femmes et de tous ses esclaves, s'arma d'un grand couteau, et déclara qu'il allait ouvrir le corps, pour voir s'il y avait en lui un fétiche ou un mauvais esprit quel-

Le roi-Soleil et quelques-unes de ses femmes.

Les femmes ont été dessinées par M. Breton, d'après une photographie de Jacque ; le roi-Soleil, d'après un croquis pris par le Mis de Compiègne.

conque ; car s'il y avait un fétiche ou un esprit, c'est ce fétiche ou cet esprit qui avait dirigé contre lui l'arme fatale, et le meurtrier n'était donc pas responsable. Tout en aiguisant sa lame, il faisait des plaisanteries aux dépens du défunt, lui frappant sur l'estomac, et disant qu'il était trop gras et que ses esclaves mangeaient trop de bananes. Il ouvrit ensuite le cadavre d'une manière dont les détails, répétés ici, soulèveraient le cœur du lecteur; puis, saisissant les entrailles à deux mains, il fit semblant de les tirer à lui de toutes ses forces. Comme, en réalité, il ne tirait pas du tout, les entrailles ne vinrent pas.

— C'est le fétiche qui les retient! s'écria le roi.

Et, se tournant vers la foule :

— Vous le voyez, dit-il, cet homme était un mauvais homme ; il avait fait un fétiche contre moi ; il voulait me tuer. Mais il a été pris en son propre piége, son fétiche est resté en lui et a causé sa mort.

Un *euh ! euh !* (oui ! oui !) approbatif fut poussé par toute l'assistance. Ces hommes, ces femmes, quelques minutes auparavant, tout feu et tout flammes pour venger leur camarade, se mirent à injurier son corps et à lui reprocher d'avoir fait un fétiche pour tuer leur roi chéri. Ce fut au milieu des huées que le cadavre fut emporté pour être enfoui dans un tronc d'arbre creux. C'était un Okôta. Son crâne figure aujourd'hui dans la collection de crânes que nous avons envoyée à Paris, et l'anthropologie bénéficiera ainsi de sa mort. Toute cette sinistre comédie, comme toutes celles jouées par N'Combé, avait sa raison d'être : elle venait de ce que le chasseur qui avait si imprudemment tué l'esclave était l'ami intime du roi. Celui-ci craignait de plus qu'on ne voulût rendre ses blancs responsables, comme ayant envoyé l'homicide à la chasse. Il trouva donc beaucoup plus simple de mettre l'affaire sur le compte du mort et de ses fétiches. Détail ignoble ! la cérémonie terminée, N'Combé trempa ses mains dans le sang de la victime et en humecta un peu la tête de chacune de ses femmes. Cela devait, paraît-il, les préserver pour toujours de la vermine.

CHAPITRE VII

LE LAC Z'ONANGUÉ ET LES ILES SACRÉES.

Le lac Z'Onangué. — Sa position géographique. — Rectification de la carte. — Arrivée sur le lac. — Une île introuvable. — Nous tranchons le nœud sacré. — Neng'Ingouvay. — Les dieux s'en vont. — Un principicule. — Le carnage des oiseaux sacrés. — La colère des esprits sous la forme d'une pluie d'orage. — Nous triomphons des fétiches. — Disette. — Départ de Marche. — Le lac Oguémouen. — Le traitant Digomi. — Chasses au gorille. — Je vois deux gorilles. — Les gorilles et M. Duchaillu. — Une balle explosible. — Encore les gorilles. — Mes veillées chez Digomi. — Superstitions et sortiléges. — Retour de Marche. — Nouvelles des blancs. — Voyage de M. l'amiral de Quilio à Adanlinanlango. — Une autre visite aux îles sacrées.— L'éléphant blessé à mort. — Départ du lac Z'Onangué. — Le roi de M'Boumba me jette un sort. — Rencontre de Ravinjinjoë et de ses pagayeurs sans nez et sans oreilles. — Retour au quartier général. — Études géographiques sur les lacs voisins de l'Ogooué. — Le palabre de la femme assassinée. — La responsabilité poussée à l'extrême. — Une affaire qui devait faire couler des flots de sang ne fait couler que des flots de rhum.

Depuis quelque temps déjà nous voulions nous mettre en campagne pour les lacs, surtout pour le lac Z'Onangué, dont on nous disait merveille. Jusque-là, nous n'avions pas pu mettre ce projet à exécution, à cause des exigences vraiment ridicules des hommes que nous étions obligés d'emmener. Les Gallois nous traitaient alors avec la plus grande déférence ; mais ils avaient la conviction que nos richesses étaient illimitées, et mendiaient sans cesse quelque chose de nous. Lorsque nous en avions besoin pour un travail quelconque, ils cherchaient à nous rançonner horriblement. Il était de toute importance pour nous de ne pas céder à leurs prétentions, surtout en vue de l'avenir. Aussi tînmes-nous bon, et bien nous en prit ; car, nous voyant bien décidés à ne pas payer plus cher que le prix habituel, ils finirent par accepter nos conditions. Notre première excursion fut pour le lac Z'Onangué, qui est, par son étendue, de beaucoup le plus important de ceux qui avoisinent l'Ogooué. Il est situé à un peu plus de 18 milles au sud d'Adanlinanlango, par 1° 0′ latitude S. et 8° 1′ longitude E. Il communique avec le fleuve par trois rivières, les rivières N'Gomo, Akambé et Bando. M. Aymès, puis M. Griffon du Bellay, l'ont visité, sans avoir eu le temps de l'explorer ou même de le parcourir en entier. Il en résulte, comme le prouvent les constatations que nous avons faites, que les contours qui lui sont supposés sur la carte [1], et l'étendue qui lui est donnée, sont tout à fait inexacts. En réalité, il a la forme d'un rectangle, et mesure, depuis

[1] La carte dressée en 1869 par les ordres de l'amiral Fleuriot de Langle.

l'embouchure de la rivière Bando jusqu'à l'île de M'Boumba, qui est à son extrémité sud, une longueur d'un peu plus de 16 milles, sur une largeur moyenne de 7 à 8 milles. La latitude de M'Boumba est de 1° 1′ 5″ latitude S. Non-seulement ce lac offrait pour nous un grand intérêt au point de vue des études géographiques, mais nous espérions y trouver des chasses exceptionnelles. Nous savions qu'une de ses îles servait d'abri à des milliers d'oiseaux aquatiques qui venaient y construire leurs nids pendant la saison sèche. De plus, Fanguinové, notre guide et le chef de nos hommes, avait juré de nous conduire tout près du Z'Onangué, sur les bords d'un lac inconnu aux blancs, dans des régions où foisonnait le gorille.

Nous partîmes dans une grande pirogue achetée par nous et manœuvrée par François, Chico, les deux boys, et huit Gallois engagés pour la circonstance. Il était beaucoup plus court pour nous de prendre le *rembo* (rivière) Bando pour gagner le Z'Onangué ; mais Fanguinové, fier d'être avec des blancs, tenait à nous montrer à des amis qu'il avait plus bas, dans l'Ogooué, et nous fit prendre le chemin le plus long. Nous déjeunâmes dans un village gallois, très-propre et très-bien construit, que N'Combé a fait incendier quelque temps après, en punition d'un crime qui y a été commis. Vers trois heures de l'après-midi, nous nous engagions dans le *rembo* Akambé. Cette rivière ne coule pas en ligne droite et parallèlement au N'Gomo, comme la carte semblait l'indiquer, mais, à partir de l'Ogooué, dirige son cours vers ce même N'Gomo, de sorte que l'embouchure de ces deux rivières se trouve à quelques centaines de mètres l'une de l'autre. L'Akamba fait de nombreux détours, et son cours est si rapide, que nous mîmes près d'une demi-journée à la remonter pour atteindre le lac Z'Onangué, sur lequel nous débouchions vers neuf heures du soir, par un beau clair de lune. M. Griffon du Bellay a décrit beaucoup mieux que je ne pourrais le faire le magnifique coup d'œil que présente l'entrée du lac, la nature de ses eaux et des terres qui l'environnent, la végétation de ses îles, etc., etc. Il est regrettable que le savant docteur, pressé par le temps, n'ait pu er visiter qu'une partie, et une partie sans doute moins considérable qu'il ne le croit lui-même. De tous côtés, en effet, dans ce lac Z'Onangué, des milliers d'îlots montagneux, et couverts de grands arbres, s'enchevêtrent les uns dans les autres et ferment l'horizon. Sans cesse on se croirait dans un petit lac dont on voit la fin tout autour de soi, mais bientôt le pilote désigne quelque crique étroite dans laquelle la pirogue s'engage, la vue s'étend, et l'on se trouve dans un nouveau lac que des collines boisées bornent de tous côtés. Pour cette fois, croyez-vous, nous sommes arrivés au terme ; ces collines sont la terre ferme. Mais non : c'est une nouvelle ligne de petites îles, souvent très-élevées, derrière lesquelles continue l'*eliva* (lac). Plus on s'avance, plus ce dédale devient compliqué, et sans un pilote habile il serait impossible d'en sortir.

Cependant nous étions depuis cinq jours sur le lac, couchant tantôt sur une île, tantôt sur une autre, passant toute la journée en pirogue, allant du sud au nord et du nord au sud, sans voir arriver les chasses merveilleuses qu'on nous avait promises. Une fois seulement, nous avions trouvé une bande énorme d'ibis sacrés installée sur un banc de sable où elle avait déposé ses œufs. Une décharge générale en tua cinq ; mais ces oiseaux, qui, par parenthèse, sont très-roués, abandonnèrent pour toujours la place. Nous savions cependant qu'il y avait dans une des îles un de ces *roust*, comme j'en ai vu beaucoup en Amérique, sur les lacs O'Kétchoby et Nicaragua, c'est-à-dire un endroit où tous les oiseaux de certaines espèces aquatiques se rassemblent par milliers pour nicher et élever leurs petits [1]. Notre guide feignait à ce sujet une ignorance abso-

[1] C'est dans les *roust*, comme celui dont je vais parler, qu'on trouve les dépôts de guano résultant, comme on sait, de l'accumulation de fiente produite pendant des siècles par les quantités prodigieuses d'oiseaux qui viennent nicher, et souvent passer la nuit là.

lue, et le Z'Onangué est, je l'ai dit, un véritable labyrinthe. Tout à coup, je me rappelai que M. Amoral m'avait prévenu que l'île aux oiseaux était une île fétiche, et m'avait en même temps donné le nom d'une autre île d'où l'on pouvait apercevoir ce lieu, aussi plein de mystère que de gibier. Je consultai à la hâte mon calepin, et trouvai que ce nom était M'Boumba. Aussitôt je déclarai à Fanguinové que si le soir même nous ne couchions pas à l'île de M'Boumba, ni lui ni ses Gallois ne seraient payés pour le voyage; que, de plus, nous les recommanderions à N'Combé lors de notre retour. Pris ainsi à l'improviste, et stupéfait de voir que je connaissais M'Boumba, Fanguinové, qui tenait la barre, changea, sans mot dire, la direction du bateau; ses acolytes se courbèrent d'un air piteux sur leurs pagaies, et deux heures après — car nous n'étions que peu éloignés — nous abordions à l'île de M'Boumba, qui se trouve à l'extrémité sud-est du lac. De là, notre œil de chasseur et de naturaliste se reposait avec délices sur deux îles voisines, dont les arbres semblaient blancs comme la neige, tant ils étaient couverts d'oiseaux. Fanguinové prit alors la parole au nom de tous : il nous dit que nous étions, nous, les Tangani, les seigneurs et maîtres; qu'il ne serait pas étonné si notre témérité restait impunie, car nous avions déjà bien des fois bravé impunément la colère des esprits; mais que si lui ou les siens mettaient le pied dans l'une des deux îles, ils mourraient instantanément. Il voulait bien cependant, si nous l'exigions, nous y conduire, à la condition qu'à peine aurions-nous sauté à terre, ils se retireraient à une petite distance; et à la condition surtout qu'ils n'auraient aucune part à prendre dans la destruction des oiseaux fétiches.

Lorsqu'en 1864, M. Griffon du Bellay rendit visite aux îles sacrées (les indigènes les appellent neng'Ingoway, îles Ingoway), il fut avec solennité et mystère accompagné par un grand féticheur [1] et par de petits féticheurs, tous revêtus de leurs insignes et célébrant pompeusement leurs rites. Les environs mêmes du lieu saint étaient remplis de merveilles : on y voyait sans cesse (d'après le dire des noirs) paraître dans les airs des vaisseaux-fantômes qui manœuvraient, tiraient le canon, etc., etc. M. Griffon du Bellay ne put pas mettre le pied à terre dans ces îles. Qu'eût-ce donc été s'il avait, comme nous, commis l'horrible sacrilége de tuer les oiseaux chers au M'Bouiri (Grand Esprit!) Hélas! les dieux s'en vont! Nous ne vîmes ni Gondowiro, le pontife et grand roi des îles, qui était mort sans que personne prît sa succession, ni la belle Agneilès, ni les petits féticheurs. Personne ne nous parla plus d'apparition de navires [2] ni d'autres phénomènes

[1] Voir le *Tour du monde*.

[2] Il est remarquable, au sujet de ces apparitions ou mirages

du même genre. Il est vrai que nos guides ne voulaient pas nous mener chasser dans les îles N'Goway; mais leurs craintes n'étaient pas bien fortes, puisque la peur de perdre cinq piastres de salaire triompha de toutes leurs répugnances. A M'Boumba, le roi, après avoir revêtu quelques loques, vint au-devant de nous. Je l'appelle roi (*ôga*), et lui-même se donnait ce titre. Il lui était bien dû, car il avait trois cases, trois femmes, trois esclaves et deux chiens. C'est certainement plus qu'il n'en faut pour s'intituler roi dans l'Ogooué, et j'ajoute que ces principicules sont généralement plus tyranniques et plus exigeants pour les étrangers que les grands chefs. Donc, le roi de M'Boumba (puisque roi il y a) vint au-devant de nous et reçut nos cadeaux de bienvenue, auxquels il répondit par le don d'un régime de bananes. Il fit ensuite balayer une case sans toit (comme la sienne, du reste), pour nous servir de logement, en protestant de sa joie de nous voir. Quand nous prîmes notre modeste déjeuner, dont un ibis tué le matin et des bananes rôties fai-

que M. Griffon du Bellay cherche à expliquer scientifiquement, que les Ashiras soutiennent qu'on voit la même chose dans leurs montagnes. Et, chose singulière! ces hommes qui, vivant sédentairement à plus de cent lieues de la côte, n'ont presque certainement pas pu voir de vaisseaux, font sur le sable des croquis qui les représentent à peu près. Je tiens ce fait de M. P. Pilastre, qui a une factorerie chez eux. Et ceci avant que j'aie lu M. G. du Bellay.

saient les frais, le roi se retira discrètement et obligea les autres à en faire autant. Après notre repas, il revint d'un air solennel, renouvela ses protestations d'amitié, et, dans un discours qui dura une heure, nous expliqua qu'il était propriétaire des îles Ingoway, que nous venions pour tuer ses oiseaux fétiches, et que, désirant faire les prix d'avance, il voulait savoir combien nous lui payerions chaque oiseau tué dans l'île. Marche se chargea de la réponse : « Il n'était pas le maître des îles, encore moins des oiseaux, qui n'appartenaient à personne. Nous lui avions fait, et nous lui ferions encore des cadeaux, parce que nous demeurions chez lui ; mais s'il parlait de prix à payer pour notre chasse, nous irions de suite camper sur une île déserte qui touchait presque à celles d'Ingoway, d'où il pourrait venir nous déloger, s'il l'osait. — Ici, je tirai quelques coups de chassepot, carabine et revolver sur le lac, afin de montrer les inconvénients que présenterait une tentative faite en vue de nous déloger ; — enfin, que si le roi était raisonnable, il aurait matin et soir un grand verre de rhum, et quand nous partirions, le cadeau qu'il plairait à notre générosité de fixer. » Le roi fit d'humbles excuses, déclara que plus nous tuerions d'oiseaux plus il serait content, et que le palabre était terminé ; mais il ajouta que, pour en célébrer la conclusion, il fallait lui donner un verre d'*alougou*. On lui en offrit une bouteille, bien imprudemment, car, durant notre séjour, il suscita plus de cinquante palabres, aussi facilement apaisés que suscités, mais dont la conclusion était toujours célébrée aux dépens de notre rhum. N'ayant plus aucune opposition à craindre, ni du roi ni de nos hommes, vers deux heures nous montâmes dans notre pirogue et poussâmes vers les îles. Dans notre impatience d'arriver, nous aidions les noirs à pagayer : aussi, en vingt minutes nous étions au pied de la plus grande des *neng* (îles) Ingoway. Elle est très-élevée, et hérissée de rochers. Sa contenance est d'environ 500 mètres carrés; les arbres dont elle est boisée sont d'immenses baobabs. Leur épaisseur et leur élévation protégent les oiseaux contre toute agression des animaux carnassiers.

Marche et moi, nous descendîmes seuls à terre. Pauvres oiseaux ! ils étaient bien tranquilles et, de mémoire de pélican, n'avaient jamais reçu pareille visite ! Le M'Bouiri défendait aux Gallois de les tirer non-seulement dans l'île, mais encore à deux milles à la ronde. Il y avait là, en quantité innombrable, trois ou quatre espèces de ces aigrettes blanches dont le panache est si recherché pour orner les chapeaux des dames ou les shakos des colonels; beaucoup de ces anhinga, que les Espagnols appellent *patos de aguja* (canards aiguilles) et dont la possession a jadis causé tant de joie à Levaillant;

— de ces ibis métalliques (*ibis falcinellus*), si grands voyageurs, qu'on en tue quelquefois sur nos étangs en France ; mais surtout des myriades de pélicans et d'ibis à masque rouge (*ibis Tantalus*). Chaque arbre était littéralement couvert de leurs nids. Il faut avoir vu, pour s'en rendre compte, l'effet que produisirent nos premiers coups de fusil, et le tourbillon qui s'éleva au-dessus de l'île avec un bruit pareil à celui du tonnerre. Des milliers de pélicans et d'ibis passaient et repassaient si bas qu'ils effleuraient nos têtes ; les cris de tous ces oiseaux affolés assourdissaient nos oreilles. Des chauves-souris gigantesques s'étaient mêlées de la partie, et à chaque pas nous faisions lever sous nos pieds d'énormes iguanes. Pour nous, nous tirions sans relâche, et le sol fut bientôt jonché de victimes emplumées. Nos hommes se tenaient à trente ou quarante mètres de l'île. Ils nous avaient regardés monter à l'assaut avec une extrême anxiété. A chacun de nos premiers coups de fusil, ils s'attendaient à voir M'Bouiri, Iâssi et toutes les puissances infernales nous châtier vertement ; mais comme ils virent que les fétiches se tenaient cois, et que leurs oiseaux favoris tombaient dru comme grêle, leur terreur fit place à une gaieté folle.

D'abord les boys s'enhardirent jusqu'à faire accoster la pirogue le long de l'île et nous joindre pour ramasser notre gibier, puis François Koëben, ne pouvant y tenir, arriva à son tour et se mit à tirer à nos côtés; enfin on entendit une énorme détonation dans un coin de l'île : c'était Fanguinové qui, « cédant au torrent qui l'entraîne », venait d'abattre un ibis avec son gros fusil à pierre. Vers quatre heures, les boys avaient déjà apporté dans le bateau quarante-quatre ibis roses ou aigrettes. C'étaient les seuls oiseaux dont nous avions décrété la mort ce jour-là. Dieu sait combien nous en aurions tué, mais un gros nuage noir qui, depuis quelque temps déjà, menaçait au-dessus de nos têtes, vint à crever, et, en conséquence, nous fûmes rafraîchis par une forte averse. Je m'en occupais fort peu, lorsque tout à coup je vis accourir Fanguinové et les pagayeurs gallois gesticulant comme des possédés et me suppliant de mettre immédiatement fin à la chasse. J'appelai Marche, et nous nous en allâmes sans trop savoir pourquoi. Seulement, en nous en retournant, j'appris que les noirs, terrifiés, avaient vu dans la pluie un signe certain de la colère des esprits. La fatalité voulut que, bien qu'en pleine saison sèche, cette pluie tombât encore le lendemain. Le roi vint alors nous trouver : « Tangani, nous dit-il, vous avez fâché M'Bouiri, et il fait tomber la pluie; vous vous en moquez pas mal, mais nous, pauvres noirs, nous n'avons ni rentré nos maniocs, ni cueilli nos bananes; qu'allons-nous devenir? » Cette fois, il fallut plusieurs bouteilles de rhum pour l'apaiser. Le lendemain, nous tuâmes encore beaucoup d'oiseaux dans l'île ; et, à la honte du fétiche, le temps fut superbe et resta tel. Aussi toute crainte s'évanouit dans le cœur de nos hommes, et Fanguinové nous aida désormais d'une manière constante dans nos chasses. Chaque fois que nous allions aux îles Ingoway, notre pirogue revenait littéralement chargée de gibier ; aussi nous nous contentions, maintenant, d'arracher aux aigrettes leur parure, et de couper les ailes couleur carmin des ibis sans les empailler en entier. Cependant les munitions s'épuisaient, et pendant que nos hommes se gorgeaient, à s'en rendre malades, des oiseaux sacrés, les vivres étaient excessivement rares pour nous qui n'avions plus ni conserves, ni sel, ni boisson stimulante d'aucun genre, et qui étions, ce qui est permis sans être trop gourmands, dégoûtés des poitrines d'ibis et de la viande de cormoran. Il fut donc décidé que Marche partirait pour le quartier général, me laissant François et un boy, et irait chercher des vivres et des munitions, tandis que je resterais au lac pour y continuer la chasse. Comment sa bonne étoile le conduisit à rencontrer l'amiral du Quilio, qui remontait en ce moment l'Ogooué, c'est ce que je dirai plus tard. Pour moi je résolus, en attendant mon ami, de chasser sur les rives du lac Oguémouen, car c'est le nom de ce lac inconnu sur les bords duquel on m'avait promis des gorilles sans nombre, des bœufs, des éléphants, etc.

En tout cas, je devais y trouver un sujet d'études, car ce lac est, si je ne me trompe, complétement nouveau pour la science — à moins, toutefois, qu'il ne soit celui dont M. Griffon du Bellay a entendu parler sous le nom de lac Ogawé : mais, en tout cas, ce nom n'est pas le vrai, et le savant docteur ne l'ayant pas vu, n'a pas pu lui assigner une position même approximativement exacte dans la carte jointe à son voyage. Derrière l'île de M'Boumba (1° 1′ 0″ lat. S.) se trouve, dissimulée par des îles couvertes de rochers et de grands arbres, une petite crique qui, assez resserrée d'abord, s'élargit bientôt considérablement et va, après quatre ou cinq milles (direction sud), aboutir à une large nappe d'eau appelée par les naturels lac Oguémouen. Cette nappe d'eau, après s'être étendue, pendant huit milles environ, vers l'ouest, tourne brusquement au sud ; nous la suivîmes pendant six milles dans cette nouvelle direction sans en voir la fin. Le terme de notre exploration fut une autre île fétiche, dont je reparlerai. Les noirs disent qu'il faut deux jours de pirogue, toujours en allant vers le sud, pour arriver au bout de l'Eliva (lac), qui se rétrécit peu à peu jusqu'à ne devenir qu'un tout petit ruisseau. Par la direction que suit le lac Oguémouen, il se rapproche donc sensiblement du Remboë.

M. Aymès avait pensé qu'il devait y avoir, par cette rivière, communication entre le Fernand-Vaz et l'Ogooué. Si le lac Oguémouen n'a pas d'issue, son hypothèse n'est pas entièrement justifiée ; mais, en tout cas, la distance à parcourir par terre, pour aller du Remboë à l'Oguémouen, ne peut être que très-minime, et la communication entre le Fernand-Vaz et l'Ogooué, par le Remboë et le lac Z'Onangué, ne peut subir qu'une très-légère interruption.

A l'entrée du lac Oguémouen vivait alors un traitant gabonais élevé à la mission catholique, parlant par conséquent très-bien le français, homme intelligent et fort complaisant. C'est dans sa case que j'allai m'établir. Digomi vivait près d'un grand village bakalais, le seul village qui, sur les bords du lac Oguémouen, n'appartient pas aux Gallois. Encore les Bakalais ne l'habitent guère : ils y viennent seulement lorsqu'ils apportent là, pour vendre au traitant, le caoutchouc qu'ils récoltent souvent à de grandes distances dans l'intérieur; ce caoutchouc n'est pas, du reste, le seul article dont ils trafiquent; ils coupent beaucoup de bois d'ébène, et se procurent souvent de l'ivoire, car ce sont de grands chasseurs ; ils travaillent avec ardeur et n'ont pas, chose incroyable, eu depuis longtemps de guerre avec leurs voisins. Digomi réalise sur eux de beaux bénéfices, car il est le seul à faire le commerce avec eux, et les prix sont encore vraiment primitifs. Mon hôte fit de son mieux pour bien me recevoir, ce qui n'était pas facile, car il était lui-même absolument à court de provisions; il m'affirma que le gorille abondait réellement dans ce pays, et me promit de m'accompagner lui-même à la chasse de cet animal et de mettre sur pied tous les chasseurs bakalais disponibles; malheureusement, nous étions à l'époque de la récolte du caoutchouc, et beaucoup des plus habiles étaient en ce moment absents et à de grandes distances. Digomi tint parole; le lendemain, au petit jour, lui, François et six chasseurs bakalais étaient sous les armes. Afin d'augmenter nos chances de succès, nous nous divisâmes en trois bandes, qui partirent chacune de leur côté.

J'avoue que je désirais ardemmemt tuer personnellement un gorille, et j'étais décidé à faire pour cela des efforts surhumains. J'aurais voulu pouvoir enregistrer dans mes annales de chasseur ce coup de fusil, qui n'a été donné ni à Windwood Reade, ni à son ami le major Levinson : cet ami, qui s'intitule dans ses écrits le vieux trappeur, après avoir tué quantité de lions, d'ours, d'éléphants et de rhinocéros, est venu au Gabon exprès pour chasser le gorille, et il a dû s'en retourner sans même l'avoir vu. Au reste, aucun blanc excepté M. Duchaillu, qui, je le crois, en a réellement tué, n'a pu abattre de gorille. On me représentait cependant cet animal comme si commun autour du lac Oguémouen, que j'espérais bien avoir occasion d'en tirer un, et l'on n'a guère de chance de les manquer, car, sous bois, on ne tire que de près, et le même coup qui fait tomber un homme fait tomber un gorille ; M. Duchaillu lui-même le reconnaît. A deux kilomètres de la case de Digomi, nous tombâmes sur des traces toutes fraîches de gorille ; il est impossible de s'y méprendre, car cet animal, en se promenant, a l'habitude d'arracher une quantité de racines et de casser toutes les branches autour de lui. C'est un enragé marcheur. Celui-ci nous conduisit à travers une épaisse forêt ; de là, il gravit une montagne escarpée, redescendit dans la plaine et s'enfonça dans un marécage ; tantôt nous rampions à quatre pattes dans les fourrés, tantôt nous étions dans l'eau jusqu'à la ceinture ; je faillis me casser la tête en descendant la montagne. Mes nègres étaient infatigables ; mais moi, vers quatre heures du soir, n'ayant encore rien mangé et n'en pouvant plus, je demandai grâce ; heureusement, la poursuite ne nous avait pas trop éloignés du lac, et Digomi trouva une pirogue pour me ramener chez lui. Le lendemain, je recommençai sans plus de succès : j'étais cependant avec un Bakalais renommé comme chasseur. Digomi et François avaient pris par un autre chemin. Au bout de deux heures de chasse, François, qui était un peu en avant, vit tout à coup, à quatre pas devant lui, trois gorilles, dont un énorme mâle ;

il avait, malgré ma recommandation, oublié de flamber son fusil le matin, précaution nécessaire dans des pays aussi humides, de sorte que ses deux coups ratèrent. Si les gorilles mâles eussent été, comme le dit Duchaillu, « avec le lion de l'Atlas, les deux bêtes les plus féroces et les plus puissantes de tout le continent, » François était perdu ; mais il paraît que M. Duchaillu a quelque peu exagéré, car les gorilles eurent aussi peur que le chasseur : hommes et bêtes se sauvèrent chacun de leur côté.

Le troisième jour, j'eus du moins une grande satisfaction, je vis deux gorilles; ils étaient deux, énormes tous les deux, grimpés au sommet d'un arbre mort. M. Duchaillu a écrit : « Je déclare que je sentis presque l'émotion d'un homme qui va commettre un meurtre, quand je vis les gorilles pour la première fois : ils ressemblaient d'une manière effrayante à des hommes velus. » Je déclare à mon tour, que je crus voir les deux ours Martin sur leur perchoir du Jardin des plantes. Je n'étais qu'à 120 mètres, belle portée pour une carabine, mais distance trop longue pour un fusil de chasse. Je voulus les approcher davantage, en me traînant à plat ventre de leur côté; mais j'avais le faux vent : ils m'éventèrent, et, lestes comme des singes — c'est le cas de le dire — ils dégringolèrent de leur arbre et disparurent dans les broussailles. J'arrivai à temps pour entendre le bruit des branches qu'ils cassaient en se sauvant et en témoignant leur mauvaise humeur par des grognements assez semblables à ceux du petit ours brun de Floride. « Le rugissement des gorilles est le son le plus étrange et le plus effrayant qu'on puisse entendre dans ces forêts... Je suis sûr d'avoir entendu le rugissement du gorille à trois milles de distance, et le battement de ses bras sur sa poitrine à un mille au moins... Il n'y a rien qui puisse rendre l'effet de cette espèce de tonnerre... Je n'ai jamais pu m'habituer au rugissement du gorille, dit plus loin M. Duchaillu. » Ni moi non plus... parce que je ne l'ai jamais entendu, ni personne, à ma connaissance. Je ne doute pas que le gorille ne le pousse quelquefois, puisque M. Duchaillu en a conservé une si vive impression ; mais je puis assurer que ce n'est qu'à de très-rares intervalles. Ordinairement il se contente, comme les deux que j'ai vus, d'une espèce de grognement qui ne ressemble nullement au roulement du tonnerre.

En rentrant ce jour-là, je trouvai la case mise en émoi par un accident qui aurait dû avoir des suites très-graves : la veille, j'avais fondu des balles d'un fusil de gros calibre pour en faire des chevrotines ; le lendemain, en partant pour la chasse, je dis à Joseph, le *boy* resté avec moi, d'utiliser les rognures du plomb, en les refondant et en les coulant dans le moule à chevrotines. Joseph, ayant mis dans sa tête que les rognures ne suffisaient pas, inventa d'aller prendre dans une boîte des balles semblables à celles dont je m'étais servi la veille. Par malheur, il tomba justement sur une balle explosible, qui éclata naturellement, à peine mise sur le feu. La Providence voulut que l'explosion eût lieu presque verticalement ; Joseph n'eut rien, et le beau-frère de Digomi, qui se trouvait avec lui, en fut quitte pour une blessure assez légère à la joue. Cet accident frappa de stupeur les noirs, qui ne manquèrent pas d'attribuer à la malveillance des esprits cet événement pour eux surnaturel.

Je ne fatiguerai pas le lecteur du récit détaillé de mes chasses. Qu'il suffise de dire que pendant trois semaines, je mis un acharnement digne d'un meilleur sort à poursuivre les gorilles. Qu'il me soit permis aussi de citer, avant de terminer ce sujet, deux incidents de nos chasses qui prouvent combien M. Duchaillu a exagéré la férocité de cet animal. Voici le premier de ces incidents. Deux Bakalais, ayant vu un grand gorille mâle entrer dans un petit bois, se glissèrent comme des serpents sur ses traces, et arrivèrent à quatre ou cinq pas de lui. Ils voulurent faire feu ; mais leurs deux fusils à pierre ratèrent, ce qui n'est pas rare avec de pareils outils.

Le gorille fit, dans le premier moment, ce que ferait un sanglier brusquement surpris dans sa bauge : il courut sur eux. Laissant tomber leurs fusils, devenus inutiles, les Bakalais saisirent leurs couteaux, de ces couteaux à lames larges fabriqués par eux-mêmes, et, l'arme haute, l'attendirent de pied ferme... ce que voyant, le gorille *se sauva*. Deuxième incident. Cinq jours plus tard, un autre Bakalais, tout seul, aperçut un très-grand gorille perché sur un arbre dans un petit bois en face du village de Digomi, sur la rive opposée du lac. Il parvint à l'approcher et le tira : l'animal tomba de l'arbre; mais il n'était que blessé, et disparut à toutes jambes dans l'épaisseur du bois. Il était six heures du matin, et nous allions partir pour la chasse. Appelés en toute hâte, nous avons suivi les traces de sang que laissait derrière lui l'animal blessé, pendant plus de deux heures, jusqu'à ce que nous les ayons perdues de vue dans un marécage. Nous l'entendions tout le temps grogner et fuir devant nous, s'arrêtant, puis se sauvant de nouveau à mesure que nous approchions. Le bois était fourré, et nous ne pûmes le joindre, car nous n'avancions que très-lentement; mais quel est l'animal *féroce* qui, blessé grièvement, se serait ainsi laissé poursuivre sans faire tête au chasseur? Non, le gorille n'est pas un intermédiaire entre l'homme et la bête, un monstre furieux qui erre sur ses deux pieds de devant dans les forêts dont il est le roi, et dont il a chassé le lion : c'est tout bonnement un énorme singe. Si, comme le papion, le cynocéphale, et bien d'autres, il se tient de préférence à terre, il n'en grimpe pas moins assez souvent aux arbres comme les autres singes. Il voyage toujours à quatre pattes, n'attaque l'homme et ne se redresse contre lui que dans les cas où il est brusquement surpris, et lorsque la retraite lui semble coupée. Enfin, il ne diffère de ses congénères que par sa taille et sa force musculaire extraordinaire, et l'on peut dire avec Windwood Reade, en lisant dans l'*Afrique équatoriale* la description des mœurs du gorille, « que M. Duchaillu, qui avait de meilleures chances qu'aucun de nous d'apprendre à connaître la vraie nature de cet animal, s'est malheureusement laissé entraîner à sacrifier la vérité au désir de faire de l'effet, et l'estime des hommes de la science à une popularité passagère[1]. »

Cependant ma santé s'usait dans ces chasses épuisantes. Souvent je ne faisais mon premier repas qu'à la tombée de la nuit, et quel repas! Il régnait dans tout le pays une vraie disette : on n'y trouvait ni poules, ni œufs, ni viande d'aucune sorte. Le poisson abonde dans le lac Oguémouen comme dans le lac Z'Onangué; mais sur le lac Oguémouen, bien plus encore que sur le lac voisin, il était très-rare que les noirs prissent la peine de le pêcher et surtout qu'ils consentissent à le vendre. Il y avait bien un vieux bouc dans le village; mais on m'en demandait

[1] *Savage Africa*, éd. 1864, p. 212.

presque la dot d'une femme, ce qui était cinq fois sa valeur. Plusieurs fois cependant la faim faillit me faire succomber à la tentation de l'acheter; mais je tins bon : il est vrai que l'odeur terriblement accentuée du bouc diminua un peu l'héroïsme de mon sacrifice. Sous l'équateur, il fait, comme on le sait, nuit à sept heures; les soirées sont longues quand on est seul, et l'excès même de la fatigue m'empêchait souvent de m'endormir avant une heure avancée de la nuit. Je cherchais alors un refuge contre l'ennui dans de longues conversations avec Digomi, qui était vraiment intéressant à entendre. Il me racontait les traditions, les légendes, les croyances des Mpongwé. Digomi était fils de Pyrrha, qui vit encore aujourd'hui au Gabon, à Pyrrha[1], tout près de l'établissement français. Le vieux roi passe chez les noirs pour être un grand maître dans la magie et dans les sciences occultes. Son fils, bien que chrétien, nourri dans les préjugés de sa nation, habitué à voir vénérer tout autour de lui les pouvoirs surnaturels de son père, n'avait pu s'arracher à quelques-unes des superstitions des siens.

Chose digne de remarque, les croyances les plus profondément enracinées dans l'esprit de ces peuples sont, avec quelques variantes, les mêmes que celles qui avaient crédit chez nous au moyen âge.

[1] Les villages portent souvent le nom de leurs rois.

Comme alors, ils croient au don de seconde vue, par lequel certains hommes privilégiés peuvent lire dans l'avenir; comme alors, ils croient au jugement de Dieu pour faire connaître les criminels; seulement, l'épreuve, au lieu d'être faite par le fer ou le feu, est faite par le poison qu'on fait boire aux accusés[1]. Comme alors, ils croient que l'on peut, par des sortiléges, tuer son ennemi, fût-il même à une grande distance. Au moyen âge, en Europe, on poignardait ordinairement une statue en cire représentant celui qu'on voulait faire périr; en 1873, dans l'Afrique équatoriale, les choses se passent, à quelque différence près, de la même manière; on y met seulement plus de recherche. « Si, me disait Digomi, tu veux tuer ton ennemi, va trouver un des hommes versés dans la grande science, et dis-lui : *Onéro* (vieillard), il faut que cet ennemi meure! Je suis prêt pour cela à te donner telle et telle chose! » Alors, si tes offres sont acceptées, il te fera passer la soirée à accomplir les cérémonies mystérieuses. La nuit, tu veilleras assis dans l'obscurité. Tout à coup une ombre apparaîtra, un fantôme se dressera, et tu verras ton ennemi prendre place à tes côtés. Alors le féticheur te dira : « Mon fils, l'heure est venue; voilà celui que tu veux tuer : si tu persistes dans ton

[1] J'aurai occasion de décrire prochainement cette épreuve dans ses plus grands détails.

dessein, frappe-le au cœur. » « C'est, me disait Digomi d'un ton solennel, l'instant décisif dans lequel beaucoup ont senti faiblir leur résolution. Mais si le courage ne te manque pas, si tu poignardes l'apparition, à l'heure, à la minute même où tu donnes le coup de couteau, ton ennemi, fût-il à cent lieues de là, au haut d'une montagne ou sur les vagues de la mer, expirera instantanément... Que veux-tu, ajoutait mon interlocuteur avec une parfaite bonne foi, je suis chrétien, je crois ce que les Pères m'ont enseigné ; mais je ne puis cependant pas nier des faits qui ont lieu constamment au vu et au su de tout le monde. » J'aurais été bien curieux de voir quelques-unes de ces prétendues évocations magiques ; malheureusement, les féticheurs « versés dans la grande science » ont toujours refusé d'opérer devant les blancs.

Sentant la nécessité absolue de prendre du repos, je retournai à M'Boumba. Là, je ne pus cependant résister à aller faire encore une chasse, ou plutôt une tuerie des oiseaux d'Ingoway. Le 3 août, à dix heures du soir, au moment où j'allais me coucher, après avoir travaillé durant toute la journée à préparer les pièces tuées la veille, j'entendis à quelque distance trois coups de chassepot tirés consécutivement. C'était le signal convenu avec Marche, et par lequel il devait me prévenir de son retour. Je courus aussitôt au bord de l'eau, où je distinguai bientôt le bruit des pagaies alternant avec le chant des Gallois. Dix minutes après, Marche apparaissait.

— Des nouvelles! cria-t-il avant même d'avoir mis pied à terre.

— Vous avez des lettres? demandai-je tout anxieux; car depuis notre départ du Gabon nous n'avions reçu aucun courrier.

— Non, mais j'ai vu des blancs.

— Sinclair[1], sans doute! m'écriai-je avec amertume. C'est une pauvre plaisanterie!

— J'ai dit *des* blancs, reprit Marche d'un air triomphant. J'ai vu un amiral, un capitaine de vaisseau, un chirurgien-major, des matelots. Et il y a du nouveau en France : changement de gouvernement!

— Le roi? demandai-je tout de suite.

— Non. Mais le maréchal de Mac Mahon est président de la république.

J'ordonnai immédiatement trois salves en l'honneur de l'illustre président. Nos hommes, dont le bonheur suprême est de brûler de la poudre, surtout la nôtre, en tirèrent cinq, et auraient continué toute la nuit, si je n'avais arrêté leur zèle. Marche me raconta ensuite comment, le soir du jour où il m'avait quitté, il s'était arrêté pour faire cuire son dîner de bananes au premier village qu'il avait

[1] On se rappelle que Sinclair était le gérant de la factorerie.

trouvé sur l'Ogooué, près de l'embouchure du rembo Bando. Là, les nègres avaient couru à lui de tous côtés, criant : « Il y a des blancs qui remontent la rivière, beaucoup de blancs, et ils sont tout près d'ici.—Ce ne peut être que l'expédition allemande», pensa Marche; et une sueur froide lui perla au front à l'idée d'une concurrence aussi désagréable [1]. Ne pouvant y tenir, il allait se mettre en mouvement pour vérifier par lui-même l'étendue de notre désastre, lorsqu'un Gabonais demanda à lui parler, et lui remit une lettre ainsi conçue : « L'amiral du Quilio prie M. Marche de venir dîner avec lui ce soir, à Alégagani. » Le baron de Gondremark ne fut pas plus stupéfié lorsqu'il reçut l'invitation de l'amiral Waälter. A moitié fou de joie, Marche s'élança dans sa pirogue, et, une demi-heure après, arrivait à Alégagani, où il trouvait en effet M. l'amiral du Quilio, M. le baron Duperré, commandant de *la Vénus*, et M. le docteur Gaigneron. Ces messieurs lui firent un accueil dont il était encore ému. M. l'amiral du Quilio, sans tenir compte des incommodités et des fatigues d'un pareil voyage, avait, laissant au lac Avanga *le Marabout*, qui ne pouvait

[1] La Société de géographie allemande avait décidé en principe qu'une expédition montée sur un très-grand pied explorerait l'Ogooué. Nous le savions par la maison Wolber, qui avait reçu des instructions afin de lui faciliter le voyage. Cette expédition n'a pu avoir lieu.

remonter la rivière en cette saison, pris une pirogue qui le conduisit en cinq jours à Adanlinanlango. Il avait d'abord l'intention d'honorer de sa présence la case qui nous servait de quartier général ; mais il y avait là quelques centaines de bêtes empaillées, renfermées depuis trois semaines, et qui avaient un petit goût de leur cru, si bien que M. l'amiral préféra une des cases consacrées aux femmes de N'Combé... vide, s'entend. Marche m'énumérait avec complaisance les festins qu'il avait faits : « J'ai mangé du pain, j'ai bu du vin et de la chartreuse ; et il y avait là l'ancien cuisinier des *Frères-Provençaux*, qui faisait si bien les plats sucrés ! — « Allons, tant mieux ! grognai-je tout le temps que dura cette énumération tantalesque. Vous avez bien fait de manger pour deux là-bas, parce que je n'ai pas mangé pour un ici. »

M. l'amiral du Quilio, durant son séjour dans l'Ogooué, a conclu un traité par lequel N'Combé donne à la France, en pleine et entière possession, tout son royaume, qui s'étend, de fait, depuis le confluent de l'Ogooué jusqu'au village d'Assouka. Il est facile, en jetant un coup d'œil sur la carte, de se convaincre que c'est là un espace considérable, et couvert par une population nombreuse. La visite de l'amiral a eu, du reste, une excellente influence dans ce pays : peut-être eût-elle été encore un peu plus grande, si M. l'amiral avait *endossé son uni-*

forme. Beaucoup de ces sauvages ne comprennent guère qu'un si grand chef n'ait pas des insignes plus éclatants de sa puissance. Il est probable, du reste, que M. du Quilio avait de bonnes raisons pour rester en civil : ce n'est donc pas une critique que je me permets, je reproduis seulement un regret que j'ai entendu beaucoup exprimer par les traitants et par les agents des factoreries. Marche avait accompagné ces messieurs à la Pointe-Fétiche ; malheureusement, comme nous l'avons appris plus tard, les noirs, ne voulant pas profaner le lieu sacré, intimidèrent l'interprète Raphaël, et conduisirent M. l'amiral à l'opposé de l'endroit où était l'ancienne demeure du féticheur, les ossements, les abris des pèlerins et les autres reliques. Au reste, il n'y a pas perdu grand'chose.

M. l'amiral du Quilio a publié dans la *Revue maritime et coloniale* une très-intéressante relation de son excursion dans l'Ogooué, et nous ne pouvons qu'y renvoyer le lecteur. Seulement, ce qu'il n'y trouvera pas, et ce que l'auteur de la relation ignore sans doute, c'est que sa venue à Adanlinanlango a causé un accès de folie furieuse à notre cuisinier Chico, qui a failli perdre pour toujours le peu de raison qu'il possédait. Chico n'a pas, je l'ai déjà dit, la tête bien forte. Enivré de l'honneur de servir un si grand personnage, furieux d'être sous les ordres d'un cuisinier qui ne pouvait pas, disait Chico avec mépris, rester le nez dans la fumée sans éternuer; copieusement rafraîchi par les matelots de l'amiral, enflammé de colère par les railleries qu'on faisait de tous côtés sur sa petite personne, le pauvre diable n'avait pu supporter le conflit de tant de passions diverses : quelques heures après le départ de l'amiral, il était en proie à un véritable accès de démence, se sauvant dans les bois, hurlant et menaçant tous ceux qui l'approchaient. On essaya de lui mettre les menottes; mais ses mains minuscules rendaient ce moyen de répression dérisoire. Il fallut l'embarquer pieds et poings liés dans la pirogue. C'est ainsi que Marche me le ramena. Heureusement, dans la nuit, il s'endormit d'un sommeil qui dura deux jours, et pendant lequel s'opéra une réaction excellente : à son réveil, il ne se rappelait plus ce qui s'était passé, et il en fut quitte pour un violent mal de tête.

Marche voulait aller au lac Oguémouen pour chasser aussi le gorille : en arrivant, on nous en apporta un énorme, qu'un Gallois avait tué deux jours auparavant. Ce coup heureux était l'effet du hasard, car les Gallois sont de misérables chasseurs. Celui-là, entendant, durant la nuit, du bruit dans ses bananes, avait cru qu'un voisin était en train de les lui voler. Il était donc sorti, ayant à la main un fusil armé. A peine avait-il fait quatre pas dans la plantation qu'il se trouva nez à nez avec une grosse masse noire qui saisit son fusil. Instinctivement il serra la détente : le coup partit, et l'homme courut, sans regarder derrière lui, se cacher dans sa case, abandonnant son fusil à l'ennemi. Le lendemain, il revint avec du monde à l'endroit où il avait tiré, et l'on trouva un énorme gorille roide mort. Malheureusement pour nous, les noirs, au lieu de nous l'apporter tout de suite, l'avaient dépouillé eux-mêmes, c'est-à-dire d'une façon plus que médiocre, et, de plus, avaient perdu plusieurs os importants du squelette. Les chasses aux gorilles que Marche fit avec moi n'eurent, comme les précédentes, aucun succès; seulement, nous pûmes faire une excursion intéressante dans le lac Oguémouen. Digomi nous avait prévenus qu'il y avait sur ce lac une autre île aux oiseaux, seulement qu'elle était encore plus fétiche que l'autre, et que nous ne trouverions probablement personne pour nous y conduire. En effet, tous ceux à qui nous le proposions nous refusaient énergiquement; même François et les boys déclarèrent qu'ils n'iraient pas, car ils n'avaient qu'une vie à perdre, et celui qui mettrait le pied sur cette île mourrait à l'instant. Cependant deux jeunes Bakalais, tentés par l'offre de présents relativement considérables, se présentèrent en cachette pour nous guider. Chico, qui n'avait cessé d'injurier ceux qui refusaient de nous accompagner, les traitant de poltrons et de païens, se joignit à nous. Marche et moi, nous prîmes chacun une pagaie, et nous partimes avec les trois noirs. Après quelques heures qui nous parurent horriblement longues, car nous n'étions pas trop habitués, moi surtout, à manier ce genre d'avirons, les deux Bakalais nous firent accoster une assez grande île, et déclarèrent que nous étions arrivés. Nous reconnûmes tout de suite qu'ils s'étaient moqués de nous; mais les menaces, les injures et les promesses ne changèrent rien à leur affirmation. Ils soutenaient qu'ils nous avaient menés à l'endroit indiqué, et qu'ils ne savaient pas ce que nous voulions dire. Nous allions nous retirer furieux, lorsque j'aperçus, à un kilomètre et demi environ, une petite île blanchâtre qui me parut être un roust. J'ordonnai aux hommes de reprendre leurs pagaies pour aller vers cet endroit. A la terreur des deux Bakalais, je vis que j'avais deviné juste : ils supplièrent en vain, ils s'étaient fait payer, et, le revolver au poing, nous les obligeâmes à nous conduire. Ils nous prièrent alors de les débarquer sur une île voisine du lieu sacré. Nous y consentîmes volontiers : la pirogue n'était pas lourde, et nous pouvions très-bien, Marche, moi et Chico, nous passer d'eux pendant vingt minutes. Cependant, à mesure que nous approchions de l'endroit redoutable, la résolution de Chico faiblissait : il se disait qu'après tout, il pourrait bien y avoir du vrai dans ce qu'affirmaient les noirs du pays; ils devaient le savoir, puisqu'ils demeuraient si près, et il pensait comme eux qu'on n'a qu'une vie à perdre; si bien qu'au moment où nous débarquions les deux Bakalais, il se jeta à nos pieds et nous supplia de le laisser aller aussi à terre. Ce que nous fîmes, tout en lui débitant un torrent d'injures. Réduite à deux pagayeurs tels que Marche et moi, la pirogue n'avançait pas vite ; cependant, au bout d'une demi-heure, nous touchions à la fameuse île fétiche. A notre grand désappointement, les oiseaux l'avaient depuis peu de temps à peu près désertée : nous eûmes cependant la satisfaction d'y tuer trois pélicans, afin de bien faire constater que nous nous moquions des fétiches. Cet exploit accompli, nous regagnâmes l'île, aux acclamations des Bakalais émerveillés. Le pauvre Chico était si honteux de sa défaillance, qu'il n'osait pas se rembarquer. J'ai longtemps conservé des ampoules et des courbatures de cette journée extra-laborieuse. Nous revînmes le lendemain à M'Boumba. Dès notre arrivée, des Bakalais arrivèrent pour nous prévenir qu'un éléphant venait d'être grièvement blessé dans un piége, qu'il ne pouvait aller bien loin, et que si nous voulions le chasser, nous le tuerions facilement. Ces piéges sont d'énormes pièces de bois dans lesquelles ont été fichées des barres de fer aiguisées. On les suspend dans les chemins fréquentés par les éléphants, de manière que, quand ces animaux passent, ils font tomber la pièce de bois et la reçoivent sur le cou ou sur la tête. Bien que très-fatigués, nous nous remîmes en marche, car on n'a pas, même dans ces pays, occasion de tirer souvent des éléphants. Mais notre mauvaise chance ne nous avait pas abandonnés ; car à mi-chemin on vint nous prévenir qu'on avait trouvé l'éléphant mort à quelque distance du piége, de sorte qu'il ne nous resta plus qu'à revenir sur nos pas.

Marche dut repartir tout de suite pour Adanlinanlango, afin de remporter nos collections d'histoire naturelle, qui s'abîmaient à M'Boumba, et aussi de revoir celles que nous avions là-bas, et qui demandaient beaucoup de soins. Je restai encore neuf à dix jours après son départ, soit à M'Boumba, soit sur les bords du lac Oguémouen ; je tuai encore beaucoup d'oiseaux aquatiques, mais presque rien de nouveau.

Aussitôt après son arrivée à Adanlinanlango, Marche m'avait renvoyé sa pirogue. Le 13 août au soir, ayant fixé son départ au lendemain, je fis au roi de M'Boumba un cadeau d'adieu assez considérable ; car, à part ses nombreux palabres, il ne m'avait pas donné de sujets de mécontentement durant mon séjour dans son village. Il prit tout ce que je lui donnai, puis me déclara tranquillement qu'il n'était pas content de mon cadeau, et qu'il lui fallait cinq pagnes de plus. Je lui répondis sur le même ton que, à mon grand regret, il ne les aurait pas. Nous échangeâmes quelques paroles un peu vives, à la suite desquelles il trouva fort joli de me donner durant la nuit un charivari, hurlant lui-même, et faisant hurler par ses femmes divers compliments à mon adresse : le plus convenable me traitait de tangani pingre et mauvais. Voulant éviter une dispute avec ce pitre, et sachant qu'il s'en tiendrait aux paroles, j'empêchai mes Gabonais de lui administrer une volée, et fis semblant de ne rien entendre. Le lendemain, au petit jour, nos bagages furent transportés dans la pirogue, et nous partîmes sans être inquiétés ; seulement le roi nous jeta un fétiche. Tandis que lui-même se tenait à distance respectueuse, ayant à ses côtés une vieille sorcière avec laquelle il murmurait quelque invocation mystérieuse, un enfant de huit à neuf ans rampa comme un serpent près de notre embarcation, et, poussant un grand cri, il frappa par deux fois le bateau de la branche d'un certain arbre fétiche; après quoi, il se sauva comme s'il eût assassiné quelqu'un.

J'ordonnai de pousser au large, au grand scandale de mes hommes, qui me voyaient rire aux éclats, quand j'aurais dû, selon eux, punir un affront aussi grave en logeant une balle dans la tête du roi. Ce digne jeteur de sorts eût sans doute béni son fétiche, s'il eût vu la fièvre, accompagnée de vomissements continuels, qui me prit le jour même de mon arrivée chez N'Combé. Pour revenir, je donnai l'ordre à mes hommes de passer par le rembo Bando. Au reste, Marche était déjà revenu par cette voie. Sur la carte, cette rivière est marquée comme aboutissant au lac Z'Onangué, à la même hauteur que les rivières Akambé et N'Gomo : elle ne semble pas avoir plus de 1 ou 2 milles de longueur. Tandis que, en réalité, la distance du Bando, depuis l'Ogooué jusqu'à l'endroit où il vient se jeter dans le lac, doit être estimée à au moins *dix-huit* milles. Après avoir coulé, avec de nombreux détours, parallèlement au lac Z'Onangué, il vient se déverser dans cette grande nappe d'eau, à peu de distance au-dessus de l'île de M'Boumba. Il atteint dans beaucoup d'endroits une largeur considérable ; en d'autres, au contraire, surtout dans la partie la plus rapprochée de son embouchure, il ne mesure que 40 mètres d'une rive à l'autre. Cette partie plus voisine du lac est appelée par les naturels rembo Moundjé. Ils donnent souvent aussi le nom de rembo Jémé à toute la rivière. Le pays qui avoisine le rembo Bando est plat : je n'ai pu trouver nulle part les montagnes qui sont indiquées comme partant du lac Izanga, et longeant, à l'est, le lac Z'Onangué. Comme aucun blanc, excepté mon ami Marche, n'avait jamais remonté la rivière Bando, et que les noirs ne la fréquentent pas beaucoup, les hippopotames y ont élu leur domicile, et y sont si nombreux, que je ne comprends pas comment nous n'avons pas été chavirés. Ils ont, du reste, l'air de s'inquiéter fort peu des pirogues et même des coups de fusil.

Gorille femelle.

Dessiné par M. Brelon sur l'exemplaire préparé par M. Bouvier et acquis par le Musée de Genève.

Je brûlai pas mal de cartouches, ne tirant pas à plus de 15 ou 20 mètres; mais il n'y a pas grand plaisir à chasser les hippopotames en rivière : quand on les tue, ils vont au fond de l'eau, et ne reparaissent qu'au bout d'un ou deux jours, le courant les a déjà emportés fort loin, et d'autres profitent de votre coup de fusil. Nous sommes entrés dans le rembo Bando à huit heures et demie du matin, et malgré les efforts de nos pagayeurs, qui n'ont pris qu'une heure de repos, nous n'avons atteint l'Ogooué que le soir, à sept heures et demie. Il n'y a aucun village sur le fleuve jusqu'à deux milles environ de son entrée. Là, on trouve sur la rive gauche quelques cases de Bakalais. En chemin, nous fûmes dépassés par une gigantesque pirogue, ornée d'un pavillon français à l'arrière et d'un pavillon multicolore à l'avant. Dans le fond étaient couchés Ravinjinjoë, ex-roi du cap Lopez, ses femmes et un enfant. La pirogue portait trente pagayeurs : plusieurs avaient le nez et les oreilles coupés. Le roi fit accoster mon canot, me tendit la main, et protesta d'un dévouement sans bornes aux Français. Il m'expliqua ensuite qu'il allait régler un palabre pour la mort d'un de ses hommes tué au lac Izanga. C'est un singulier amateur que ce Ravinjidjoë. L'un des rois du cap Lopez, il avait été chargé par les autres rois et par les siens d'aller exercer une sorte d'emploi de grand justicier dans le Cama. Il devait faire couper les oreilles aux débiteurs insolvables, aux criminels, à ceux qui refusaient de payer les maris outragés, etc., etc.; mais il coupa non-seulement les oreilles des pauvres diables, mais encore leur nez, il exerça cette pratique avec tant de libéralité, qu'à la fin, le peuple, las de ce tyran, se souleva. Un certain Moundo commandait les insurgés, qui eurent la victoire. Ravinjinjoë, chassé de chez lui, se réfugia avec ses fidèles près des grands lacs, où il reconquit l'influence qu'il avait perdue dans son pays.

En arrivant dans l'Ogooué, nous fîmes halte dans un village qui se trouve près du rembo Bando. J'étais épuisé de faim et de fatigue, mais ne pus obtenir que des bananes. Dans toute la journée, je n'avais mangé qu'une sole. Cette sole, fort belle, il est vrai, avait été prise dans le lac Z'Onangué; c'est la seule que j'y aie vue, et dans tout autre cas je l'aurais conservée dans l'alcool; mais la faim était trop grande. Nous repartîmes le matin à six heures, pour arriver seulement à quatre heures et demie sans nous être arrêtés pour prendre quoi que ce soit en route. A Adanlinanlango, je tombai assez sérieusement malade Il n'entre nullement dans mes intentions de raconter en détail nos excursions sur les autres lacs qui avoisinent l'Ogooué; je donnerai seulement un résumé de quelques observations intéressantes au point de vue géographique qui ont résulté de ces excursions.

Le lac Azingo est plus grand que son tracé sur la carte ne le ferait supposer. La position est inexactement indiquée. La latitude que la carte lui attribue est de 0° 7′ 8″ ; tandis qu'elle devrait être de 0° 5′ 4″ ; la longitude marquée comme étant de 7° 7′ 0″ est de 7° 9′ 0″ ce qui le reporte presque au nord d'Adanlinanlango, et non à l'embouchure du rembo Bando. Au sud du lac Azingo vivent les Adjoumbas : c'est une tribu paresseuse et d'un naturel tracassier. Ils prétendent descendre des Mpongwés ou Gabonais dont ils parlent la langue avec une extrême pureté ; mais ils leur sont bien inférieurs au physique et même au moral. Au nord et à l'ouest du lac sont aujourd'hui établis des Pahouins : les tribus cantonnées autour de ce lac sont assez tranquilles, et par leur ardeur à couper du bois d'ébène fournissent un élément actif au commerce de ces pays. Cette tribu de Pahouins est la meilleure qu'on connaisse parmi ces peuples. Le lac Azingo communique avec l'Ogooué par quatre cours d'eau : 1° la rivière Ojougavijgza ; 2° la rivière Aroungo ; 3° la rivière Akalois ; 4° la rivière Ouréga. Je suis surpris de ne pas trouver sur la carte le lac Avanga, dont l'entrée peut s'apercevoir de la rive gauche de l'Ogooué, et qui se trouve à environ trente-cinq milles plus bas que le lac Z'Onangué. Ce lac Avanga est assez important. Enfin il me reste à signaler un lac jusque-là tout à fait inconnu des blancs, celui de Mpindi-Loango, sur la rive droite du fleuve, à un kilomètre de la rivière Ouréga. Une épaisse forêt de roseaux le dérobe à la vue, et l'on ne peut y arriver que par des coulées étroites pratiquées pour les pirogues. Au reste, les noirs n'aiment pas à parler de ce lac, car il est fétiche. Lorsque le vent souffle avec violence sur les eaux du Mpindi-Loango, il pousse devant lui de grands amas de roseaux ; c'est, disent les noirs, le M'Bouiri qui voyage, et malheur à qui le dérangerait en se trouvant sur son passage. Bien que le M'Bouiri se trouve partout, et spécialement dans ces îles fétiches des lacs Z'Onangué et Oguémouen, c'est l'Éliva Mpindi-Loango qui est sa résidence favorite.

Le 1er septembre, étant à Adanlinanlango et me trouvant mieux, je jugeai de stricte convenance de me mettre à l'unisson avec mes confrères en saint Hubert qui faisaient l'ouverture en France, et partis, en conséquence, avant le jour, pour la plantation de N'Combé, sur laquelle je chassai jusqu'à deux heures de l'après-midi, après quoi je revins, le carnier et l'estomac vides, et d'autant plus exaspéré que j'avais éprouvé quelques mésaventures fort désagréables pour un chasseur. Épuisé de fatigue, je pris à peine le temps de manger quelque chose avant de me jeter sur mon lit de camp et de m'endormir profondément. Mon sommeil ne fut pas de longue durée. Au bout d'une heure, des hurlements épouvantables me réveillèrent en sursaut : en un instant j'étais debout devant ma porte. Là, du haut de la colline, je contemplai un spectacle étrange. Les femmes chantaient des chants funèbres, se frappaient la poitrine et semblaient en proie à une terreur folle. Les hommes n'avaient pas l'air beaucoup plus rassuré. Tandis qu'un certain nombre couraient, le fusil à la main, vers les bancs de sable qui bordent la rivière, les autres nettoyaient leurs armes, mesuraient la poudre ou fourbissaient de vieux sabres, le tout avec une sage lenteur. Au milieu de ce bouleversement général, j'eus beaucoup de peine à apprendre la cause de toute cette panique; la voici cependant : Un Bakalais avait eu trois ou quatre boulines de vin de palme volées, évidemment par des Gallois. En conséquence, il s'était embusqué dans une plantation de bananes appartenant au village de N'Combé, bien sûr qu'il ne tarderait pas à y voir venir quelques Gallois. Comme le temps lui semblait long, il cueillit quelques bananes, alluma du feu et les fit rôtir. Au moment où il terminait son repas, deux femmes arrivèrent, leur mari les suivait à une centaine de mètres de distance. Profitant du moment où ces deux malheureuses lui tournaient le dos, le Bakalais fit feu sur elles, en tua une sur le coup, blessa l'autre; puis il s'en retourna, le cœur content[1]. Le vol de son vin

[1] Comme le prouve cet épisode, et beaucoup d'autres que

de palme était puni. En descendant sur les bords de l'Ogooué, je vis le cadavre de la femme : il était étendu sur des bûches d'ébène, dans un canot à demi tiré sur un banc de sable. Huit ou neuf femmes accroupies autour hurlaient des lamentations funèbres ; huit ou neuf autres, dans l'eau jusqu'à la ceinture, ne cessaient de frapper l'eau avec leurs mains. A quelque distance, pleuraient ou péroraient des groupes compactes au milieu desquels une femme excessivement vieille, coiffée d'un bonnet phrygien et appuyée sur une longue canne, hochait la tête d'un air sinistre ; c'était un tableau digne du pinceau d'un maître. La femme tuée avait quarante ans. La mort avait été instantanée ; sa figure était impassible, un de ses bras restait étendu, ses yeux étaient grands ouverts ; quand on la souleva pour me montrer ses blessures, on eût dit un hideux automate. Celle que le Bakalais n'avait que blessée avait quatorze ans ; elle avait la cuisse tra-

j'aurai occasion de citer dans ce récit, les noirs, tous ceux du moins de l'Afrique équatoriale, se préoccupent peu de punir un crime, ou de venger un affront sur la personne même du coupable ; il leur suffit d'exercer leur châtiment sur les membres de sa famille, de son village ou même de sa tribu. La base de toute législation chez les noirs, si on peut appeler cela une législation, est un système de responsabilité poussée jusqu'à sa limite extrême : responsabilité du maître pour ses esclaves, des parents pour leurs parents, de toute tribu pour chacun de ses membres, de tous les blancs pour chaque blanc, etc.

versée par deux petits morceaux de marmite [1], qui, heureusement, n'avaient cassé aucun os : on la confia aux soins de Marche, qui s'acquitta fort bien de ses fonctions de chirurgien [2]. Ce qui me paraît le

[1] Les Bakalais chargent ordinairement leurs fusils avec de petits morceaux de fer, provenant le plus souvent de marmites cassées.

[2] Ce serait peut-être le cas de dire comment et depuis quand Marche est chirurgien. Au moment de 1870, Marche était à Malacca et commençait un voyage dans lequel il devait explorer les îles Philippines. Lorsque le télégraphe eut fait connaître aux Indes le désastre de Sedan, il interrompit son voyage et revint tout de suite s'engager. Arrivé à Marseille, il ne voulut pas traîner dans les camps avec les mobiles et les mobilisés, et choisit les Éclaireurs de Constantine, corps surtout composé d'Arabes et constamment au feu. En arrivant au régiment, il lui fit don d'une pharmacie achetée pour son voyage et devenue inutile. Le lendemain le colonel le fait appeler : « Vous êtes docteur, » lui dit-il. — « Pardon, mon colonel, naturaliste. — Oui, oui, c'est la même chose; vous serez chirurgien-major au régiment. — Mais, mon colonel, je n'y entends rien. — Vous avez une pharmacie, c'est que vous savez vous en servir : vous serez chirurgien-major. — Mais, mon colonel, je suis venu pour me battre. — Sachez, monsieur, qu'il y a autant d'honneur à servir son pays en soignant ses soldats blessés, qu'en combattant soi-même; vous serez chirurgien-major, pas un mot de plus, où je vous fourre dedans. » Voilà donc Marche chirurgien-major, taillant, amputant, raccommodant. Heureusement il avait fait quelques études anatomiques; plus heureusement encore, trois semaines après, arrivait un docteur, un vrai cette fois, qui lui permit de reprendre le métier de soldat et de gagner son épaulette d'officier. En voyage Marche se souvient quelquefois de ses anciennes splendeurs médicales et met encore de temps en temps la main à la pâte.

plus caractéristique dans toute cette affaire, c'est que personne ne trouvait extraordinaire la conduite de ce Bakalais, qui, pour un peu de vin de palme volé, assassinait lâchement deux femmes parfaitement innocentes du vol. Lésé par des Gallois, il avait tiré sur les premières personnes de cette tribu qui lui étaient tombées sous la main ; c'était de bonne guerre chez ces peuples barbares. Seulement, maintenant il fallait venger les victimes. Toute cette nuit-là, le tam-tam battit sans relâche, les danses de guerre, les chants célébrant les futurs exploits qu'on allait accomplir contre les Bakalais se succédèrent sans relâche. Les hommes étaient tout feu et tout flammes. Le soleil levant devait voir l'extermination du dernier Bakalais. Mais quand le jour vint, toute cette ardeur était singulièrement refroidie. On eut grand'peine à rassembler les combattants ; ils partirent cependant, entassés dans de grandes pirogues de guerre. A moitié chemin, on avait déjà décidé qu'on tâcherait de *palabrer* avant de se battre. Aux trois quarts de la route, l'un des Gallois insinua, au milieu de l'approbation générale, que ce serait folie de faire la guerre sans le roi N'Combé, le destructeur de Bakalais, qui était en ce moment en voyage. En conséquence, les pirogues firent volte-face et l'on attendit N'Combé. A son retour, ce nouvel Ulysse dit à ses sujets : « Vous êtes insensés ; vous voulez attaquer les Bakalais d'ici, mais ne savez-vous donc pas qu'ils sont préparés à la guerre? Descendez au lac Izanga, nous tuerons tous les Bakalais qui habitent de ce côté-là et qui ne peuvent s'attendre à rien. » Les Gallois admirèrent une fois de plus le génie de leur roi et ils allaient partir pour cette expédition, lorsque l'agent de la factorerie, qui faisait un commerce fort lucratif avec les Bakalais qu'on allait massacrer, offrit à N'Combé et à ses hommes vingt-cinq gallons de rhum s'ils voulaient renoncer à leur vengeance. L'offre était séduisante et fut acceptée : c'est ainsi que ce grand palabre, qui devait faire couler des flots de sang, ne fit couler que des flots de rhum.

Cependant le moment était venu de faire, avant notre départ pour l'intérieur, le court voyage dont j'ai précédemment expliqué la nécessité. Il nous fallait sept à huit jours (en descendant le fleuve) pour gagner l'établissement français : au 15 octobre nous serions de retour chez le roi-Soleil, et, un mois ou cinq semaines plus tard, nous atteindrions les pays inconnus des Okandas. Tels étaient du moins nos calculs, selon toute prévision, très-raisonnables. Mais l'homme propose et Dieu dispose : de longues tribulations nous attendaient encore avant que nous pussions mettre le pied sur cette terre promise des Okandas.

CHAPITRE VIII

LES MAUVAIS JOURS COMMENCENT.

Décroissance rapide des eaux de l'Ogooué. — Nécessité de partir en pirogue pour le Gabon. — Adieux au roi-Soleil. — Maladie et souffrances. — Arrivée à Yombé. — Rencontre de M. P... — La factorerie de M. Walker. — Réception chez le roi N'Shango. — Un entretien confidentiel avec le roi. — Quarante et une femmes de rois séduites par un même individu. — Évasion du coupable. — Où nous sauvons la vie d'Akéva. — Cinq femmes de N'Shango vont subir l'épreuve du poison. — Le Mboundou. — Une plante qui se promène toute la nuit. — Récits d'Amoral et de P. — Nous partons pour voir l'épreuve du poison et ne voyons rien du tout. — Longue, douloureuse et inutile attente des hommes qui doivent nous conduire au Gabon. — Nous nous décidons à partir sans eux. — Un équipage très-fantaisiste. — Une traversée dans laquelle le grotesque le dispute au sinistre. — La tempête. — La perte d'un pâté de foie gras. — Nous arrivons au Gabon et reprenons nos places à l'hôpital. — Excursion à Elobay. — Le *Princess-Royal* — Encore à l'hôpital.

Durant la saison sèche, les eaux de l'Ogooué décroissent avec une extrême rapidité. D'énormes bancs de sable surgissent de tous côtés dans le fleuve, et le rendent bientôt impraticable aux vapeurs, même à ceux d'un tirant d'eau on ne peut plus faible. Nous nous trouvions à la fin du mois d'août, c'est-à-dire au moment où les eaux sont les plus basses; il était, en conséquence, impossible de circuler autrement qu'en pirogue, et nous devions nous résigner à employer ce mode de navigation jusqu'au Gabon, ou tout au moins jusqu'à la mer. Nous crûmes bien faire en profitant d'une occasion avantageuse qui s'offrit à nous au commencement de la première semaine de septembre. M. Amoral fut obligé de descendre l'Ogooué avec plusieurs pirogues appartenant à la factorerie, pour aller chercher des marchandises à Yombé. Yombé est une sorte d'entrepôt commercial établi par M. Walker à l'embouchure de la rivière ou plutôt du bras de l'Ogooué qui porte ce nom. M. Amoral offrit de nous conduire jusqu'à ce point, qui n'est éloigné du cap Lopez que d'un petit nombre de milles. Soit à Yombé, soit au cap Lopez, on trouve fréquemment des occasions pour le Gabon; mais, en mettant les choses au pire, c'est-à-dire en supposant que ces occasions fissent défaut au moment de notre arrivée, il nous restait toujours la ressource de fréter une de ces grandes pirogues du pays, construites de manière à pouvoir supporter la mer, et dans lesquelles on transporte ordinairement les esclaves du cap Lopez à l'île de San-Thomé ou à celle du Principe. La distance à parcourir de Yombé au Gabon n'est que de 70 milles. Durant les mois de juillet, août et septembre, le vent souffle d'une manière régulière du sud au nord, de sorte que la traversée se prolonge rarement pendant plus de trente à trente-cinq heures. Il faut trois jours pour descendre l'Ogooué; nous comptions donc, en partant d'Adanlinanlango le 5 septembre avec M. Amoral, arriver, au plus tard, le 11 du même mois au Gabon.

Ce jour-là, 5 septembre, à onze heures du matin, nous prenions congé de N'Combé, en lui promettant que la prochaine lune nous verrait de retour chez lui. Marche n'était pas bien; pour moi, je souffrais d'une fièvre ardente. Mal assis, pouvant à peine remuer, sans cesse exposé aux rayons d'un soleil brûlant, notre état ne pouvait que s'aggraver pendant un pareil voyage. Le premier jour, nous couchâmes dans un village, à la hauteur de la rivière Bando. Le lendemain, nos hommes pagayèrent depuis six heures du matin jusqu'à huit heures du soir, et nous fîmes beaucoup de chemin, de sorte que nous pûmes dormir dans les cases du roi Isogué. Le 7, dans la matinée, au moment où, ayant repris notre voyage, nous passions devant le village important de Wacombo, les habitants, rassemblés en masse sur le bord, appelèrent à grands cris M. Amoral, dans la pirogue duquel nous étions. Quand nous fûmes près d'eux, ils l'accueillirent avec toute sorte d'insultes et de menaces, et plusieurs d'entre eux, la figure peinte, ornés d'une sorte de baudrier en peau de tigre, en un mot, revêtus de leur attirail de guerre, le mirent en joue avec leurs fusils à pierre. En raison de notre état de santé, nous étions, Marche et moi, étendus au fond du canot, en sorte que les sauvages ne nous voyaient pas. Indifférents au tumulte et aux injures, nous ne nous donnions pas la peine de nous montrer; mais Amoral secoua bien vite notre torpeur, en nous criant qu'on allait faire feu sur nous. Nous sautâmes sur nos carabines, que nous tenions toujours à portée, et, à leur grande stupeur, les assaillants se trouvèrent à leur tour couchés en joue par des blancs dont ils ne soupçonnaient pas même la présence. Ils étaient fort peu désireux d'attaquer les grands amis de l'amiral, et moins désireux encore de faire connaissance avec nos armes, dont ils avaient sans doute déjà entendu vanter la perfection. Aussi, mettant de côté toute fausse honte, ils firent volte-face et se sauvèrent à toutes jambes dans les bois. Cet incident fut le seul qui vint rompre la monotonie de notre voyage. Le 8, nous arrivions à Yombé. Nous y trouvâmes M. P..., négociant français. Il allait repartir pour le Gabon avec sa goëlette, qu'il venait de charger de caoutchouc et d'ébène, et nous offrit, avec la cordialité particulière aux négociants de ces pays, passage à son bord pour nous, nos hommes et nos bagages. Cette proposition nous évitait la difficulté de trouver des pagayeurs, une dépense assez considérable, et les souffrances d'un voyage sur mer en pirogue, et dans de pareilles conditions de santé : c'est dire que nous l'acceptâmes avec plaisir et reconnaissance. M. P... nous demanda seulement d'attendre deux ou trois jours, parce qu'il avait envoyé tous les hommes de son équipage à quelque distance dans l'intérieur, pour chercher quelques dents d'ivoire qui lui étaient encore dues. Il n'y avait à cela aucune objection de notre part, et nous nous installâmes, en attendant le moment de partir, dans l'établissement de M. Walker. C'est une vaste case carrée, construite en bambous, selon l'usage du pays. Elle est divisée en deux compartiments, dont le premier, de beaucoup plus petit, sert de logement aux agents, quand ils sont de passage. Le second est un grand magasin dans lequel sont entassées les barriques de rhum, la poudre, les caisses de neptunes[1], de fusils, de matchettes, en un mot, toutes les marchandises dont on fait le commerce dans l'Ogooué. Ces marchandises sont déposées là, tous les deux mois environ, par *le Batanga,* assez grand vapeur appartenant à la maison Hatton et Cookson, que représente M. Walker. Ce navire relâche à Yombé en allant ravitailler les nombreuses factoreries que MM. Hatton et Cookson possèdent plus au sud de l'équateur. Lors de son retour, il repasse à Yombé, et remporte les divers

[1] Les neptunes sont de grands bassins de cuivre : on les fait figurer au premier rang dans les objets qui composent la dot d'une femme, bien qu'ils n'aient aucune utilité pratique.

produits, ébène, caoutchouc et ivoire, que M. Amoral y a apportés lui-même ou expédiés des factoreries de l'Ogooué.

M. Walker avait autrefois à Yombé une factorerie tenue par un agent blanc ; mais depuis quelque temps déjà il l'a supprimée, pour ne garder sur ce point qu'un simple dépôt de marchandises dont il laissait alors la garde à un de ses anciens domestiques, noir de Corisco, dans lequel il avait toute confiance. La suppression de cette factorerie a exaspéré les habitants du cap Lopez, et ce n'est pas un de leurs moindres griefs contre M. Walker. On ne saurait cependant blâmer ce négociant de s'être lassé des duperies continuelles dont il était victime, de la mauvaise foi et de la paresse des habitants, qui n'ont, du reste, presque rien à offrir en échange des marchandises si violemment réclamées par eux. D'ailleurs, aucun blanc ne voulait plus gérer la factorerie. C'est qu'il est par trop dur aussi de venir s'enfermer pendant des années sur cette petite île horriblement malsaine, où toutes les ressources font défaut, même celles de la chasse ou simplement de la promenade. On ne peut pas faire cinq cents mètres sans être de suite arrêté par des marais fétides, et la plus cruelle de toutes les privations, celle d'eau potable, s'y fait durement sentir. Il faut envoyer puiser la boisson quotidienne dans une mare bourbeuse qui se trouve sur l'autre rive, et sert d'abreuvoir aux bœufs et à tous les animaux sauvages du pays. On ne sait vraiment pas comment des hommes, même des nègres, ont pu choisir pour l'habiter un endroit tel que Yombé. Cependant, autour du dépôt créé là par M. Walker, s'élève un grand village construit avec beaucoup de soin. C'est la résidence de N'Shango, chef puissant, dont les frères, plus puissants encore que lui, se partagent le gouvernement du cap Lopez et de tous les pays environnants. Dès le soir de notre arrivée, N'Shango nous envoya, comme présent de bienvenue, des bananes et un peu de poisson fumé, et nous fit dire qu'il désirait vivement nous voir pour nous communiquer quelque chose de très-important. Nous n'étions pas de force à faire une visite officielle ce jour-là, et nous remîmes, en conséquence, l'entrevue au lendemain matin. Le lendemain matin, en effet, nous nous rendîmes chez le roi, accompagnés de MM. P... et Amoral. N'Shango nous attendait en grande cérémonie sous une sorte de hangar spécialement réservé aux réceptions. Il était assis dans un fauteuil, ayant à ses côtés ses six femmes favorites, littéralement chargées de colliers de perles. Près de lui était son fils aîné, garçon intelligent, élevé au Gabon, et qui lui servait d'interprète. Tous les sujets étaient debout, par respect pour leur chef. Le roi était revêtu d'une sorte de soutane en laine blanche, serrée à la taille par une ceinture écarlate à laquelle pendaient une corne d'antilope et une énorme sonnette. Par-dessus cette soutane il portait une capote d'artilleur. Son cou était orné d'un énorme collier de perles bleues, et sur sa tête se prélassait un bonnet phrygien surmonté d'un petit chapeau noir en velours. Malgré cet attirail ridicule, sa taille élevée, sa longue barbe blanche, et un grand air de dignité, prévenaient en sa faveur et inspiraient un certain respect. Ce n'est pas un méchant homme que ce N'Shango. Roi d'un peuple turbulent, guerrier, qui aujourd'hui hait les blancs et ne demande qu'à se soulever contre eux, frère de deux hommes qui sont l'âme de tous les complots ourdis contre les négociants, il restait autant que possible étranger aux intrigues, et faisait servir son influence à calmer les esprits exaspérés. Seulement son caractère est plutôt vif : quand dans son ménage il prend son bâton, toutes ses femmes s'enfuient dans les palétuviers et ne reparaissent que trois ou quatre jours après.

Il nous reçut, du reste, avec de grandes démonstrations d'amitié, et exprima le regret de n'avoir pas à nous offrir une boisson digne de chefs blancs, telle que du vermouth ou de l'absinthe. On nous avait préparé à côté de son fauteuil des siéges sur lesquels nous prîmes place. La conversation fut languissante. Le roi paraissait très-gêné. Au bout d'un quart d'heure, n'y tenant plus, il nous fit dire tout haut par son fils qu'il avait à nous parler de choses qui ne devaient être entendues que de nous; que son peuple était très-curieux, et que les maisons elles-mêmes avaient des oreilles. En conséquence, il nous priait de nous rendre avec lui dans un endroit situé en plein air, éloigné de tout arbre et à l'abri de toute tentative d'espionnage. Nous le suivîmes au lieu qu'il nous désignait. Là, il nous fit asseoir en cercle, et M. P..., Amoral, Marche et moi, prenions part à la conférence. Aucun noir n'avait été admis, à l'exception de son fils. « Tangani (blancs), nous dit-il, j'ai un poids sur le cœur, et ma langue parlera. Walker est votre ami, mais il n'est pas le mien; il n'a pas confiance en moi, il ne m'aime pas, et cependant ma langue parlera, car je ne veux pas que lorsque Walker reviendra ici, lorsqu'il trouvera ses marchandises de Yombé disparues et pillées, il dise : « Je savais que N'Shango était un malhonnête » homme : il a laissé voler mon bien, et il en a eu sa part. » Eh bien, par Iassi! N'Shango est un honnête homme, et la preuve, c'est qu'il va vous révéler la vérité : le noir qu'emploie Walker trompe indignement sa confiance; il laisse piller la maison; il donne lui-même toutes les marchandises pour payer ses palabres de femmes, et savez-vous combien il en a de palabres de femmes? Je vais vous le dire. »

N'Shango sembla se recueillir un instant, puis il dit quelques paroles à son fils, qui se leva et alla chercher de petites branches d'arbres morts, qu'il vint déposer aux pieds de son père. Le vieillard en prit une dans ses mains et continua d'un ton solennel : « Je ne m'occuperai pas, dit-il, des jeunes filles et des femmes esclaves ou bamba[1], non, en énumérant celles avec lesquelles il a eu des relations criminelles, je ne citerai que les femmes de rois ou de chefs influents. A moi, N'Shango, dit-il, il a séduit huit femmes, » et N'Shango cassa huit petits morceaux de bois, qu'il mit par terre à côté de lui ; « à mon fils, que vous voyez ici, trois, » et le roi ajouta trois petits morceaux de bois aux huit premiers ; « à Rengoa, mon frère de la grande terre, dix ; » dix petits morceaux de bois vinrent s'aligner à côté des onze premiers pour constater l'étendue du désastre de Rengoa. Le roi énuméra encore plusieurs collègues trompés dans des proportions non moins fâcheuses. Quand il eut fini, il ordonna à son fils de compter les petites branches indicatrices ; il y en avait quarante et une. « Il en manque, dit gravement N'Shango, mais ce que j'ai indiqué suffit. » En effet, cela suffisait, surtout si l'on considère que *chaque* délit de séduction se règle ordinairement au cap Lopez en coupant les oreilles du coupable, qui est ensuite vendu comme esclave au profit du mari. Aussi le roi nous expliqua

[1] Né d'un père libre et d'une mère esclave.

que, pour sauver ses oreilles et sa liberté, l'employé de M. Walker prodiguait aux chefs outragés toutes les marchandises de la factorerie, et que, dernièrement encore, au moment de subir le dernier supplice des mains de Rengoa, de la grande terre, qui avait, du reste, *dix fois* le droit de se venger, il avait donné, aux frais du magasin, bien entendu, une barrique de rhum contenant cent gallons (environ 500 bouteilles), plusieurs caisses de fusils et cent pièces d'étoffes à 15 fr. l'une. N'Shango concluait en disant, ce qui était parfaitement vrai, du reste, qu'il lui avait été impossible d'empêcher ce pillage, M. Walker ne lui ayant jamais donné aucune autorité sur son établissement, et il nous priait d'avertir M. Walker pour qu'il remplaçât au plus vite cet agent infidèle. Aussitôt que le digne monarque eut terminé ses révélations, M. Amoral courut au magasin et commença la vérification des marchandises qui y étaient déposées. Dès le premier coup d'œil, il reconnut que N'Shango avait dit vrai, et, après l'avoir remercié cordialement, il lui confia les clefs du magasin comme marque de haute confiance; depuis ce moment, aucune marchandise n'a plus disparu. Quant au voleur, le Lovelace nègre, nous voulions l'attacher et l'emmener enchaîné au Gabon; mais il avait surveillé de loin notre conférence avec le roi, et, devinant qu'il n'en sortirait rien de bon pour lui, s'était hâté de monter dans une pirogue et de se soustraire par la fuite au châtiment qui l'attendait. Nos affaires avec le roi N'Shango terminées, nous allâmes déjeuner. Ce jour-là, nous faisions bombance en l'honneur d'Amoral, qui devait repartir le jour même pour Adanlinanlango. On avait retrouvé une vieille boîte de *résurrection*[1], et M. P... devait nous faire goûter d'un plat de manioc fait par les noirs et qu'il trouvait excellent (disons tout de suite que Marche et moi nous n'avons jamais pu nous y habituer). Nous pouvions bien être à table depuis un quart d'heure, lorsque nous entendîmes un bruit épouvantable qui partait du village. Bientôt François et Chicot accoururent nous dire que le roi N'Shango voulait couper le cou à l'une de ses femmes, et qu'il fallait nous dépêcher si nous voulions intervenir à temps. Nous quittâmes tout de suite notre repas et nous rendîmes à la case des réceptions, dans laquelle était entassée une foule compacte qui semblait très-émotionnée; elle s'ouvrit avec empressement sur notre passage et nous permit d'arriver jusqu'au roi. N'Shango gesticulait d'un air furieux : à ses pieds était étendue une jeune femme pieds et poings liés. Debout, près de lui, se tenait un chef que nous reconnûmes pour Makoumbé,

[1] On a baptisé du nom *résurrection* le bœuf d'Australie en conserves. Cette viande n'est pas mauvaise la première fois qu'on en mange, mais on s'en dégoûte très-vite et elle finit par donner des nausées.

noir du cap Lopez. Cet homme, si insolent d'habitude, semblait en ce moment fort humilié, contrit et suppliant. Tous ses gestes indiquaient qu'il demandait grâce pour la victime. Voici ce qui s'était passé, à ce qu'on nous expliqua après le dénoûment de l'affaire. Un nommé Anguila, traitant de M. Walker, Gabonais influent et ami personnel de N'Shango, avait envoyé à Yombé, pour traiter diverses affaires, un de ses esclaves dans lequel il avait grande confiance. Malheureusement cet homme, tout orgueilleux de sa mission, oublia sa condition infime et se permit de faire des propositions déshonnêtes à la sœur de ce Makoumbé, chef puissant et ami de N'Shango. Cette femme le dénonça immédiatement à son frère. La loi est formelle. Tandis que, de la part d'un homme libre, la séduction doit être consommée pour constituer un crime, de la part d'un esclave une simple proposition suffit. Makoumbé fit donc enchaîner l'homme qui avait osé désirer sa sœur, et allait le vendre aux Portugais, lorsque N'Shango intervint. Il supplia Makoumbé de renoncer à exercer son droit, disant qu'il serait profondément affligé que, chez lui, on fît à Anguila l'affront de vendre un de ses esclaves aux *Poutou*[1], et promettant en même temps un beau cadeau à la sœur de Makoumbé. Mais celui-ci fut inflexible et se ren-

[1] C'est le nom que dans l'Afrique équatoriale on donne aux Portugais.

ferma dans son droit strict; en conséquence, l'affaire dut être tranchée par voie de palabre. Le règlement en fut confié aux *onéros* (anciens) du pays, qui avaient été convoqués dans la case des réceptions et, en ce moment, étaient assis en cercle autour du roi. Devant les onéros, Makoumbé soutint sa décision première avec une extrême violence; il déclara qu'il avait la loi pour lui et défia le roi de violer la loi en soustrayant à sa vengeance l'esclave d'Anguila : comme gage de son défi, il prit une longue paille, la cassa en deux, et, jetant la première moitié vers les onéros, enferma l'autre dans la sacoche qu'il portait au côté[1]. N'Shango se leva alors : « Makoumbé, lui dit-il, tu as bien parlé, vends l'esclave aux Poutou; je veux qu'on applique la loi. » De longs applaudissements saluèrent une décision aussi équitable. Le palabre semblait terminé et le conseil allait se retirer, lorsque le roi le retint. « Onéros, leur dit-il, ne vous éloignez pas : j'ai encore une question à vous adresser, et toi, Makoumbé, reste aussi, cela t'intéresse. » Chacun écouta curieusement. « Onéros, reprit N'Shango, j'ai, vous le savez, épousé une femme esclave, je l'aimais beaucoup et j'en ai fait ma première femme[2].

[1] Ces sacoches sont fabriquées au cap Lopez même avec des pailles de diverses couleurs ou de la ficelle; les noirs y renferment leur poudre et leurs talismans.

[2] La principale épouse du mari, personne privilégiée, a la

Si cette femme, cette ancienne esclave, venait à me tromper, quel châtiment mériterait-elle? — « La mort, » répondirent les onéros d'une seule voix. Eh bien, » s'écria N'Shango d'une voix tonnante, « saisissez Akéva [1], chargez-la de liens et apportez-moi le couteau qui sert aux exécutions. » Akéva était cette esclave du roi dont il avait fait sa première femme et qui était en ce moment à ses côtés ; en un instant elle fut saisie et garrottée. « Macoumbé, » dit alors le roi, « tu as eu des relations criminelles avec Akéva, » et, comme celui-ci protestait : « Ne le nie pas, j'en ai la preuve depuis longtemps; comme je te croyais un ami dévoué, j'avais fermé les yeux; mais tu n'es pas mon ami, je viens de le voir; d'ailleurs, tu l'as très-bien dit, il faut que la loi soit appliquée. Ici, à l'instant même, je vais donner à Akéva la mort qu'elle mérite. Quant à toi, tu sais ce qui t'attend, ce n'est pas mon affaire. » Makoumbé savait, en effet, ce qui l'attendait; Akéva morte, ses frères auraient certainement assassiné l'amant de leur sœur, cause de son supplice. Peut-être aussi aimait-il cette femme; toujours est-il qu'il

haute main sur les affaires, partage ses secrets et gouverne ses autres femmes. Une intrigue avec elle est une offense d'une nature spéciale et bien plus grave que toute autre. (Duchaillu, *Afrique équatoriale*). Ceci est vrai surtout au cap Lopez.

[1] Akéva en mpongwé veut dire merci; beaucoup de femmes portent ce nom parmi les Gabonaises et aussi parmi les Galloises.

se jeta aux pieds du roi, promettant non-seulement de ne pas faire vendre l'esclave d'Anguila, mais encore de ne demander aucune compensation pécuniaire. Mais, à son tour, N'Shango semblait inflexible. « Non, non, » répétait-il à chaque instant, « tu l'as trop bien dit, Makoumbé, il faut qu'on applique la loi, et je te défie de me la faire violer. » Les choses en étaient là quand nous entrâmes dans la salle du palabre, et naturellement, sans savoir ce qu'avait fait Akéva, nous nous joignîmes à Makoumbé pour demander sa grâce. Au fond, je crois que le monarque aurait été fâché d'immoler une femme pour laquelle il avait certainement encore de l'affection; aussi il se rendit à notre requête, mais il déclara solennellement que si ce n'eût pas été pour obéir à ses tangani (blancs), qui voulaient qu'Akéva vécût, il l'eût tuée sans pitié.

M. Amoral ne put pas partir ce jour-là. Il fut retenu par l'arrivée à Yombé d'une pirogue d'Adanlinanlango. Les noirs qui la montaient nous apprirent que les hommes de M. P..., si impatiemment attendus par nous, ne seraient pas de retour avant deux ou trois jours, car ils s'étaient beaucoup attardés en route. Ce nouveau délai nous contraria considérablement, car nous étions, moi surtout, très-souffrants, et nous n'avions pour toute nourriture que quelques poulets maigres qu'il fallait manger sans sel et sans assaisonnement d'aucun genre et un peu de manioc déjà fermenté. L'eau était, comme je l'ai dit, fétide, et nous causait des nausées épouvantables.

Cependant un moment nous pûmes croire que ce retard forcé aurait du moins un avantage, celui de nous faire assister à une cérémonie solennelle très-intéressante pour nous, malgré son horrible cachet de barbarie. Il s'agissait de ce jugement de Dieu dont j'ai déjà parlé et dans lequel l'épreuve du poison doit révéler l'innocence ou la culpabilité de l'accusé.

Le roi N'Shango avait perdu sa mère quelques jours auparavant, et, dans ce malheureux pays, infesté de toutes les superstitions, il est rare qu'il meure une personne encore jeune et appartenant à une famille influente sans que sa mort soit attribuée à la sorcellerie. M. Duchaillu, dans un excellent chapitre « sur le système d'esclavage et les superstitions dans l'Afrique équatoriale », s'exprime ainsi à ce sujet : « Le plus grand fléau de ces contrées est la croyance à l'aniemba, c'est-à-dire à la sorcellerie et à la magie. Le nègre croit fermement que la mort est une violence contre nature ; il ne peut s'imaginer qu'un homme bien portant quinze jours auparavant puisse être amené par la maladie aux portes du tombeau, à moins qu'un sorcier puissant ne s'en soit mêlé et n'ait, par quelque maléfice, attaqué le principe de la vie et déchaîné le mal... Le hasard fait-il tomber les soupçons sur quelque malheureux, à qui l'on prête un motif de haine, l'effervescence qui couvait ne peut plus se contenir et déborde... » Le hasard est, ainsi que le dit ailleurs M. Duchaillu, généralement secondé par les vengeances et les cupidités privées. Dans le cas qui nous occupe en ce moment, la vindicte publique accusait d'avoir ensorcelé la mère du roi cinq femmes du village de Yombé. Les malheureuses avaient naturellement nié énergiquement toute culpabilité et offert de subir l'épreuve du poison. Au moment où nous nous mettions à table pour dîner, on vint nous prévenir que les cinq prétendues sorcières devaient boire le m'boundou dès le lendemain, à la grande terre [1]. Nous prîmes, Marche et moi, tous les arrangements nécessaires pour nous rendre le lendemain au lieu où devait se passer la cérémonie. Cette démarche, entreprise malgré le mauvais état de notre santé, n'avait pas été résolue dans un simple but de curiosité; nous espérions que notre influence pourrait peut-être sauver quelques-unes de ces malheureuses.

Avant d'aller plus loin, je vais donner quelques détails sur cette cérémonie du m'boundou ; ils seront lus avec intérêt, car cette funeste superstition joue un grand rôle dans la vie des noirs et dépeuple l'A-

[1] On désigne à Yombé, sous le nom de grande terre, le pays qui avoisine le cap Lopez.

frique équatoriale à l'égal de la guerre et de la traite des esclaves. Le m'boundou est un poison narcotique dangereux, il devient mortel lorsqu'il est pris à des doses très-élevées ; on l'obtient en râpant dans une grande tasse l'écorce d'un petit arbuste appelé m'boundou, comme le poison qu'il produit. L'écorce ainsi râpée est additionnée d'une assez grande quantité d'eau. Cette eau prend une teinte rougeâtre et entre en fermentation ; le m'boundou est alors prêt à être administré à celui qui va subir l'épreuve[1]. Le breuvage ainsi préparé, voici comment les choses se passent, du moins chez les Gallois et les Inenga : le féticheur trace une raie sur le sable, à dix pas devant le patient, auquel il tend ensuite la coupe remplie de m'boundou : celui-ci doit l'avaler d'un trait, puis, à un signe du féticheur, se mettre en marche. Déjà le poison commence à produire son effet; ses yeux s'injectent de sang et semblent prêts à sortir de leur orbite, sa figure se contracte et une torpeur invincible s'empare de lui. Et cependant il rassemble toute son énergie dans un suprême effort et cherche à marcher en avant, car malheur à lui s'il tombe avant d'avoir franchi cette raie tracée sur le sable par le grand féticheur : sa culpabilité sera

[1] Nous avons eu, Marche et moi, dans des circonstances dont je parlerai, occasion de voir par nos yeux la préparation du m'boundou que M. Duchaillu avait, du reste, décrite d'une manière fort exacte.

prouvée aux yeux de ces barbares et une foule altérée de sang l'égorgera, arrachera ses entrailles et coupera son corps en petits morceaux. Si, au contraire, ses forces ne l'ont pas trahi tout de suite, s'il passe la ligne fatale, il est déclaré innocent, et la colère du peuple tombera alors sur son accusateur, si toutefois cet accusateur n'est pas l'oganga ou féticheur. L'oganga, lui, a toujours quelque bonne raison pour justifier une accusation faite à faux. Au reste, comme il est, dans tous les cas, chargé de la préparation du poison, s'il s'est porté accusateur, il le prépare à telle dose que sa victime tombera presque toujours foudroyée du premier coup. Les oganga acquièrent une grande influence sur l'esprit crédule des noirs en buvant impunément le m'boundou. Naturellement on peut s'habituer à ce poison comme à presque tous les autres, en en prenant quotidiennement et par doses progressives.

Dans la soirée, quand on nous eut annoncé que les cinq femmes de Yombé boiraient le m'boundou le lendemain, nous envoyâmes, Marche et moi, demander au roi N'Shango quelques-uns des arbustes qui produisent le poison afin de pouvoir les expédier en France et les faire analyser par des hommes compétents. N'Shango vint lui-même nous dire, comme, du reste, MM. Amoral et P... l'avaient prédit, qu'il était impossible de se procurer le m'boundou la nuit : « La nuit, dit-il, le m'boudou ne reste pas planté dans la terre, il voit les sorciers, les voleurs, il voit jusqu'aux desseins les plus cachés des criminels, il pénètre partout. C'est seulement quand le jour va paraître qu'il reprend sa place dans les bois : alors il est sans puissance, on peut l'arracher et l'emporter avec soi. Demain matin j'en ferai cueillir pour vous et je vous l'enverrai. » Le roi tint parole et nous envoya le lendemain trois de ces petits arbustes que nous avons adressés depuis à M. Bouvier; ils croissent, paraît-il, à l'ombre des forêts touffues; leur taille ne dépasse guère 1 mètre 25 centimètres; l'épaisseur du bois est d'environ un pouce, la feuille est oblongue et d'un vert foncé; la racine, dont l'écorce paraît être la seule partie vénéneuse de cet arbuste, est rougeâtre et de forme conique. Le m'boundou serait, d'après M. Murray, une espèce de strychnos.

Naturellement, durant notre dîner, la conversation roula sur l'épreuve du poison. Il est extraordinaire que cette pratique sauvage soit en usage dans presque toutes les parties de l'Afrique. Marche nous en citait des exemples chez plusieurs peuples qu'il avait visités dans son précédent voyage; ainsi, les Mandingues (Cazamance et Gambie) ont dans chaque tribu un jour de l'année dans lequel sont réglées toutes les accusations de sorcellerie portées dans les douze mois qui précèdent ce jour-là; quelquefois cent cinquante ou deux cents personnes boivent le poison. Il résulte des écrits de divers voyageurs qu'à Madagascar cette épreuve est très en usage. M. P... avait passé quatorze ans au Gabon, la vie de M. Amoral s'était écoulée soit dans l'Afrique équatoriale, soit au Congo. Tous deux avaient souvent vu administrer le m'boundou. M. Amoral nous cita le fait suivant, dont il affirmait avoir été témoin oculaire. C'était à Saint-Paul de Loanda (Congo). Une femme, accusée de sorcellerie par un féticheur célèbre, allait boire le m'boundou; devant elle était étendu un gros tronc d'arbre qu'elle devait, sous peine d'être déclarée coupable, suivre trois fois dans toute sa longueur sans tomber. L'accusée ne semblait pas inquiète, depuis plusieurs jours elle répétait à tous qu'elle subirait bien l'épreuve et ne ferait même aucun faux pas. « Une seule chose, disait-elle, peut me faire mourir; si je vois un poisson dans un baquet, cette vue me tuera instantanément, on me l'a prédit et je l'ai rêvé ! » Elle prit d'une main ferme la coupe fatale et but le poison lentement et jusqu'à la dernière goutte; elle monta ensuite sur le tronc d'arbre, le suivit dans toute sa longueur sans hésiter et revint sur ses pas avec autant de succès; une fois encore le même chemin et elle était sauvée; elle se remit en marche, son teint était déjà livide, sa marche et ses mouvements avaient la roideur de ceux d'un automate, mais elle n'hésitait ni ne chancelait; déjà elle avait fait la moitié du parcours, et ses amis allaient acclamer son innocence, lorsque le féticheur, qui voyait sa proie lui échapper, lui mit sous les yeux un baquet renfermant un poisson, qu'il avait préparé en cachette. La malheureuse le regarda un instant d'un air stupide, puis, poussant un grand cri, tomba comme foudroyée [1].

MM. P... et Amoral affirmaient connaître un contre-poison au m'boundou. Ce contre-poison se composait de cannes à sucre pilées, de fèves bouillies et d'excréments humains. Tous deux l'avaient vu, disaient-ils, administrer avec succès. M. P... nous en citait l'exemple suivant : Un jour, en sa présence et en celle d'un Portugais venu à la côte pour acheter des nègres, une femme but le m'boundou : elle eut aussitôt de violentes convulsions et agitait avec une rapidité extrême tantôt un bras, tantôt une jambe ; néanmoins, elle arriva à la ligne tracée devant elle sur le sable, et on la croyait hors d'affaire, lorsque tout à coup elle tomba inanimée sans l'avoir franchie. On

[1] Je prétends laisser à leurs auteurs la responsabilité des faits qui sont relatés ici. Je ferai observer que M. Amoral, qui connaît à fond la langue du pays, est un homme sérieux; j'ai eu, dans beaucoup de cas, occasion de contrôler ses assertions, et je les ai toujours trouvées exactes. Au reste, dans les circonstances dont il s'agit, on comprend, à la rigueur, que cette femme superstitieuse, imbue de l'idée fixe que la vue d'un objet donné causerait sa mort, ait senti défaillir le peu de forces que le poison lui avait laissées en voyant cet objet mis brusquement devant ses yeux.

allait l'égorger, lorsque M. P... demanda sa grâce, et le négrier offrit de l'acheter. La cupidité l'emporta chez les sauvages sur le désir de la vengeance; ils se mirent immédiatement à préparer le contre-poison dont je viens de parler, puis deux hommes ouvrirent, avec des manches de pagaie, la bouche serrée de la patiente et lui ingurgitèrent de force une assez grande quantité de cette médecine repoussante, mais, paraît-il, efficace. Au bout de quelques instants, elle fut prise de vomissements épouvantables, la vie revint petit à petit et elle guérit, à la grande joie du négrier, qui, vu son état précaire, l'avait acquise à prix très-réduit.

Je rêvai toute la nuit m'boundou et massacres; le lendemain, au point du jour, N'Shango nous fit dire que, puisque nous voulions aller voir les femmes subir l'épreuve, nous lui ferions plaisir d'accepter une place dans sa pirogue jusqu'à la grande terre. Nous profitâmes de cette offre et partîmes avec lui. La pirogue était pavoisée, et deux noirs frappaient sans relâche sur un gigantesque tam-tam placé au milieu. Nous étions un peu émus en songeant aux horreurs dont nous allions être témoins et faisions de beaux projets pour sauver quelque malheureuse accusée, mais le roi, lui, riait sous cape; il nous avait emmenés, d'abord pour avoir l'air d'accéder à tous nos désirs, ensuite et surtout parce qu'il était fier de montrer à son frère de la grande terre comme il était lié avec les blancs amis de l'amiral ; mais, dans son for intérieur, il s'était bien promis de ne pas nous laisser assister à l'épreuve du m'boudou. Il savait parfaitement que les blancs blâmaient ces cérémonies barbares, et il craignait d'être dénoncé par nous à l'amiral. D'ailleurs, il se doutait bien que nous ne laisserions pas égorger des femmes devant nous sans intervenir, et il voulait à tout prix éviter cette intervention. Il faut environ cinq heures pour atteindre la grande terre. Nous y fûmes reçus avec pompe. Le roi nous offrit des poules et quelques bananes, et reçut naturellement notre cadeau en échange. Ensuite on nous conduisit dans la salle des palabres, où nous primes place entre N'Shango et son frère. Divers orateurs parlèrent pendant cinq heures consécutives; ils avaient soin de se servir de la langue oroungou, qui, bien qu'elle ressemblât au mpongwé, était à peu près inintelligible pour nous. A deux heures de l'après-midi, nous pûmes nous esquiver pour faire un déjeuner dont les poules et les bananes du roi firent les frais. A quatre heures, nous revînmes dans la salle des palabres qu'aucun noir n'avait encore quittée. La séance était très-animée et les orateurs se succédaient avec rapidité. A sept heures, on nous apprit que la cérémonie du m'boundou n'aurait lieu que cinq jours plus tard. Furieux d'avoir été ainsi joués, nous obligeâmes N'Shango, qui pérorait en ce moment,

Dieu sait sur quoi, à se taire et à nous ramener à Yombé, que nous n'atteignîmes qu'à minuit.

Cette journée, aussi laborieuse qu'inutile, aggrava encore l'état de ma santé, et à partir de ce moment j'eus tous les jours, sans exception, des vomissements violents suivis de deux heures de frisson, puis de six heures d'une fièvre ardente, avec une soif que le manque d'eau potable rendait cruelle. Amoral était reparti la veille, cinq jours s'étaient écoulés depuis notre arrivée et nous n'avions aucune nouvelle de l'équipage de M. P.... Marche et M. P... étaient sans cesse comme sœur Anne, à interroger l'horizon, mais comme sœur Anne, ils ne voyaient rien venir. Je ne fatiguerai pas le lecteur du récit de cette existence monotone. Qu'il suffise de dire que notre misère se prolongea pendant vingt jours. Le dix-huitième jour, M. P..., exaspéré, avait déclaré que si le surlendemain ses hommes n'étaient pas arrivés, nous partirions sans les attendre; il avait gardé avec lui un Krouman, son domestique, et il croyait, disait-il, pouvoir, avec ce Krouman et nous, faire la manœuvre de la goëlette. François, notre chasseur, consulté, déclara qu'il était lui-même un excellent marin, et pourrait tenir le gouvernail tout le temps du voyage. Il n'était pas jusqu'à Chico qui ne prétendît avoir des connaissances maritimes très-développées.

Le surlendemain, naturellement, on n'entendit

pas plus que les autres jours parler de l'équipage de M. P.... Marche et moi, à bout de patience, nous étions décidés à partir coûte que coûte. M. P..., lui, le moment venu, hésitait bien un peu, mais il avait promis, et Dieu sait que nous ne lui laissâmes pas oublier sa promesse. A deux heures nous levâmes l'ancre. N'Shango et les siens nous pilotèrent au travers des bancs de sable jusqu'à la pleine mer, puis tous prirent congé de nous et regagnèrent leur île dans la grande pirogue du roi que nous avions remorquée jusque-là. A peine étions-nous au large et livrés à nos propres forces, il nous fut permis de constater que jamais goëlette n'avait eu à son bord un équipage aussi effroyable que le nôtre. M. P..., soit dit sans l'offenser, était aussi détestable capitaine qu'aimable homme : il n'y connaissait absolument rien. François Koëben, qui s'était avec outrecuidance mis à la barre, gouverna d'une manière si excentrique, qu'il fallut l'en chasser au plus vite. J'étais couché sur le pont avec la fièvre ; du reste, même en bonne santé, je n'aurais été bon à rien. Le Krouman avait bien quelques notions de navigation, mais il était exclusivement absorbé par le gouvernail, qu'il dut tenir nuit et jour. Heureusement nous eûmes un renfort inattendu dans Marche, qui ayant navigué à la voile, durant de longues journées, dans les criques de Malacca ou sur la côte de Cazamance, avait occupé ses loisirs à regarder comment se faisait la manœuvre et appris ainsi, presque sans s'en douter, les premiers éléments du métier. Plus heureusement encore nous étions favorisés par la brise qui nous poussait vent arrière au Gabon. Aussi, ce soir-là et le lendemain, les choses se passèrent à peu près bien. Seulement, vers la fin de la journée, on s'aperçut qu'avec leur négligence habituelle, nos hommes, au lieu d'emporter une barrique d'eau, selon les ordres qu'ils avaient reçus, s'étaient contentés d'en remplir deux dames-jeannes, qui étaient déjà à peu près vides. Nous n'avions même pas de boussole à bord, et durant la nuit nous nous étions écartés de terre, au point de l'avoir perdue de vue; néanmoins, après de longs tâtonnements, nous parvînmes à nous en rapprocher. M. P..., tout joyeux, déclara qu'il voyait le mont Bouët. Le mont Bouët est, comme on le sait, derrière l'établissement français du Gabon. Nous mîmes le cap sur le prétendu mont Bouët, et, à la grande confusion de notre capitaine improvisé, nous reconnûmes qu'il avait pris pour le mont Bouët les Mamelles, collines élevées qui sont à peine à moitié chemin. En raison de cette découverte désagréable, l'eau fut rationnée, pour nous comme pour les noirs, à un verre le matin et un verre le soir: on m'accorda seulement double ration, en raison de la fièvre violente qui ne me quittait plus. Vers deux heures de l'après-midi la brise fraîchit beaucoup et la mer devint si forte que nous embarquâmes une grande quantité d'eau. A partir de ce moment il devint impossible d'allumer du feu ; de grandes lames balayaient à chaque instant le pont et emportèrent les cages d'osier dans lesquelles M. P... avait renfermé quelques poules. N'ayant pas la force de me lever, je me tenais couché près du mât, que je serrais dans mes bras, pour n'être pas emporté par les vagues. A huit heures du soir, une tournade, la tempête de ces pays, se déclara; nous étions alors par le travers des Grandes-Dunes. M. P..., affolé, commanda de filer sous le vent et de gagner le large. Chassés avec une rapidité vertigineuse par la tournade, nous nous serions certainement trouvés le lendemain à cinquante lieues de la côte, sans eau, sans vivres, sans boussole et sans point de repère possible pour nous orienter. Aussi je protestai énergiquement contre cet ordre de M. P..., et Marche, qui n'avait rien perdu de son calme, déclara froidement, mais d'un ton qui annonçait une résolution inflexible, qu'il ne voulait pas qu'on filât sous le vent et qu'il voulait qu'on jetât les ancres; sans doute ces ancres étaient faibles, elles avaient beaucoup de chances pour casser, et dans ce cas nous serions jetés à la côte et naufragés, mais un naufrage même valait beaucoup mieux que les tortures de la faim et surtout de la soif : assez d'une *Méduse* comme cela! « Les ancres casseront! » s'écria M. P... avec désespoir. Il se jeta au fond du bateau, cachant sa figure dans ses mains. Chico et les boys étaient dans le même état de prostration. Avec l'aide de François et du Krouman, Marche parvint à jeter les deux ancres; il s'installa près de l'une et je me traînai à côté de l'autre; nous restâmes là toute la nuit, veillant avec anxiété sur les chaînes et nous attendant à chaque instant à les voir se briser sous l'effort de la tempête, qui les faisait constamment craquer avec un bruit sinistre; nous ressentions des secousses effrayantes, l'eau envahissait de tous côtés, et le Krouman et François, sans relâche occupés à la pompe, ne suffisaient pas à la besogne. Ce fut une longue et rude nuit. Mais les mauvais moments finissent comme les bons : vers trois heures du matin la tournade cessa, et bien que la mer restât très-forte, nous vîmes que nous étions hors d'affaire. Ceux-là mêmes qui avaient eu le plus peur reprirent courage. Chico et les boys se mirent à la pompe, et l'on parvint à se rendre maître de l'eau; il y en avait quatre pieds dans la cale. Vers cinq heures et demie, quand le jour parut, le temps était magnifique et le ciel n'avait plus un nuage. On n'avait rien mangé depuis la veille à neuf heures du matin, en sorte que tout le monde se plaignait de la faim. Mais nos poulets étaient à l'eau, et d'ailleurs il n'y avait plus rien pour allumer du feu. Tout à coup Marche, frappé d'une idée lumineuse, se rappela que nous avions dans notre malle, qui, par parenthèse, était dans un triste état, un pâté de foie gras [1]. Ce pâté de foie gras nous avait été envoyé par M. Walker à Adanlinanlango, mais nous l'avions réservé pour ne le manger que le jour où nous aurions du pain et du sel qui nous manquaient là-bas; dans la circonstance actuelle, M. P... et Marche poussèrent des cris de joie en le découvrant; n'ayant pas de fourchettes, ils furent obligés de se servir de celles du père Adam. Marche avait remplacé à la barre le Krouman qui n'en pouvait plus, il tenait le gouvernail d'une main et de l'autre la boîte au pâté; tout à coup arrive un coup de roulis qui lui fait perdre l'équilibre, et voilà le foie gras qui roule dans la mer!... Il y a de ces désastres que la plume ne doit même pas essayer de décrire.

Cependant ce jour-là devait voir la fin de nos maux : à midi, poussés par une brise excellente, nous atteignions la pointe Pongara; à deux heures, après l'avoir doublée, non sans peine, nous entrions dans l'estuaire du Gabon. Là, notre goëlette se comporta d'une façon si ridicule qu'elle attira l'attention d'un officier de marine qui se promenait sur le pont de la *Cordelière*; il appela aussitôt ses camarades, et tous étaient à nous regarder, se demandant d'où pouvait venir et à qui pouvait être un bateau ma-

[1] Ces conserves de pâtés de foie gras sont fabriquées par Rodel, de Bordeaux, et se vendent beaucoup sur la côte.

nœuvrant d'une manière aussi fantaisiste. Ils furent quelque temps sans pouvoir s'en rendre compte ; mais en voulant doubler la *Cordelière* pour gagner la terre, nos marins manquèrent leur coup et nous vînmes rester en plan à cent soixante mètres de la frégate ; les officiers coururent chercher une longue-vue et découvrirent avec stupeur leurs amis les explorateurs. Aussitôt une baleinière fut détachée du bord, et Coffinières vint nous chercher. « Mon pauvre Compiègne, me cria-t-il du plus loin qu'il m'aperçut, dans quel état vous revenez ! — Il y a longtemps que nous vous attendions, me dit M. Testard, le second de la frégate, au moment où nous mettions le pied à bord, aussi *votre* chambre est prête : *notre* chambre était une des chambres de l'hôpital que l'on réservait d'habitude aux officiers malades ; nous nous y installâmes aussitôt ; nous l'occupions alors pour la troisième, mais non pour la dernière fois.

Les fièvres du Gabon ont cela de bon qu'elles ne résistent guère au quinine et aux vomitifs administrés à fortes doses ; elles disparaissent très-vite, et l'on pourrait se croire guéri, car le sommeil, l'appétit et le besoin d'agir ne tardent pas à revenir. Malheureusement, chaque accès et surtout chaque série d'accès laisse derrière soi des traces profondes d'anémie et une prédisposition très-vive à des rechutes fréquentes et plusgraves. Dès notre arrivée au

Gabon, nous avions reçu de M. Walker une invitation pressante à le visiter à bord du ponton qu'il habite à Élobey. Nous tenions beaucoup à cette excursion. Élobey est un pays très-intéressant au point de vue de l'histoire naturelle, car sa faune diffère assez de celle de l'Ogooué, et au point de vue aussi de l'ethnographie, car les Benga qui l'habitent forment une race très-intéressante à étudier; nous voulions de plus visiter l'île de Corisco, et surtout nous entendre avec M. Walker pour notre départ définitif dans l'intérieur, car il devait cette fois remonter avec nous l'Ogooué, jusqu'à sa factorerie d'Adanlinanlango. Toutes ces raisons firent qu'au bout de quinze jours, me trouvant beaucoup mieux, je me remis en mouvement et m'embarquai, en compagnie de Marche naturellement, à bord du *Batanga,* vapeur dont j'ai déjà eu occasion de parler. Partis à trois heures de l'après-midi, nous étions le lendemain matin, à dix heures, à Élobey. Élobey est, comme on le sait, une petite île située par 1° 0′ lat. N. et 7° 2′ long. E., dans la baie formée par l'embouchure des rivières Angra et Mounda. Elle était réclamée à la fois par les Français et par les Espagnols. Ces derniers, à la suite de notre malheureuse guerre de 1870, en ont, sans raisons sérieuses, pris possession. Tandis que pour les Espagnols ce point, sur lequel ils entretiennent une garnison composée d'un lieutenant, un sous-officier et trois soldats, n'a absolument aucune importance, pour nous autres Français il est très-regrettable que nous n'y ayons pas planté notre pavillon. En effet, les grands négociants étrangers du Gabon ont établi à Élobey leur entrepôt commercial, et y transportent directement les produits de l'Ogooué et de la rivière Mounda, qui passent ainsi presque en vue de notre douane du Gabon sans payer aucun droit. Il est vrai qu'il serait facile d'y remédier en mettant un douanier sur l'Ogooué et un autre sur la rivière Mounda, comme il y en a un au Fernand-Vaz. Mais c'est là, paraît-il, une réforme qui n'est pas de la compétence du gouvernement local, et pour laquelle il faudrait un ordre émanant directement du ministère.

Parmi ces entrepôts commerciaux dont je viens de parler, se trouve celui de M. Walker, qui habite un de ces vaisseaux convertis en magasin que j'ai eu occasion de décrire à Bonny et au vieux Calabar. Le *hulk* (ponton) de M. Walker, le *Princess-Royal*, est organisé d'une manière très-confortable, et la partie consacrée aux appartements est meublée avec un véritable luxe : on y trouve une très-riche bibliothèque qui renferme, entre autres choses, une collection presque complète de tous les ouvrages publiés sur l'Afrique. Il est fort heureux, du reste, qu'on soit bien à bord du *Princess-Royal*, car nous ne l'avons guère quitté durant tout notre séjour à Élobey. Nous avions trop présumé de nos forces, et la rivière Mounda, que nous comptions visiter, est, comme l'a dit M. Duchaillu, « un fleuve fort peu agréable et très-malsain, qui ne semble pas fait pour l'usage de l'homme. » Un jour que nous étions un peu moins souffrants que de coutume, nous voulûmes aller à Corisco, mais nous eûmes vent debout toute la journée, et il nous fallut revenir le soir sans avoir pu accoster cette île, en vue de laquelle nous étions depuis le matin. Dans les premiers jours d'octobre nous regagnâmes le Gabon, où je rentrai à l'hôpital.

CHAPITRE IX

LES MISSIONS CATHOLIQUES A LA CÔTE OCCIDENTALE.

Pourquoi j'écris ce chapitre. — Dévouement héroïque de nos missionnaires. — Missions du Sénégal. — Mgr Kobbès. — Résultats obtenus. — Sainte-Marie de Bathurst. — Sierra-Leone. — L'église de Saint-Joseph de Cluny. — Trois tombes. — Mission du Dahomey. — Fernando-Po. — Influence des Pères sur les Boubies. — Chassés partout pour le bien qu'ils font. — Gabon. — La maison du Seigneur. — Un héroïque soldat du Christ. — Mgr Bessieux à l'œuvre. — Un trait de barbarie inouïe. — Résultats de la mission au point de vue matériel. — Difficultés que rencontre son apostolat. — Une petite colonie chrétienne d'esclaves échappés. — Les Sœurs. — Étranges conséquences de la vénération qu'elles inspirent aux nègres. — Mission de Landana. — Conclusion.

La terre d'Afrique, cette terre inconnue, pleine de périls de tout genre, avec son ciel meurtrier et ses sauvages habitants, devait tenter le courage et l'abnégation chrétienne des missionnaires. Le cœur haut et le crucifix à la main, ils ont été au-devant de la lutte, ils l'ont soutenue et la soutiennent encore jusqu'à la mort, renouvelant ainsi sous l'équateur la grande œuvre de défrichement matériel et de conversion morale accomplie il y a douze cents ans, dans les forêts de la Germanie, par les premiers apôtres des nations barbares. Durant la première partie de mon voyage j'ai vu à l'œuvre ces sublimes ouvriers du Christ, et dès mon arrivée au Gabon j'ai cru devoir dans la mesure de mes forces, contribuer à les faire connaître : aussi, dès le mois de juin 1873, j'adressais au *Correspondant* quelques notes sur les diverses missions que je venais de visiter. Le lecteur, je l'espère, me saura gré, à tous les points de vue, de les reproduire ici.

« Dakar, janvier 1873.

« Les missions qui se rencontrent les premières sur la côte occidentale d'Afrique sont celles du Sénégal ; ce sont les plus importantes par le nombre des missionnaires, par celui des établissements qu'ils y ont fondés, et aussi, je crois, par les résultats qu'ils y obtiennent au point de vue religieux. La proximité relative du Sénégal, la facilité des voies de communication et le nombre considérable de Français qui l'habitent, font que ces missions sont beaucoup plus connues que celles des autres points de la côte. D'ailleurs, les travaux scientifiques et apostoliques du vénérable prélat qui était l'âme des missions du Sénégal, Mgr Kobbès, si malheureusement enlevé il n'y a pas encore un an, ont été retracés de telle manière, par une plume si autorisée (celle de Mgr Freppel), que je ne puis me permettre d'y ajouter un mot. C'est donc seulement, en ce qui concerne le Sénégal, une sorte d'aperçu statistique que je donnerai.

« Le principal établissement des Pères était à Dakar; ils avaient là un grand nombre d'élèves, des constructions importantes faites à grands frais, un jardin riche en produits de toutes sortes. Malheureusement, cette propriété se trouvait dans la zone des servitudes militaires. Pour des raisons trop longues à expliquer, le génie eut besoin de faire de grands travaux, et il fallut démolir entièrement toutes les constructions de la mission, à laquelle fut allouée une indemnité de quatre-vingt mille francs, bien inférieure, paraît-il, au total des dépenses déjà faites. Les Pères avaient aussi alors un établissement à Bakel, dernier point accessible aux blancs. Il faut un mois pour atteindre ce lieu en bateau, et les bateaux ne peuvent y aller que pendant la saison des pluies, de sorte que l'on reste plus de huit mois sans communication avec Saint-Louis ou la côte. La chaleur y est torride. En présence des persécutions des habitants de ce pays, musulmans farouches, les Pères durent abandonner ce poste avancé. Ils durent également quitter les missions d'Albréda, comptoir français que sa petite garnison a aussi évacué, celles de Dyangol et enfin celle de Mbur. Aujourd'hui les établissements des missionnaires au Sénégal sont ainsi répartis : à Saint-Louis se trouvent le préfet apostolique et cinq missionnaires qui desservent la paroisse ; à Gorée, deux missionnaires dans les mêmes conditions ; à Dakar, deux ; à Rufrique, un. A Saint-Joseph Ngazabil, à trente lieues environ au sud de Dakar, les Pères ont un vaste établissement consacré à l'éducation des enfants ; enfin, non loin de là, à Joal, il y a encore un missionnaire. Naturellement les bonnes Sœurs sont à l'œuvre, là, comme sur tous les points de la côte occupés par une mission. Celles de Saint-Joseph de Cluny soignent les malades et instruisent les petites filles à Saint-Louis et à Gorée, tandis que celles de l'Immaculée-Conception, de Castres, sont établies à Dakar. On est même arrivé à former une communauté de Sœurs noires qui ont pris le nom de *Filles de Marie*. Elles sont vêtues de blanc et de bleu, et se consacrent à l'éducation des enfants. Cette institution donne, paraît-il, d'excellents résultats.

« J'ai dit que les missions du Sénégal étaient celles qui réussissaient le mieux, au point de vue religieux : en effet, la race sénégalaise est une race forte, énergique, qui n'est pas, comme les autres peuplades de la côte, amollie par la débauche. Très-difficile à convertir, elle est stable dans ses conversions, et, une fois convertie, ardente au bien ; en un mot, c'est là qu'est l'avenir de la religion catholique dans l'Afrique occidentale. Cependant on voit que, même sur ce point et malgré les efforts les plus persévérants, les missionnaires n'ont pas encore fait de progrès dans l'intérieur du pays; ils y ont même perdu du terrain. C'est que là, comme dans toute l'Afrique, ils ont à combattre trois ennemis, invincibles au point de vue humain, de la civilisation et de la religion chrétienne : je veux parler du mahométisme, du fétichisme et de la polygamie. La religion mahométane, en particulier, est très-bien combinée pour donner satisfaction à la fois à toutes les passions de l'homme et à cet instinct naturel qui le porte à observer des pratiques religieuses. Elle s'adapte admirablement aux mœurs et aux besoins des habitants de ces climats brûlants ; elle mélange très-habilement le vrai et le faux, et leur fait entrevoir quantité de jouissances, grossières, il est vrai, mais absolument conformes à leurs inclinations. De plus, les musulmans d'Afrique sont étroitement unis entre eux : un musulman, sans ressource aucune, peut traverser l'Afrique tout entière, sûr de trouver partout aide, protection et hospitalité. Il en résulte que les conversions sont extrêmement rares parmi eux.

« La mission la plus proche du Sénégal est celle de Sainte-Marie de Bathurst, en Gambie : elle relève du vicaire apostolique de la Sénégambie. En ce moment il n'y a que deux Pères noirs du Sénégal, qui y sont venus après avoir fait toutes leurs études au séminaire de Paris ; ils sont secondés par des Frères irlandais. Les Sœurs sont aussi à ce poste périlleux. L'année dernière, pendant une des épidémies qui ravagent si souvent ce malheureux pays, et qui a cette fois enlevé la plus grande partie des blancs, un des Frères est mort à la mission et deux Sœurs sur quatre ont succombé ; elles ont été immédiatement remplacées. Bien d'autres, du reste, parmi les pauvres Sœurs de la côte d'Afrique, ont payé, dans ces deux dernières années, leur tribut au climat. »

« Sierra-Leone, mars 1873.

« Après la mission de Sainte-Marie de Bathurst, nous trouvons celle de Sierra-Leone, autre royaume des épidémies, de la fièvre et de la malaria. J'ai séjourné quelque temps dans cette ville et naturellement beaucoup vu les missionnaires, qui nous ont fait, à mon compagnon et à moi, un accueil dont le souvenir nous émeut encore. Ils sont là trois Pères et quelques frères dans un vaste bâtiment tout délabré qui les abrite, eux et sept ou huit élèves qu'ils ont pu recueillir à grand'peine. Il y vient dans la journée vingt à vingt-cinq enfants : c'est, dans une ville de 30 à 35,000 habitants, tout ce qu'ils ont pu attirer chez eux, Dieu sait au prix de quels efforts. Sur cette terre ingrate, toutes les difficultés viennent assaillir nos missionnaires. Ce n'est pas seulement contre le paganisme qu'ils ont à lutter; à côté de la pauvre église catholique, quatre églises s'élèvent soutenues par des subventions opulentes : Église d'Angleterre, qui est l'Église officielle ; Église presbytérienne, Église baptiste, Église méthodiste. Ces deux dernières font à la religion catholique une guerre acharnée. Tout récemment encore, un de leurs pasteurs publiait contre la mission un libelle rempli des injures et des calomnies les plus grossières. Naturellement, c'est à ces deux Églises, à l'Église méthodiste surtout, que court l'immense majorité des noirs qui se disent chrétiens. Partout, en effet, où j'ai voyagé, mais surtout en Floride, aux Antilles anglaises et à Sierra-Leone, j'ai toujours vu le méthodisme être la religion favorite des noirs. A la Jamaïque, c'est un pasteur méthodiste, J. Gordon (que les Anglais ont, du reste, pendu haut et court), qui a, en grande partie, suscité la fameuse insurrection de 1865. La prédilection des noirs pour la religion méthodiste est, d'ailleurs, facile à comprendre : les méthodistes passent leur temps à chanter ou à prêcher ; tout le monde chante, et prêche qui veut. Or, pour les nègres, chanter ou plutôt hurler, prêcher ou plutôt crier, est le suprême de la félicité. En outre, cette secte reçoit, d'Amérique surtout, beaucoup d'argent, tandis que la mission catholique est très-pauvre : elle est même obligée, pour subsister, de faire tous les ans appel à quelques âmes généreuses. Heureusement ces appels sont toujours entendus, même par des protestants. Tous les gouverneurs qui se sont succédé à Sierra-Leone, bien que protestants pour la plupart, n'ont jamais manqué d'inscrire leurs noms en tête des souscriptions faites pour la mission, et leur exemple est suivi par les principaux chefs des maisons de commerce anglaises. Le gouverneur actuel de Sierra-Leone est M. Pope Hennessy, homme d'une politesse et d'une bonté exquises, catholique fervent marié à une charmante jeune femme. Ce ménage fait l'édification de la mission, et sa bourse est toujours ouverte lorsqu'il s'agit de lui venir en aide. Citons aussi un négociant français, M. Maurel, auprès de qui beaucoup de voyageurs ont, comme nous, trouvé une excellente hospitalité : homme très-instruit, très-ferré sur ses classiques, l'un des meilleurs amis de nos missionnaires, et aussi l'un de leurs soutiens les plus utiles, matériellement parlant. Malgré l'aide de ces hommes de cœur, on a bien de la peine à suffire aux besoins les plus urgents. Je ne crois pas avoir vu, dans aucune mission importante, d'église aussi petite, aussi chétive que celle de Sierra-Leone; et cependant, grâce à des soins constants et ingénieux, les Sœurs de Saint-Joseph de Cluny, avec ce goût délicat qui est naturel aux femmes, ont réussi à donner à l'intérieur un aspect propret, presque élégant. Au milieu de la petite église, trois tombes attirent l'attention et excitent, à des titres différents, une vive émotion. Deux d'entre elles sont de simples pierres sans nom, elles recouvrent deux Sœurs de Saint-Joseph, mortes l'an dernier; — deux sur cinq ! La troisième est une plaque en beau marbre noir, toujours couverte de fleurs fraîchement cueillies ; au milieu est gravé ce simple mot : *Baby*. C'est la tombe d'un enfant de trois ans, fils unique du gouverneur. La mort de ce pauvre petit a été pour ses parents une perte si cruelle, qu'ils sont toujours en deuil et semblent brisés par la douleur.

« Après Sierra-Leone, viennent les missions d'une congrégation de Lyon, à Lagos, Whydah et autres points du Dahomey. Elles font, paraît-il, le plus grand bien, en ce moment surtout, où le roi du Dahomey semble s'être pris (à sa manière, il est vrai) d'une grande affection pour les blancs. Le supérieur général, le R. P. Planquet, avait bien voulu me donner, pour ces pays, de chaleureuses lettres de recommandation; malheureusement, dans les quelques heures que nous avons passées à Whydah et à Lagos, nous n'avons pas eu le temps de voir les missionnaires. Les *Annales de la Propagation de la foi* rendent, du reste, souvent compte des travaux du catholicisme dans ces pays barbares. »

« Fernando-Po, mars 1873.

« Bien des voyageurs ont décrit l'île de Fernando-Po. Sa montagne élevée et admirablement belle, dont le pic se perd dans les nuages, les cours d'eau qui la sillonnent en tous sens, sa végétation et sa fertilité prodigieuse, en font l'un des sites les plus pittoresques du monde. Néanmoins, les Espagnols et les Anglais qui sont venus s'y établir, attirés par ces dehors brillants, ont éprouvé de cruelles déceptions. L'insalubrité extrême de l'île, où les bêtes de somme mêmes ne peuvent vivre, et l'état de sauvagerie des indigènes, qu'il est impossible d'employer à aucun travail, ont profondément dégoûté les colons. Le gouvernement espagnol, après avoir depuis longtemps abandonné Fernando-Po, que les Portugais lui avaient cédé, l'avait réoccupé, avait fait stationner une escadre dans la rade, installé des autorités civiles, un pénitencier, un hôpital dans la montagne, etc., etc. Il a dû, peu à peu, tout abandonner de nouveau. Aujourd'hui, l'escadre est remplacée par une canonnière; les trois quarts des condamnés du pénitencier, insurgés cubains pour la plupart, sont morts, les autres se sont évadés; les monuments publics et les rues, décorées de noms pompeux, n'offrent plus que des ruines; des plantations immenses de cacao et de café sont en friche, et les indigènes, qu'on appelle Boubies, seront bientôt redevenus à peu près les seuls maîtres de l'île. Ces Boubies, bien qu'ils ne soient pas des nains, comme on les a généralement dépeints, sont des hommes extrêmement laids, vivant presque constamment au milieu des broussailles, dans un état presque complet de nudité. Aujourd'hui, ils sont en voie de progrès; tout est relatif : ils font des plantations de bananiers et viennent volontiers échanger les produits de leur chasse contre la poudre et les perles des blancs. Assez inoffensifs au fond, ils avaient inspiré longtemps une grande terreur, et personne n'avait jamais osé entrer en relations avec eux. On les chassait des terrains qu'on voulait planter; en somme, les blancs les craignaient et ils avaient une peur effroyable des blancs; ils vivaient alors dans la montagne, absolument à l'état de nature, se nourrissant des animaux qu'ils prenaient dans des piéges, et semblables en tout à ces hommes sauvages que Swift décrit si bien dans les *Voyages de Gulliver*.

« Les Pères jésuites, qui avaient une mission à Fernando-Po, entreprirent d'apprivoiser ces malheureux parias. Sans cesse dans la montagne, dans les lieux les plus incultes, ils demeuraient des mois entiers au milieu des indigènes, qu'ils traitaient avec une douceur évangélique; ils arrivèrent même à comprendre et à parler parfaitement leur langue, qui cependant présente, paraît-il, des difficultés presque insurmontables pour un Européen. Un témoin qui n'est pas suspect, puisqu'il est protestant, M. Charles Livingstone, consul de Fernando-Po et des Calabar, frère et premier compagnon de voyage de l'illustre docteur, et dont je m'honore d'être l'ami, me disait, il y a quelques mois : « Les Jésuites de Fernando-Po étaient des hommes profondément estimables ; ce sont les seuls hommes capables de se faire comprendre des Boubies, dont ils seraient arrivés à faire quelque chose. » Mais qu'importe? la persécution est venue chercher les Pères jusqu'au milieu des sauvages. En vertu du décret qui chasse les Jésuites des possessions espagnoles, un arrêté du gouverneur les a expulsés de Fernando-Po ; ils sont partis pleins de douleur, après être restés jusqu'au dernier moment, et ne cédant qu'à la force. Pauvres Jésuites espagnols! je les ai vus, en mai 1871, à Grenada, dans le Nicaragua. Chassés comme conspirateurs du Guatemala, où ils avaient, depuis des siècles, des établissements florissants sous tous les rapports, ils s'étaient réfugiés à Santiago de Léon et à Grenada. Le peuple accourait en foule : c'était la première fois qu'il voyait confesser, prêcher, marier ou même baptiser gratis, et cela par des gens qui prêchaient d'exemple et vivaient comme doivent vivre les prêtres catholiques. Le samedi saint, trois cents personnes, dont la plupart vivaient déjà ensemble, mais qui n'avaient pas pu ou voulu faire la dépense d'un mariage à l'église, furent mariées par les Pères. Les premières communions, excepté dans les classes riches, n'avaient pas été faites depuis douze ans ; cela coûtait trop cher. Ces Jésuites firent faire une première communion générale, à laquelle une quantité incroyable de jeunes gens prirent part. En tout, il en était de même. Aussi, le clergé grenadin et le gouvernement du Nicaragua s'émurent-ils : deux mois après, les Jésuites étaient chassés du Nicaragua. Un concours immense de peuple les accompagna jusqu'à Rivas, où ils devaient s'embarquer, et cela avec des démonstrations si sympathiques, que le commandant des troupes du Nicaragua qui avaient été réunies en grand nombre, ne pouvant disperser la foule, fit tirer sur elle : il y eut un certain nombre de morts et beaucoup de blessés [1]. Les Pères errèrent ainsi dans toute l'Amérique centrale, de république en république, partout faisant le bien et chassés de partout. Il est vrai qu'à Bélise (Honduras anglais), les protestants, qui seuls ont de la fortune dans la ville, firent construire, presque entièrement à leurs frais, l'église que le R. P. Dupont leur demandait. Mais revenons à la côte d'Afrique.

« Gabon, mai 1873.

« De toutes les missions établies sur la côte d'Afrique, la plus florissante au point de vue matériel est, sans contredit, celle du Gabon. Situé sur un plateau transformé en un jardin vaste et rempli des

[1] Voir dans *le Diario* et *la Estrella* de Panama, journaux anticatholiques, le compte rendu de cette sanglante affaire, que ces journaux appellent *un malentendu*.

fruits les plus rares, dominant la mer d'une part et des forêts gigantesques de l'autre, arrosé par une foule de ruisseaux limpides, l'établissement des missionnaires forme une ravissante oasis au milieu des broussailles incultes de la végétation touffue et impénétrable qui l'entourent de tous côtés. L'image de la Vierge immaculée surmonte une fort belle église ornée avec goût, et dans laquelle rien ne manque pour célébrer dignement même les cérémonies les plus solennelles du culte. Un vaste bâtiment, solidement construit, est destiné aux Pères, qui y ont leurs cellules, leur bibliothèque, leur salle d'étude, leur réfectoire, etc., tandis que de nombreuses constructions abritent cent vingt élèves internes de six à quinze ans, les apprentis adultes qui travaillent à la mission, enfin les catéchistes de tout âge et de tout sexe. Une fontaine couverte a été construite au-dessus d' eau jaillissante, admirable de pureté, et les allées qui mènent aux jardins ou aux plantations sont entretenues avec un soin et une propreté extraordinaires. Qui donc a été chercher ce coin de terre inculte et sauvage, repaire favori de la panthère[1] et de l'antilope, pour en faire un des foyers de la civilisation chrétienne? qui donc a dirigé cette œuvre? qui a réussi à obtenir de l'une

[1] Dans ces deux dernières années, les Pères ont encore pris deux tigres dans une grande trappe de leur jardin, et je vais souvent, dans le même endroit, à l'affût de l'antilope.

des races les plus paresseuses et les plus incapables du monde, le rude labeur nécessaire pour la mener à bonne fin? Cet honneur revient tout entier à Mgr Bessieux, évêque du Gabon. L'histoire de ce vénérable prélat est, à mon avis, l'une des plus touchantes, des plus vraiment apostoliques des annales de nos missions. Entré fort jeune dans les ordres, nommé professeur de philosophie au séminaire, puis appelé bientôt à une cure importante dans une paroisse du Midi, il quitta tout pour aller porter la parole de Dieu dans des contrées lointaines. Dès son entrée au séminaire du Saint-Esprit, son zèle ardent le désigna pour un des postes les plus périlleux. Il partit, avec quelques compagnons, pour la côte occidentale d'Afrique, alors plus dangereuse encore qu'elle ne l'est aujourd'hui. Ils errèrent de pays en pays, partout persécutés, souffrants, et dans l'impossibilité de prêcher avec fruit la parole évangélique. Cape-Coast, le cap des Palmes, Liberia, les virent successivement à l'œuvre. Enfin, ils arrivèrent au Grand-Bassam : là périrent six des sept missionnaires. Pendant deux ans, on fut sans nouvelles de Mgr Bessieux; le bruit de sa mort se répandit et prit une telle consistance, qu'à la maison mère on chanta, pour le repos de son âme, une messe des morts. Un jour, cependant, le missionnaire revint en France, sa soutane en loques, horriblement pâle et amaigri; il avait, après mille périls, réussi à gagner un brick anglais à destination du Gabon; et, de là, un bâtiment français l'avait ramené. De retour à Paris, il ne parla ni des souffrances indicibles qu'il avait endurées, ni des périls auxquels il avait échappé. De ces quatre ans d'absence il n'avait retenu qu'une chose, c'est qu'il y avait au Gabon un point où pouvait s'établir avec fruit une mission catholique. Il n'eut pas de peine à faire partager son zèle à six de ses collègues, et, très-peu de mois après, il repartait, accompagné de six ou sept missionnaires et d'autant de frères lais. C'était en 1844 : la France avait déjà posé les jalons de son établissement au Gabon, et les missionnaires reçurent des autorités le meilleur accueil et tous les encouragements qu'on pût leur donner. En 1846, Mgr Bessieux était nommé évêque du Gabon, et cette dignité augmentait encore son prestige vis-à-vis des noirs. Mais la tâche était rude, pour ainsi dire surhumaine. Parmi les obstacles les plus sérieux que rencontrait le nouvel établissement, se trouvait le préjugé, profondément enraciné chez les Gabonais, que c'est une honte pour l'homme libre de travailler. Les quelques parents que l'on avait à grand'peine décidés à confier leurs enfants aux missionnaires étaient en proie à la plus vive indignation lorsque, passant devant la mission, ils voyaient ces enfants occupés à un travail manuel. « Quoi ! disaient-ils tous à Mgr Bessieux, prends-tu nos enfants pour des esclaves, que tu les fais travailler ainsi ? » Vainement, le pauvre prélat s'efforçait-il de leur expliquer que le travail honore même l'homme libre : « Alors, lui répondait-on, pourquoi ne travailles-tu pas toi-même ? » Un jour, ces clameurs devinrent plus vives ; Mgr Bessieux fut même grossièrement injurié. L'évêque ne répondit pas, mais le lendemain, on le vit partir, au lever du jour, une pioche sur le dos ; il accrocha sa soutane aux broussailles, il entonna le *Gloria Patri* et se mit à l'œuvre : cela dura pendant trois ans, jusqu'à ce que les plantations fussent terminées. Depuis l'aurore jusqu'à la nuit, il travaillait comme un nègre... ne travaille pas. Quand l'amiral ou le commandant venaient demander l'évêque, les frères couraient dans la broussaille et se dirigeaient vers l'endroit d'où partait une voix forte chantant des hymnes, et venaient prévenir l'évêque. Il arrivait alors, tout couvert de sueur et de poussière, mais avec une distinction suprême, recevoir ses visiteurs : car c'était et c'est encore aujourd'hui, même au physique, un des plus beaux types de missionnaire qu'on puisse voir. Sa démarche et jusqu'au moindre de ses gestes sont empreints d'une dignité inexprimable. A l'heure qu'il est, Mgr Bessieux a soixante-dix ans ; il est (fait sans exemple pour un blanc) depuis trente ans au Gabon. Aussi, épuisé par l'âge et la fatigue d'un semblable apostolat, n'est-il plus que l'ombre de lui-même ; mais quand on lui parle de ses fleurs, de ses fruits, des arbres qu'il a plantés, il se ranime et semble revivre dans le passé. Souvent, quand j'évoquais ces souvenirs, je l'ai vu me prendre sous le bras et m'entraîner avec une vivacité toute juvénile sous ses arbres favoris, m'expliquant la légende de chacun d'eux et ce qu'ils lui avaient coûté de peines et de sueurs.

« Je crois qu'il sera intéressant de donner un aperçu des travaux qu'ont faits les missionnaires sous un pareil chef. Mgr Bessieux et les siens n'avaient pas, bien entendu, l'intention de borner leurs travaux à l'établissement qu'ils ont créé sur la côte. Ils ont cherché à porter l'Évangile sur une foule de points de l'intérieur; ils avaient formé des établissements dans la rivière Como, chez les Pahouins et à Denis. Les maladies et les persécutions les ont chassés de partout. Et comment pourrait-il en être autrement? Le fait suivant, qui s'est produit en 1867, non pas chez les Pahouins cannibales, mais à Denis, à deux heures, en bateau, de l'établissement français, dans l'endroit qui passe, après le plateau où sont les Européens, pour le plus civilisé du Gabon, donnera une idée de ce qu'on peut attendre de ces gens-là. Un des parents du roi de Denis, chevalier de la Légion d'honneur, étant venu à mourir, la famille, au su du vieux roi, prit un des esclaves du défunt, nommé Olymbo, enfant de quinze ans élevé à la mission, lui coupa la langue et l'enterra vif sous le cercueil. Et cela sans que nous pussions châtier ces barbares! On a assez à faire de sauvegarder les intérêts des blancs, sans intervenir dans les affaires entre noirs. En résumé, les Pères durent revenir, jusqu'à nouvel ordre du moins, à leur premier établissement construit sur le plateau à Libreville. Là, surtout au point de vue matériel, leur labeur n'a pas été infructueux. Et d'abord, comme je l'ai déjà dit, d'une terre inculte et sauvage ils ont fait un vaste jardin. Alors que personne n'a su jusqu'ici rien tirer du sol du Gabon, si riche cependant, les Pères comptent par centaines, dans leurs plantations, des arbres fruitiers en plein rapport : avocatiers, arbres à pain, goyaviers, orangers, mandariniers, citronniers et bananiers; ils ont 1,483 cocotiers, 830 pieds de caféiers, des ananas en quantité innombrable; ils ensemencent, chaque année, cinq ou six hectares en manioc, autant en riz, quatre en canne à sucre; ils ont commencé la culture du cacao dans deux grandes plantations, celle du coton et même celle de la vigne. Enfin, dans le potager, ils cultivent avec succès, durant la saison sèche, choux, aubergines, carottes, navets, salade, persil, céleri, tomates, haricots verts et oignons : produits vulgaires, dont le nom ne fixe sans doute guère votre attention. Des choux, des carottes, des oignons, il n'y a pauvre hère en France qui ne puisse s'en régaler à discrétion; mais dans ces pays où l'on attend avec impatience l'arrivée du paquebot pour manger quelques pommes de terre, où, les neuf dixièmes de l'année, il est impossible, pour or ou pour argent, d'avoir d'autres légumes que du manioc ou des choux-palmistes, on ne saurait croire quelle valeur acquiert un plat des plus vulgaires légumes de France. Si les Pères voulaient en faire le commerce, ils les vendraient à n'importe quel prix : et cependant il ne tiendrait qu'aux noirs, s'ils le voulaient aussi, de faire cette culture et d'en tirer un excellent revenu, car ils peuvent toujours avoir gratuitement à la mission les graines et les jeunes plants, avec toutes les instructions nécessaires pour les faire fructifier; mais les Gabonais, d'une paresse ignoble que rien ne saurait vaincre, sont absolument incapables du plus petit effort. Toutefois, pour les fruits qui ne demandent aucune culture, tels que les cocotiers, l'arbre à mangos, l'avocatier, l'arbre à pain, etc., beaucoup d'entre eux se sont adressés à la mission, et, peu à peu, les arbres sortis de cette pépinière croîtront en grand nombre dans tout le Gabon. C'est aussi à la mission et, à une exception près, à la mission seulement qu'on élève avec succès les bœufs, porcs, lapins, canards, pigeons, etc., qui font absolument défaut dans cette colonie, où, en dehors des agents du gouvernement qui reçoivent des rations, les blancs ne vivent que de poules, de chèvres et de conserves. Ce n'est pas tout : grâce au concours dévoué des frères, on a pu établir des ateliers de cordonnerie, d'habillement, d'ébénisterie, de menuiserie, etc., où l'on forme des ouvriers qui se répandent ensuite dans leurs villages.

« En apprenant aux enfants et aux jeunes gens tous ces travaux manuels, si utiles pour eux et pour toute la colonie, on ne néglige pas non plus leur instruction. Dès leur arrivée au Gabon, les Pères se sont mis avec ardeur à l'étude de la langue mpongwé, langue régulière, relativement facile, et qu'ils apprirent rapidement. Bientôt le R. P. Leberre, supérieur de la mission, qui compte maintenant vingt ans de séjour au Gabon, put composer et publier un catéchisme mpongwé, puis un essai de grammaire, suivi d'un petit dictionnaire pratique de la même langue. Enfin, après un long et pénible travail, le même missionnaire vient de publier une excellente grammaire très-complète, très-claire, qui est réellement précieuse pour les négociants ou les voyageurs qui, comme moi, ont besoin d'apprendre la langue de ce pays. Aujourd'hui, tous les Pères de la mission parlent couramment le mpongwé, et tous les quinze jours, l'un d'eux prêche en cette langue. Aussi leur a-t-il été facile d'apprendre le français à tous leurs élèves, dont le nombre va toujours croissant. Aujourd'hui, avec les externes, ils en comptent plus de deux cents, Gabonais, Boulous, Bakalais ou Pahouins. Ces derniers ne sont pas les moins intelligents. L'immense majorité de ces élèves quitte la mission, non-seulement sachant parler français, mais encore sachant lire et écrire. Il n'est pas jusqu'à la musique qu'on ne leur enseigne avec succès. Les Pères ont des organistes et des choristes au grand complet, et, de plus, un orchestre d'environ vingt-cinq musiciens munis de tous les instruments de cuivre possibles, qui ferait certainement une concurrence sérieuse à beaucoup de nos orphéons de campagne.

« Tels sont les principaux résultats que donne la mission au point de vue matériel. Il serait à désirer qu'ils fussent aussi complets au point de vue spirituel. Malheureusement, le peuple gabonais a tous les vices, qu'il ne rachète par aucune qualité. Mieux vaut cent fois, pour les missionnaires, avoir affaire aux Indiens sanguinaires du Far-West, aux cruels habitants du Dahomey, ou même ici aux Pahouins cannibales. Là, du moins, ces sauvages, une fois convertis, emploient au bien une partie de leur énergie indomptable; ici, on a affaire à une nation pourrie, sur laquelle aucun sentiment n'a plus de prise. Rien — on ne saurait trop le répéter — ne peut les faire sortir de leur paresse. Les hommes sont lâches, d'un orgueil insupportable, et adonnés entièrement à la débauche; enfin l'eau-de-vie, ou plutôt l'alcool, que les blancs leur vendent en quantités énormes, achève de les abrutir. Les femmes valent certainement encore moins que les hommes : ici, la femme est une marchandise qui s'achète ou qui se loue à volonté. Elles boivent autant et plus que les hommes, et sont la ruine du petit nombre de ceux qui ont quelques velléités de travail. Aussi la richesse des hommes se mesure-t-elle par le nombre de leurs femmes, sur lesquelles la plupart font un trafic honteux. Celui qui n'a qu'une femme est regardé comme un pauvre : or, passer pour riche est la suprême ambition de ces gens, qui achètent constamment des coffres dans lesquels ils n'ont rien à mettre, afin de circuler avec beaucoup de bagages. Quand ils ne peuvent acheter le coffre, ils achètent un gros trousseau de clefs, pour faire croire qu'ils ont nombre de coffres chez eux. Les pères prennent un enfant à l'âge de six ans, l'élèvent sous leurs yeux pendant huit ou neuf ans. Aussitôt qu'il peut gagner sa vie, il retourne dans sa famille, et bientôt, dans ce milieu dissolvant, entraîné par l'exemple général, par les railleries de ses camarades, par les penchants d'un caractère essentiellement vicieux, il perd en quelques mois tout le fruit de son éducation, et souvent devient plus mauvais même que les païens. Ce n'est pas à dire cependant que les efforts des missionnaires soient absolument perdus. Déjà autour de la mission s'est groupé un petit noyau de chrétiens mariés à des chrétiennes, qui s'efforcent de suivre les leçons qui leur ont été données chez les Pères. Ceux-ci trouvent encore de grandes consolations dans la petite colonie de noirs portugais, la plupart esclaves échappés de San Thomé ou de l'île du Prince. Ces pauvres gens sont vraiment de bons chrétiens, profondément dévoués à la religion et aux « Padres ». Il est à espérer que ces exemples, restreints encore, serviront aux autres, et que, Dieu aidant, le bien fera des progrès de plus en plus considérables. Il serait injuste de terminer cette lettre sans rendre hommage au R. P. Helty, directeur de la mission, dont le dévouement, le cœur et l'intelligence sont hautement appréciés par tous ceux qui s'intéressent au succès de la foi catholique au Gabon.

« Il me reste à dire quelques mots de l'établissement des Sœurs. Les saintes filles sont ici une vraie providence, et font l'admiration de ceux-là mêmes qui, par hostilité systématique contre la religion, méconnaissent les efforts des missionnaires et s'acharnent à les dénigrer. Elles appartiennent à la congrégation de l'Immaculée-Conception, dont le siége est à Castres, et ont été appelées par Mgr Bessieux, qui avait pu déjà apprécier leur courage et leur dévouement. Pour elles, la lutte a été peut-être plus pénible et certainement plus meurtrière encore que pour les missionnaires. Il suffira de citer un trait pour faire apprécier leur héroïsme. Au mois de janvier 1871, arrivèrent au Gabon trois Sœurs destinées à combler les vides faits par la maladie et par la mort. Au mois de février, l'une d'elles succombait, et au mois d'avril, les deux autres mouraient à quinze jours de distance l'une de l'autre. La nouvelle de leur mort arriva à la congrégation. Par le courrier suivant, trois autres Sœurs partirent pour les remplacer. Si le cœur du soldat bat plus fort en montant à l'assaut, quelles durent être les angoisses de ces pauvres filles, brusquement arrachées à leur pays, torturées par le mal de mer, et voguant vers cette terre lointaine, où elles devaient s'attendre à trouver la mort, comme les trois Sœurs qu'elles avaient vues partir pleines de vie quelques mois auparavant! De pareils dévouements doivent produire un bien immense. Depuis vingt ans, ici comme partout où il y a à faire quelque chose de bon, on trouve les Sœurs à l'œuvre. Avant que l'hôpital fût, à cause de l'extrême insalubrité de la côte, transféré en pleine mer, à bord de la frégate stationnaire, elles étaient sans cesse au chevet des malades. Aujourd'hui, elles ont établi chez elles un hôpital où les femmes noires malades, infirmes ou épuisées par la vieillesse, reçoivent des soins dévoués. Là aussi viennent frapper, après avoir souvent erré, mourant de faim, à travers les broussailles, de pauvres esclaves qui se sont enfuies, maltraitées et meurtries par leurs maîtres : elles sont sûres de trouver chez les Sœurs asile et protection. Les Sœurs ont formé une maison d'éducation pour les filles noires, qui y sont élevées depuis leur plus tendre enfance. On en fait non-seulement des chrétiennes, mais encore des ouvrières : elles apprennent tous les travaux d'aiguille, le blanchissage, le repassage, etc. Au milieu de tant de travaux, les bonnes Sœurs prennent encore le temps de cultiver un grand et beau jardin dans lequel on retrouve les roses, les pervenches, les œillets, et tant d'autres fleurs presque inconnues dans ces pays, et aussi les légumes de France, qui sont toujours à la disposition des malades. Quelque colon épuisé a-t-il besoin de bouillon, d'une bonne soupe, d'œufs frais? c'est aux Sœurs qu'il s'adresse. C'est chez elles qu'on blanchit le linge, qu'on raccommode les effets, au besoin, que l'on en confectionne, en un mot, que l'on trouve une foule de petites ressources précieuses dans un pays comme celui-ci. Aussi tant de bonté et d'abnégation ont-elles trouvé grâce aux yeux des plus sceptiques : sur le passage des Sœurs, il n'est pas une tête qui ne se découvre et ne s'incline avec vénération. Les noirs païens ont pour elles un respect superstitieux qui, chose étrange! s'est traduit par une profanation barbare. Lorsque la première Sœur est morte au Gabon, ils l'ont déterrée pendant la nuit, et lui ont coupé la tête pour faire des fétiches de ses dents et de ses cheveux. Inutile de dire que l'autorité a puni sévèrement les coupables et pris des mesures pour que de semblables faits ne se reproduisissent pas. Il est probable que les prières, les vertus, les souffrances de ces bonnes Sœurs attireront les bénédictions de Dieu sur cette pauvre terre du Gabon, qui en a tant besoin !

« Les missions du Gabon sont les dernières que les Pères aient sur la côte occidentale d'Afrique. Jadis ils avaient des établissements sur une terre bien plus saine et en même temps habitée par un peuple déjà chrétien en partie et tout disposé à écouter avec fruit la parole du Seigneur : je veux parler de Saint-Paul de Loanda et des autres points du Congo. Mais ils avaient dû se retirer devant les tracasseries sans nombre que leur suscitait le gouvernement et surtout le clergé portugais, qui, entre autres choses, exigeaient d'eux un serment qui aurait fait d'eux des prêtres séculiers, tout à fait en dehors des règles de leur congrégation. Cependant cet abandon d'une terre qui promet au missionnaire une si ample moisson n'était que provisoire. Déjà leurs efforts vont être reportés sur tous ces points, et, cet été même, un missionnaire qui a passé sa vie à Zanzibar, au Gabon et dans le Congo, le R. P. du Parquet, bien connu du monde scientifique par ses travaux sur la botanique, va revenir, suivi de quelques autres Pères, pour fonder à Landana une mission qui, de là, s'étendant de proche en proche, pourra répandre ses enseignements dans toute cette partie de l'Afrique. Puissent ces enseignements, non-seulement instruire les noirs, mais encore toucher le cœur des blancs et adoucir la rigueur avec laquelle ils traitent leurs pauvres esclaves ! »

TABLE DES MATIÈRES

CHAPITRE PREMIER

DE BORDEAUX A SIERRA-LEONE.

CHAPITRE II

ESCALES A LA CÔTE D'AFRIQUE.

CHAPITRE III

PREMIÈRES EXCURSIONS DANS L'INTÉRIEUR.

CHAPITRE IV

LES PAHOUINS CANNIBALES.

CHAPITRE V

NOTRE COLONIE DU GABON.

CHAPITRE VI

LE PAYS DU ROI-SOLEIL.

CHAPITRE VII

LE LAC Z'ONANGUÉ ET LES ILES SACRÉES.

CHAPITRE VIII

LES MAUVAIS JOURS COMMENCENT.

CHAPITRE IX

LES MISSIONS CATHOLIQUES A LA CÔTE OCCIDENTALE.

FIN DE LA TABLE.

TABLE DES GRAVURES

PARIS. TYPOGRAPHIE DE E. PLON ET Cie, RUE GARANCIÈRE, 8.

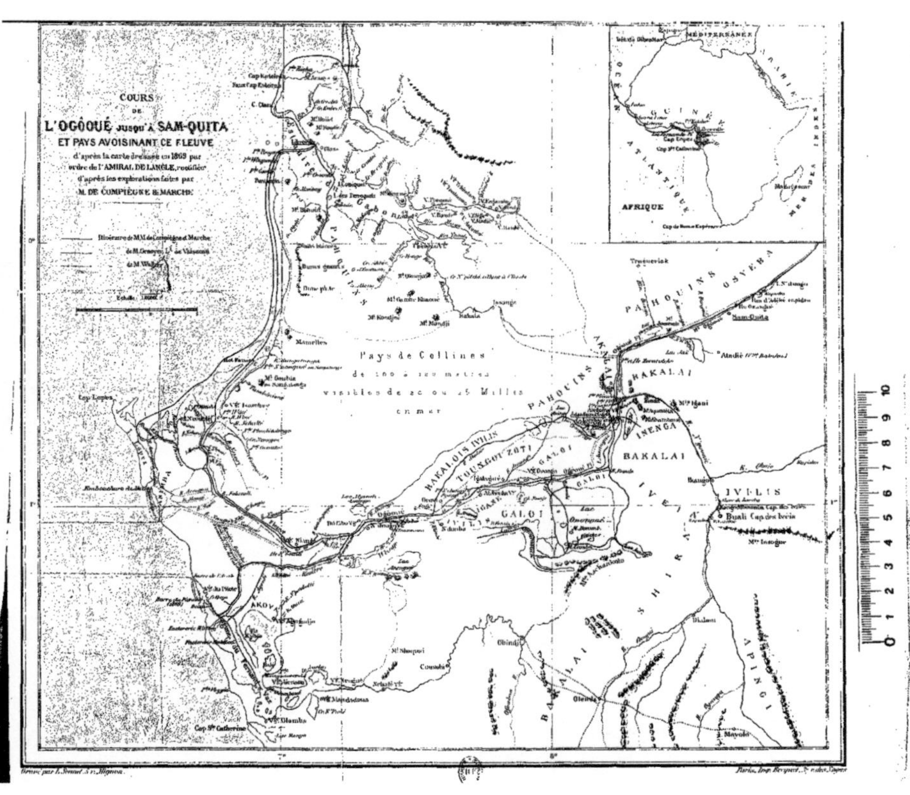
COURS
DE
L'OGÔOUÉ JUSQU'À SAM-QUITA
ET PAYS AVOISINANT CE FLEUVE
d'après la carte dressée en 1869 par
ordre de l'AMIRAL DE LANGLE, rectifiée
d'après les explorations faites par
M. DE COMPIÈGNE & MARCHE
Itinéraire de MM. de Compiègne et Marche
de M. Genoyer, Lt de Vaisseau
de M. Walker
Pays de Collines
visibles de 20 ou 25 Milles en mer
PAHOUINS
OSYEBA
Sam-Quita
BAKALAI
INENGA
GALOI
IVILIS
AKOY
APINGI
Cap Lopez
Cap Ste Catherine
Cap Estéras
AFRIQUE
MÉDITERRANÉE
GUINÉE
Cap Ste Catherine
Cap de Bonne Espérance
Madagascar
Gravé par L. Sonnet
Paris, Imp. Becquet

www.ingramcontent.com/pod-product-compliance
Ingram Content Group UK Ltd.
Pitfield, Milton Keynes, MK11 3LW, UK
UKHW020302230726
13925UKWH00001B/179